巴陵 老街故事

政协岳阳市委员会 编

中国文史出版社

《巴陵老街故事》编辑委员会

序

黎作凤

作家冯骥才曾说，城市和人一样，也有记忆，因为它有完整的生命历史。品味一座城市，既要体验她现代化的繁华，又要通过她的肌理，去触摸她背后的灵魂。而她的灵魂总是隐藏在楼宇之外的城市角落，这个角落就是老街，以其独有的市井气、烟火味，在人来人往、岁月交替中慢慢沉淀、发酵，成为一个城市的记忆，成就其独特的味道。岳阳的老街，就是如此。

岳阳的老街，脉动着历史的心跳。沐浴着2500余年历史烟云的巴陵古城，历来是商贾云集、市井繁华之地。一条条纵横蜿蜒的老街巷陌，就是她的沧桑年轮和记忆碎片，见证着时代变迁与人情坚守。《巴陵老街故事》立足于"老岳阳人写老岳阳城，老岳阳人写老岳阳人"，翰林街的书香氤氲、南正街的人烟阜盛、鱼巷子的远浦归帆、茶巷子的羁客如流，还有洞庭南路的市井长卷，皆入书中，力图还原古城的人文风貌，让历史照进现实，使我们的城市成为一座可看可游、可以聆听她心跳的博物馆。

岳阳的老街，散发着乡愁的温柔。随着城市的扩张和发展，阡陌老巷逐渐被钢铁森林所代替，但在我们这代人心中，总会存在一条无法忘记的老街。这条老街可能不长，却藏着悠悠岁月，老街可能不大，却有着万千回忆。我们在她的怀抱里长大，也在她的目送下远去，无论我们走得多远、多久，都有一处斑驳的砖瓦，一味袅袅的烟火，与记忆中的温情快乐重叠、关联，让我们在繁重琐碎的日常工作和生活之余，找到心灵安宁与诗意的栖所。《巴陵老街故事》中也记录了许多"人间有味，灯火可亲"的乡情、乡愁、乡愿，不仅是一段段精彩纷呈的回忆故事，更是一封封可感可叹的动人情书。

岳阳的老街，守候着未来的期待。凡树有根，方能繁茂；凡水有源，方能奔涌。习近平总书记指出，城市文明传承和根脉延续十分重要，传统和现代要融合发展，让城市留下记忆，让人们记住乡愁。而城市的历史文化保护工作，既包括历史街区建筑等"硬件"的保护，也包括非物质文化遗产等"软件"的传承。编辑这本《巴陵老街故事》，正是岳阳市政协发挥文史资料"存史、资政、团结、育人"的作用，在传承巴陵古城历史记忆中，更加坚定守护文化根脉的历史自觉和文化自信，为建设名副其实省域副中心城市凝聚强大的前进动能。

是为序。

2022 年秋月于南湖巴陵书院

（作者系湖南省岳阳市政协主席、党组书记）

目　录

下 编 | 人间有味，灯火可亲

上 编
斗转星移，乡愁难忘

百岁父亲忆老街

◎ 赵魄宏

算起来我父亲在巴陵老街住了 87 年。1936 年第一次来到岳阳城,进南正街毛华盛绸缎店当学徒,这年他才 13 岁。

父亲回忆说,东家毛义圃来自簧口向家嘴毛家。老板娘姓易,少东家毛程省,儿媳郭引弟,小孙子毛绍发。

当时店内生意十分兴隆,大管家叫杨卓周,二管家账房先生叫于云龙。杨器甫是三管家,长年居住在汉口,负责店内绸缎布匹的采买。店内柜台还有几位先生刘旭初、李平安、陈平九、廖平重。还有两位师兄弟,大师兄李和安,二师兄李明,父亲是最小的学徒。

1938 年日军占领岳阳,毛义圃全家将布匹和家具用船装运到华容注滋口,在华容开店将剩余布匹全部销售完,再也没有回到岳阳开店。

1948 年,少东家毛程省在街河口开办了一家机械打米店,用来掩护共产党员身份,实际上是从事地下工作。父亲是在 1949 年迎接解放军进城的队伍中看到毛程省,才知道真相。

父亲说到南正街 1938 年前的店铺是如数家珍。当时的南正街街宽五米多,一色的青石板路面,各式店铺多为二层木制楼房。

南正街南口西边第一家店铺叫作汇同利百货店,老板姓周,是岳阳人。隔

作者父亲赵智伦（后排左一）年轻时与家人合影

壁为福康和绸布店，老板朱汉初、朱尉文是兄弟俩，来自湖北。紧靠的是泰和绸缎店老板冯小松，华容人氏。再邻是王全生百货店、赖大隆杂货店、王万裕酱园号、老毛华盛绸缎号、袁记彩票店。据父亲说，袁老板在长沙购彩票中了大奖，回岳阳开办彩票店。

据父亲回忆，相邻的严万顺启记老药号由江西人严碧珊开办。店面建筑在南正街十分气派，是这条街上唯一带西洋风格的。铺面两层，上有一塔角，装饰古色古香，让求医问药的人进门就有种很舒服的感觉。这家医馆坐诊的几位大夫医术高超，深受老百姓的喜爱，对有困难的求医人还免费看诊拣药，口碑极好。1938年日军占领岳阳后，南正街所有的店铺毁于一旦。

1945年日军投降后，严万顺启记老药号是在南正街原址重建店铺的第一家店。直到1956年，由少东家严樾伯先生和严氏所有持股人无偿捐出全部股份，组成公私合营店，几经变迁，最后药店更名为为民药店。

南正街北口与上鱼巷子交界处是生生百货店。

过上鱼巷子，吊桥街西第一家是新毛华盛绸缎店，为老店东家的四弟开办。相邻有家私烟店，再挨着的豆腐店为岳阳人刘美甲开办。靠洗马池边上还有家香火店。

从吊桥街往南正街走，吊桥街靠左依次是长春园包子铺、老清华制帽店。当时店里制作的是瓜皮帽，顶上有个红坨坨。再就是外国人开办的耶稣堂（城里人将耶稣堂称为福音堂）。据父亲说，当时人们都去福音堂躲日军飞机投下的炸弹，说是日本人不敢炸外国人。

过茶巷子，南正街北口东边是谢天吉药店、吕庆云金铺、宝成银楼。这三家店主都来自江西。相邻的中美大药房，为岳阳籍黄姓兄弟开办，其弟在天岳山还开了家中西大药房。再过去是永泰和绸布号、稻香村食品店、裕新百货店、杏花村食品店。以上四家店为长沙老板开办。

南正街居中的是味腴酒家。父亲说到味腴的大老板周权时，谈兴大发，细说他家的往事。20 世纪 30 年代初，周权和姐姐及弟弟周延富到岳阳开店，是当时岳阳城最大最好的酒店。临街两层，每层可摆四张八仙桌，拿手绝活是海参席、鱼席，生意特别红火。1938 年日军占领岳阳，他们全家逃难到了常德，据

1938 年的岳阳城南老街示意图

说在常德继续开办酒家。到1945年光复后再回岳阳，在天岳山重开味腴酒家，并和父亲同租一处住房，相邻而居。周权老板的儿子小朋、小飞也成了我儿时的玩伴好友。

从味腴过来是湘南一纸铺、钱记丝线店、戴豫康绸布号，紧靠竹荫街的是家盐业店。

南正街与竹荫街的转角处是家估衣店兼做寄卖行生意，相邻是家山货店，各式皮毛品种很全，往前就是盐业公司仓库。

竹荫街对面是家小百货店和圣公会教堂，旁边是家制面店，相邻是岳阳名气很大的东海电灯公司。30年代的岳阳能用上电灯，连我也不敢相信。老父亲说当年南正街几家老字号以及岳阳的达贵官人和大户人家才能用上电灯。每到夜幕降临，临街的老字号金色招牌在灯光的照射下，更显金碧辉煌。是夜色中的岳阳一道风景。

南正街往街河口下去，两边多为开行的，有猪行、盐行、杂货行、水果行、鸡鸭行、米行、协和灰面行、中昌煤油行。说到此，老父亲说1938年日军飞机投下的炸弹，炸死了煤油行老板全家人。

对日本军队在岳阳犯下的滔天罪行，父亲激动得破口大骂："日本鬼子不得好死！"

当时在街河口有家叫万春楼的面店，从早到晚生意十分好，十几种码子，是南来北往客人和街面铺子老板、先生们经常光顾的地方。老父亲回忆："当初的少东家毛程省比较喜欢我，还带我去吃过几回夜宵，回想那个味道还真是不错。"

由南正街往天岳山，西边第一家铺面叫存心堂参茸药号，由东乡熊市郭鹏山和郭松山兄弟创办，也是岳阳本土人最早开办的药号。父亲说我祖父16岁起就在店里当学徒，三年后做到药房先生。与我祖父一同来当学徒的有老板郭鹏山的亲外甥赵禹臣。

1945 年日本投降，岳阳甘田横铺赵家的四兄弟——尧臣、舜臣、禹臣、商臣集资，由老三赵禹臣（又名赵雁秋，尊称雁三爹）牵头，在存心堂参茸号原址创办华福药号。20 年代初，雁三爹和我祖父同一天来店学徒到出师，两人同住同吃同玩同做事，店内所有人都说这两人不是亲兄弟胜似亲兄弟。

1946 年，父亲和赵梅初一起来岳阳，在雁三爹手中借了 10 块光洋，在华福药店边上一起开办了家赛新洗染店，父亲从此告别学徒生涯，当上了小老板。

天岳山街再往上有家理发店，万年丰打米店边上的汪记照相馆，由岳阳籍老板汪记真开办，是岳阳第一家照相部，创办于 1917 年，到了 30 年代初从羊叉街搬到天岳山。靠油榨岭口子上还有家风元食品店。

从南正街往天岳山上去，东边有五金用品店、裁缝铺、天岳澡堂、梁凤记茶叶铺，其中梁凤记茶叶铺是由岳阳本地名叫梁凤的女老板开办。紧邻的一家周德馨酱园由长沙籍周老板开办，是当时岳阳最负盛名的一家店，店后院子里有五十几口大缸，一年四季腌制的酱菜香飘天岳山，生意十分红火兴隆。

这就是我百岁父亲记忆中的岳阳老街。

赵魄宏，1953 年生。巴陵石化公司退休职工。

我和岳阳楼

◎ 许章虎

"洞庭天下水，岳阳天下楼。"我的大半生与名满天下的岳阳楼结下了不解之缘。

9 岁时我跟随母亲从乡下老家来到岳阳县城，那时姐姐在 211 厂职工子女学校工作，我就在岳阳楼东侧附近的学校念书和居住。

乡下的野孩子第一次见世面，对这个古老的城镇尤其是身边古色古香的楼阁充满了好奇和想象。那时岳阳楼是真正的人民公园，不收一分钱门票。我和小伙伴们经常窜到那里玩耍。在岳阳楼、三醉亭和仙梅亭楼上楼下做游戏、玩"官兵捉强盗"，玩出一身臭汗就跑到楼下的洞庭湖泡个痛快。在我的世界里，似乎只有这座楼、这湖水最能给自己带来快乐。

三年后，我小学毕业，考取了当时湘北最高学府岳阳一中。一中在岳阳楼北面，相距不到一箭之地。不久，我们便搬离了学校，租住在岳阳楼东侧下面的一栋简陋的小木屋里。

小木屋和岳阳楼只隔着一道竹篱笆墙，而且篱笆并不牢固，抽掉两块竹片就可以从缺口中自由出入。我家的房门正对着主楼下面的西门洞子，夏天中午，我经常将小竹床搬到洞子里，躺在上面悠然地看小人书，书看腻了，就数那洞子下湖面上来来往往的帆船。晚上在那里乘凉是最惬意的。湖面上的凉风一阵

1959 年，作者（前排右五）小学毕业照

阵吹送进来，让人透心的清爽。而夜色下湖面点点闪烁的渔火，则常常把我带入一个美丽的童话世界。

从我进入初中到高中毕业，我们一家就蜗居在这小木屋里，日夜与岳阳楼为邻。

在小木屋里，我经常对着窗外放声诵读着课本上的《岳阳楼记》，那苍老然而依旧巍峨挺拔的岳阳楼，让我感动不已。千年胜迹与我咫尺相望，范仲淹"先天下之忧而忧，后天下之乐而乐"的吟唱如在耳旁。头顶檐角的吊钟不时在风中发出"叮当"的清响，仿佛这声音是从千年以远的时空传来，让我感到心灵的震撼。

我常从篱墙的缺缝中钻进岳阳楼，双手抚摸楼中的铁鼎和廊柱，端赏那些联匾雕屏上的文字。或凭栏远眺，感受"气蒸云梦泽，波撼岳阳城"的壮阔和

"水天一色，风月无边"的空蒙。"四面湖山归眼底，万家忧乐到心头。"此时，我觉得自己正如那些古人一样俯仰乾坤、感怀今昔，于是胸中升起一股壮怀天地、济世报国的浩然之气。

当时参加高考，我和许多出身"剥削阶级"家庭的同学一样落榜，后来才知道我早已被打入"另册"。失学失业，可以选择的只有响应号召"上山下乡"。彷徨无奈中，我作别了岳阳楼，离开小木屋去了离城近百里的一个国营茶场。

第二年，"文化大革命"开始，我在茶场被无辜打成"黑帮""小邓拓"，过了不久又给平反。我满怀沮丧地返回县城的小木屋，这样我又和岳阳楼日夜厮守了。在逗留城里的日子，白天我四处找零工做，在大街上拉板车，在湖边扛芦苇、挑瓦泥，挣一点生活费。晚上回到小木屋，独自对着窗外暗夜中那一片凄清的亭台楼阁发呆。

作者为岳阳楼大修创作的楹联

1979 年我作为最后一批知青返城，此时我 33 岁，已经娶妻生子。我在城郊一家工厂当了五年工人。

1984 年，市政府对岳阳楼进行大修，我被这一消息振奋了。虽然当年的小木屋不复存在，并且也很少有机会去看岳阳楼，但是我对岳阳楼的情愫依然如故。听说文化部门为了庆祝这一盛事，正在向海内外征集诗联，我一口气写下七副楹联寄给"岳阳楼大修办"，其中一副还被评为优秀作品。对此，我心里除了高兴，更多的是抚慰。因为我对岳阳楼太钟情、太执着，作品获奖对我来说应该是顺乎情理的事。

岳阳楼大修竣工庆典那天，盛况空前。

千年古楼历经风雨沧桑后焕然一新。那天万人空巷，人们摩肩接踵朝它涌来，争相一睹它新生后的风采。妻子拉着两个儿子，我挽着眉开眼笑的老母亲，我们挤在人海中翘望岳阳楼那簇新的金色盔顶、朱红廊檐。

入选的楹联悬挂在楼里的墙壁上。7 岁的怀儿兴奋地用手指着说："爸爸，快看！那是你的名字！"不错，那正是我作的楹联："君妃魄，子美魂，长留天地芳千古；云梦涛，潇湘水，争送波光萃一楼。"

似乎是命运的安排，第二年我离开了城郊那家工厂，调入市一中工作。市一中就是我当年中学就读的县一中。这样，我又回到了岳阳楼身边。

我们搬进了校园的新居。住宅西临洞庭湖，南面岳阳楼，站在五楼的阳台，洞庭湖的波光帆影、岳阳楼的盔顶飞檐近在咫尺。好友陈亚先知道我乔迁了，送来一把硕大的工艺扇，上书一首七律："记得天涯落魄时，与君咫尺两相思。无钱沽取销愁酒，着意吟成革命诗。月到中天方皎洁，人生华发尚顽痴。临风把盏巴陵渡，犹唱当年欸乃辞。"

我在洞庭湖畔岳阳楼下又生活了 18 年，直到退休，才迁居到城东的教师新村。

如今再去岳阳楼，那里是别有天地了。市政府投入巨资，费时两年，以岳阳楼为基点沿湖扩建了城郭巍峨、园林秀美的风光带。行走在楼旁古趣盎然的汴河街，我恍如置身《清明上河图》的长卷。漫步在楼下沙滩，湖光楼景让我心旷神怡，流连忘返。

登上岳阳楼，倾听八百里洞庭，涛声依旧。

只是那楼下的小木屋呢？那篱笆墙呢？还能寻找到我少年、青年时的足迹吗？

许章虎，1946 年生。岳阳市一中退休教师。

记忆中的观音阁老街

◎ 徐镇元

我是一个年逾古稀的老岳阳人。1952 年，我们家从城关镇洞庭路的桃花井，搬到了上观音阁老街 60 号。在这条街上，我生活了 12 年，度过了难忘的少年时代。

岳阳，原名岳州，历史悠久，人杰地灵，湖山秀美，物产丰富，水陆便捷。这里不仅天生一个洞庭湖，飘落一座君山岛，修建一幢岳阳楼，而且留下了一篇不朽名文《岳阳楼记》。1994 年，岳阳被国务院公布为国家历史文化名城。

解放初期，作为岳阳县政治经济文化中心的城关镇，城区面积不足 2 平方公里，据说有 36 条老街 48 条小巷，居民 2 万多人。记忆中，那些街巷大都是石板路。沿湖有一二十条深巷，麻石台阶一直通到洞庭湖边。

观音阁老街位于当时的岳阳城东，分上、下观音阁两段，成曲尺形街道。临街的房屋原来全是青瓦素墙，木板排门，可惜抗战中被日军的飞机炸平了。我记忆中的老街，已是人们后来沿旧址重建起来的。其中，上观音阁街东西走向，六七米宽，200 多米长，东端连接京广铁路闸口，西头与茶巷子、鱼巷子相通，朝南直转则是下观音阁街。这三条街的连接处有个土地庙，是当地人用来祈福的。

在上观音阁街上，每天清晨，有东乡农民推着鸡公车，载着物品吱呀吱呀进城。日久天长，石板路上碾出了一条条的车轮印痕。石板路的两侧是泥巴路，通往住户与院落。下雨天，泥泞路滑，出门的人穿牛皮木屐，屐底有四颗铁钉，防水防滑，踏上麻石街后，则发出"咯、咯、咯"的声音。天气好的时候，去茶巷子小茶馆喝茶的、去岳舞台大戏院看戏的，人来人往。鱼巷子则是洞庭湖、长江水产鲜货的集散地。水产品品种很多，小的有银鱼、虾米，大的有几十斤重的青鱼、草鱼、江豚，还有龟、鳖、野鸭、大雁、莲米、菱角等，整个巷子繁忙热闹，

上观音阁仅存的老屋与小巷

川流不息。上观音阁街道两边，则是毗连着的南货店、日杂店、盐铺、饭铺、肉铺、客栈、茶行，还有打豆腐的、补锅的、打铁的、弹棉花的、收猪的之类小门面与行栈，以及卖小菜的菜农、菜贩，不时能见到捏泥人、车茴糖、修补牙齿、剃头的小挑子，有时候还能碰到围观河南人敲锣耍猴讨钱的场面。从早到晚，"戗刀磨剪啦"的吆喝声、兜售玩具的叮咚声、挑湖水卖的叫卖声、炸爆米花的爆破声和操东乡口音的男女老少的谈笑声此起彼伏，热热闹闹，充满烟火气。

　　在上观音阁街的北边，是一大片低洼平坦的菜园，由东向西延伸到洞庭湖，取名汴河园。据说，原来这里是明代开凿的一条连接洞庭湖的护城河，年久后因泥沙淤积而成。岳阳方言中"便"即靠近的意思，由于菜地靠近洞庭湖，岳阳人又习惯湖、河通称，即把湖也称河，因此这片菜园子便叫"便河（湖）

邓家湾的清真寺

园"。不知什么时候，是谁为附庸风雅借用号称八朝古都的开封附近一条古水名，把"便"字改为"汴"，称之为汴河园。这种北名南用大概是最早的地名上的"拿来主义"吧。

汴河园土质疏松肥沃，常年生长着各种应季蔬菜。多口池塘点缀其间，水面在阳光的照耀下闪闪发光。在这里，春天可见蝌蚪游鱼，夏季听到蛙声虫鸣，秋日闻到果蔬飘香，寒冬多积雪凝霜。记得一个仲夏的夜晚，我们几个小朋友，拿着自做的观音土枪打"游击"，不知不觉玩到了汴河园。我与一个同伴机敏地躲进瓜棚里，边摘黄瓜吃边盯住外面的情况，生怕弄出声响，被对方发觉逮住，完全忘记了蚊虫叮咬与藤蔓伤身，那样的夜晚，真是令人回味无穷。

在上观音阁街的南面，连着一条邓家湾小巷子。里面建有一座清真寺，聚居那里的回民，除按教规聚会外，每天晚上都在寺外宰牛宰羊，供回民食用，有时候也对外销售。我常与伙伴们去那儿围观：只见几个回民，用绳索套住牛的四条腿，吆喝着一同使劲，将牛的四腿紧束一团，迅速推其倒地；接着，一位白胡子阿訇上前，口念几句经文，便抽刀切断牛的喉管，顿时，牛血喷流满盆，那牛便在挣扎中慢慢地死去了。接着是解牛的场面，真如《庖丁解牛》一文描写的那般精到迅速。看到一旁待宰的牛羊流泪，年少的我经常感到心痛，为动物们任人宰割的命运揪心。

邓家湾巷有一口古代修建的观音井，里面的水清澈见底，居民们常去那里汲水、洗菜、洗东西。洗衣服的棒槌声、大人们的谈笑声、小孩子的嬉闹声，传递着那时候的轻松与快乐。家户人吃的水，则要步行到三四里外的南岳坡挑洞庭湖水回来，投明矾澄清后再饮用。我每天放学回家的第一件事，就是去挑水或去汲井水。遇到干旱季节，我和妹妹就把捡来的小铁皮罐子，用绳子系着吊下井去汲水，尽管半天工夫才能汲到一两小桶水，也能让我们兄妹欢呼雀跃起来。在物质贫乏的年代，快乐就是这样简单。

虽然下观音阁街比上观音阁街要短些，地势低一些，但同样是窄石板路，街的两边则以门户相邻的铁铺为多，其间夹杂着做其他小生意的门面。沿路往南走有座城隍庙，里面

观音井

供奉着八位有功于当地百姓的城池之神。究竟原型是谁，我也不知道。在县城隍庙的后上方，是县官署（解放后为县人委会机关），另一侧是所小学校，名曰梅溪桥小学，我在该校读过书。据老人说，城隍庙斜对面的县图书馆原来是一个国民党大官的房子。

如今，随着城市的发展和进步，观音阁老街的破旧建筑被一点点拆去，老房子变成了现代楼房，路面拓宽铺上了柏油，鸡公车被小汽车取代，补锅的、耍猴的早不见踪影。我已不再是当年的孩童，但那份温馨而美好的记忆，我怎么会忘记呢？

徐镇元，20 世纪 40 年代生。曾任岳阳市档案局局长、市政府副秘书长。

老人委会素描

◎ 晏　平

夕阳辉映着瞻岳门的楼影，车水马龙的南岳坡再也难觅我那儿时追逐的流萤。奔杖国之年的我，既然追不上流萤，索性来一次能追到的寻根之旅。

从巴陵广场"城市原点"起程，经南正街至梅溪桥邮电局路口，左拐来到了下观音阁岳阳县图书馆原址，在此伫立良久，向东眺望。我要寻找的坡上人委会旧址，如今已面目全非无影无踪了。

年少时在此生活成长的记忆，就像天边的一朵朵白云，随着那微风轻轻悠悠地飘过来，越近越看越清晰了。

人委会是岳阳县人民委员会的简称，为当时岳阳县最高行政机关，相当于现在的县人民政府。

童谣戏说岳阳县政府成立的第一号令为："岳阳县政府，伯许恰萝卜，恰哒打一爸，丢哒二爸五。"（岳阳东乡方言音，意思是戏谑政府权力大，规定不许吃萝卜就不能吃。谁偷偷吃了就要打 100 板；如果丢掉不吃，也要打 250 板）其实就是调侃如果滥用权力乱作为，老百姓无所适从。不过戏说归戏说，但作为一级政府，对百姓的吃喝拉撒是负有担当之责的，可见权力之至高，妥妥的县衙门。

整个人委会依山而建，东西长而南北窄，在半径 200 多米的地方，林林总

观音阁街

总设立了十几个科室与家属区，植有一些乔木、灌木和少量的果树，可算是当时的岳阳县地标之一吧，特别显气派。

就建筑物布局的整体而言，人委会远胜过当时文庙附近的县委。它坐东朝西，一条上坡路，东高西低，太阳两头晒，不知是建筑设计者有意为之，还是巧合，反正其建筑物的整体，完全契合了国人所讲究的执政理念，正大光明。

从下观音阁乔爹理发店左拐至水井旁，再由西向东走上坡路便是人委会。

上坡路有上坡路的风景了。来办事或公差的人，大都会因地势而头部自然向上，面迎着东边的太阳，期盼的是批点什么，或者是想，得到点什么同意照办之类的答复等等。事毕，出大门就一溜朝下了。

走下坡路就有走下坡路的景色。事情顺利办完了的人，迎着的是夕阳，映红的是脸庞，借着山势不需扬鞭蹄儿奋得飞快。事情没办妥的人，一出大门就好似西北风扑面而来，高处不胜寒，叹政府衙门办事怎么就这么难！

一条百米有余的坡道，东头连着的是共产党为民执政的天，西头担起的是巴陵市民安居乐业的地。来来往往的人，由于办事的结果，或步伐快，春风得意，或低头慢，愁眉不展，形形色色，得无异乎。此坡与此坡上行人的表情，便成了人委会的魂，而观其魂则能清晰地感受到其时执政者的工作作风之优劣。

上坡前行四五十米的左手边，便是岳阳军分区的前身，广州军区驻岳阳的办事点，仅有木岗亭一座，兼咨询值班等功能，几间简易的平房办理军务。1965 年成立岳阳地委时，为了能与之匹配，则迁至土桥。

原址上盖了一栋两层楼，岳阳县水利科在此挂牌办公。与之对面则是岳阳县农林畜牧科。

坡的尽头沿台阶而上就是政府的一号办公大楼，兼挂牌与大门的功能，内设传达室、计委、劳动科、统计科，和后期关乎千万知青命运的"四向办"等部门。

进大门后，右手一侧的小平房便是卫生科。

连接二号主体办公楼的则是中心花园，有长长的葡萄架和满院的树木，其绿化水平足可与当时岳阳楼的绿化媲美。

中心花园南头是财政科，北头是大礼堂。印象中财政科最为奢侈，竟有一栋平房和至少六间以上的办公室。听当时老人讲，是民国时期的建筑物，是学堂。

财政科人员也最为庞大，有 10 来个干部。"文化大革命"时来了个章姓上海大学生，特和蔼，见到小孩总是笑，后来此人官至省政协副主席。后期的人委会将所有的科升级为局，于是便有了后来的财政局等各局。

大礼堂则是院内男孩们捡烟屁股的天堂了，手气好时能拾到二三两烟蒂。择净晒干后烟丝既可卖钱，又可供大人们卷喇叭筒之享用。

礼堂的西北方有栋白墙青瓦带走廊的房子，房顶还装有凹形玻璃亮瓦。那是县长与副县长的办公用地。据说也是民国时期建筑，有文史价值。

92 岁的作者父亲在深圳图书馆（岳阳县人委会时，为第一任劳动科科长）

二号楼坐东朝西，与一号楼东西相对。楼上是教育科与秘书科的办公场所，一楼是民政科等部门。

继续向东，则到了操场和家属区了。家属区地势较低，比操场矮了十几米。两处石阶连接操场和家属房子。这一带烟火最旺，非常热闹。小孩子三五成群川流不息。我家就在这家属区内生活了十六七年。

人委会标志物之一就是"炸弹钟"。将炸弹制作成钟的全过程，我都亲身见证了。在物资匮乏的那个年代，它与 3517 厂的汽笛声一样，恢宏而绵长，准时地告知市民所需知的时间点，福泽了附近的一方老百姓。

记不清是一九六几年，岳阳县渭洞区那边打死了一只老虎，敲锣打鼓抬到人委会请功（当时打老虎是为民除害），请功完毕后，老虎肉以低于猪肉价卖给了家属吃，老虎骨头则被食堂彭师傅他们熬了高汤，虎皮就不知去向了，所得肉款由人委会总务长陶伯伯通过有关渠道，返回给了打虎乡的英雄们。

藏龙卧虎，人才辈出，是人委会的一大特点。

搞维修的龙师傅除了一手令人称道的木工手艺外，那纳凉树下摇着蒲扇关公战秦琼的胡侃，堪称一绝。

食堂的彭师傅，油案白案样样大拿，后被岳阳军分区一号首长亲自点名调走，四五十岁的人享受部队待遇。你说牛不牛？

我不知滕子京谪守巴陵郡，如何政通人和。但我知鼎盛时期的岳阳县人委会用不到120人的干部编制（不含乡镇一级干部），在县委的正确指导下，管理着全县近8万城市人口和60多万农村人口的吃喝拉撒。我设想着奇迹发生，某天某个领导看到了如此数据，会作何感想，答案哈哈哈就不得而知了。

晏平，1958年生。曾为中石化总公司洞庭氮肥厂职工，后下海经商。

城陵矶，剪不断的故园情

◎ 刘醒福

几回回梦里回故园，双手搂定城陵山。据《水经注》载："（长）江之右岸有城陵山，山有故城。"这故城就是我的老家城陵矶。

说小城只有巴掌大恰如其分，四条土街加起来也就七八百米，满打满算两千来人。

回故乡的路有南北东西四条，对远方的游子来说，还有一条路是萦绕在空中的无尽乡愁。

思绪回到我刚记事的 1949 年，这一年我 5 岁。我家就住在城陵山下的下街，这小山有一个别名叫土地山。

由下街沿洞庭湖往南是进出故乡最常走的路。

幼时，我常随母亲从城陵矶步行 15 里到岳州（当时人们习惯将岳阳城叫岳州）看外婆。由下街经横街到堤街，堤街是条半边街，街面铺着长条麻石，街西约半里路有一个小小的半岛叫桂花园，半岛和半边街间夹着一个港湾。

堤街住着我三姑一家七口人。三姑以开茶馆为生，她的茶客主要来自停靠在港湾的船工。三姑一生命运多舛，1948 年，三姑父不幸被一颗从桂花园射出的流弹击中死于非命，从此孤儿寡母艰难度日。

沿石板路走过桂花园就是湖滩，再前行约两里是花港桥。说是桥，其实是桥墩两头各搭两根约5米长条石，彼此之间还相距一米，走上去像过独木桥的感觉。绕过七里山的宝塔，再过白水桥，能隐约看到岳阳楼的盔顶就到岳州的北门了。

不过，在每年涨水季节，这条路的低洼处会被暴涨的洞庭湖水淹没，只能走东路。

由下街经上街往东200米就是一条蜿蜒的红土路，是城陵矶通往粤汉铁路的交通要道。路面有七八米宽，路北不远处山上可见一座二层券廊西式建筑。这就是城陵矶三洋关之一的上洋关。顺着这条路，我和母亲要走

作者（左一）举家迁往岳阳城后，与祖母、母亲合影

约一个小时，翻五六个高坡才能到达冷水铺火车站，然后沿铁路线边的人行道往南，再步行一个多小时就到了岳州。

一路上很难见到车辆和路人，偶尔有独轮小车"吱呀"碾过。那小车通体全是木制，唯独木轮外沿有一铁箍，车上往往绑头大肥猪，挣扎着哇哇乱叫，倒是为我们的旅途平添了几分乐趣。

在大约第四个叫光头岭的高坡上，住着我一个本家亲戚，就在路边，感觉前后好几里也没有几户人家。每次路过，我们都要进屋稍歇片刻。亲人们热情好客，土特产一堆随便品尝。记得有一次正是大枣成熟的季节，老亲因农事太

城陵矶中洋关

忙让我自己爬树摘枣吃，我一听，发挥特长的时机到了，"嗖嗖"几下蹿上了一棵壮硕的大树，三下五除二便将整树的枣儿摘了个精光。

往北的路尤其是我儿时最难忘的。

从我家沿下街往北步行百余米，就到了一座城门楼样的建筑物——皇经阁。此阁是20世纪二三十年代为防华人和洋人纠纷而建，也是"华洋保障墙"的主体建筑。皇经阁的城门洞是往北出行的唯一路隘，出去就是中洋关。

洋关其实就是岳州关，又名城陵矶海关。民间因海关税务司等是洋人，故称其为洋关。洋关共三座，成品字形排列，其中上洋关是帮办公馆，建在下街的土地山上，是最前面的一座；中洋关为办公房，建在祖师庙，位于中间；下洋关是税务司公馆，建在莲花塘。

中洋关和其北边的足球场，是我20世纪40年代末和50年代初天天玩耍的地方。只不过那时足球场堆满了战损的大炮、汽车和坦克，已不能踢球了。出于好奇心和无知，我们常常拾得燃烧弹的硫黄片点火玩，就像燃放焰火一样，欢呼雀跃。既有兴高采烈的时候，也有刻骨铭心的悲伤。一天，我们正忘情地追逐在废武器之间，突然一声巨响，顷刻之间，可怜的庚庚大哥不幸被炸身亡。

我们也常到中洋关北边的小山坡捡拾能换点小食品的杂物，例如牙膏皮和"赛璐珞"（早期的塑料制品）。一块牙膏皮能卖两分钱或换一块"型糖"（小贩自制的麦芽糖）。口福好的时候，居住在关里寂寞的职员们还会故意从楼上扔下几块糖果饼干之类，任由我们疯抢，我们也当作游戏乐此不疲。当然，在枇杷成熟的季节，我们也绝不会放过洋关大楼前那棵硕果累累的枇杷树……自从邻居庚庚大哥遇难后，祖母和母亲带领我与两个兄长暂时避居莲花塘老屋。

从足球场沿湖边大路北行，庄严的刘公庙离我们越来越近了，这是城陵矶香火最旺盛的大庙。常听街坊们说，1938年日军侵占岳阳前夕，家父刘树生满腔悲愤，奋笔书写岳飞之《满江红》词张贴于刘公庙的影壁上，以明爱国之志。不料日军大佐是个略通文墨之徒，见之如获至宝，当即令庙中方丈揭下，以作名人书法窃藏之。

至此，大路顺山坡向下洋关方向延伸而去，我们踏上了一条小路。

小路是红泥踩成，两旁挤满了翠绿的灌木丛，穿行于丛中的是紫色的牵牛花和黄色的山菊花。那肥硕的"纺织娘"就趴在花草里，似乎在跟你捉迷藏，略微靠近，刚才还兴高采烈吱呀吱呀哼小曲的它，便戛然而止。未几，前方草丛里复起的虫鸣又在诱惑你继续前行。

走十几分钟时间，可爬到一个叫红山头的山包上，极目远眺，三江口清晰可见，万里长江和八百里洞庭尽收眼底。湖水从此右旋入江，湍急的漩涡自脚底悬崖下向两厢延伸到天边，可以看到一条浑然天成的水线。线北的长江水是黄色的，线南的洞庭水是淡青色的，两股巨流在此汇合，汹涌澎湃滚滚东去，演绎了南国大地几千年灿烂的文明史。这大概就是杜甫《登岳阳楼》名句"吴楚东南坼，乾坤日夜浮"诗意所在。

沿山坡下行右拐，眼前一座 U 字形的山坳便是莲花塘。其实，这里只是江南一个极普通的小村，南距举世闻名的岳阳楼约 18 华里，三面环山，一面临水。那山充其量只能算是小丘，从屋后往上爬，喘口气便到顶了。那水可大啦，是鼎鼎有名的长江，浩浩汤汤，横无际涯。

顺着梯田边的乡间小路走到尽头，就是我祖母的李家老屋。老屋坐北朝南，背靠一座比屋顶稍高的山丘，却也林木扶疏，终年郁郁葱葱。那老屋具有典型的湖南民居风格，正房前是堂屋，两侧是东西厢房，还有必不可少的猪圈、牛舍和鸡笼。屋前是一宽大的谷场，谷场下面有一亩水地，这才是真正的莲花塘。

李家是莲花塘仅有的几户村民之一，世代务农，以勤为本，一直过着自给自足、与世无争的生活。即使在战争时期，外面的世界那样"热闹"，这里也十分平静。

我最早的美好记忆和憧憬就来自这一汪秋水，来自水面上那盛开的朵朵莲花。

清晨，水面红莲绿荷，清香四溢。池周垂柳依依，花树丛丛。母亲常领我去池边数那洒落在荷叶上的水珠和含苞待放的莲花，一、二、三，数呀数，永远也数不清。等到太阳升起，水珠儿消失得无影无踪，莲花都竞相开放了，从花心又钻出一个个翠嫩的莲蓬来，真是太神奇了！

傍晚，该是劳累一天的老水牛下塘洗澡的时候，只有这会儿，池塘的宁静才会被打破。那老牛却很知趣，只在池边固有的领地扑腾几下，冲着谷场上的狗呀、猫呀使劲"嗷嗷"几嗓子，就慢吞吞地爬上岸来。此时，早已等候在岸上的小兄弟们便蜂拥着胡乱爬到牛背上。那老牛驮上三四个小崽子竟也毫不在乎，一甩尾巴抬蹄儿就走。刹那间，欢呼声响彻了全山坳，一天中最惬意的时候到了。

莲花塘也有忧愁的时候，那是在长江发大水的季节。这时，小路、梯田和花池变成了白茫茫的一片，水面漂浮的唯有眼泪和悲怆。这个面积不足一平方公里的小村庄和1936年建成的水文站成了长江抗洪图上的要塞，是万众瞩目的焦点。但是，我心中的莲花塘却永远是一个风平浪静的港湾。

除了三条陆路，西面的水路可以说是小镇的生命线。港口和三座洋关是城陵矶通江达海的标志，是湖南水运和陆运的交汇点。

每当洪水季节，我家都要从大门搭几节长长的跳板连到高处，只有往上街的方向才能见到街面。不过时间不长，也许几天洪水会突然消失，大人们会说：不知哪里又倒垸子了？（指筑堤围垸的某处大堤决口了）果不其然，不几天，洪湖监利一带的逃荒者便从水路纷至沓来。

我很好奇逃荒人中的"三棒鼓"艺人，他们一拨又一拨来到家门口，双手不停地扔着三根木棍甚至三把小刀，唱着凄凉而揪心的歌谣，直到户主打赏一碗饭或一个铜板。

还有从北方逃荒来的"猴把戏"艺人更受孩子们欢迎，铜锣响处，河南梆子直冲云霄，猴儿粉墨登场，再顽皮的孩子也老实了，个个目不转睛。

小镇上常有来自异乡的"木脑壳戏"艺人表演，他们背着一个大木箱，在街上人多处支起一个四腿架子，小锣一敲，手脚并用，立马就能表演一出《猪八戒背媳妇》之类的木偶戏，活灵活现，观众只需打赏一个铜板。

记忆犹新的还有岳阳花鼓戏。每当哪家有白事，花鼓戏艺人寻世安是必请之人，他扮演的《秦雪梅吊孝》声情并茂，唱到伤心时，竟能涕泪横流，抚棺痛哭，博得丧主厚赏。

从水路往北入长江，西可达云贵川，东可抵汉宁沪，直达东海太平洋。往南首站就是岳阳。

其时，最便捷的交通工具只有"划子"，就是一种单人双桨的小船。从家门到湖边码头直线也就走五分钟，到水边一招手，就会划过来一艘小船，就像如今"打的"一样，讲好船钱，上船坐稳，艄公收起跳板，一声吆喝，开船啰！

三四十分钟准把你送到岳州南岳坡。若是搬家运货等大事更非划子莫属。1951年因家中遭遇变故，我们举家迁到岳州乾明寺投亲，便是包了一艘划子，从水路告别了城陵矶。

1963年，我又告别岳阳到北京上大学，落户天津。然而，我的思绪却无时无刻不定格在这座小镇，直到耄耋之年。

啊！这剪不断的故园情！

刘醒福，1944年生。高级工程师。天津市艺术品流通协会副会长。

岳州守备巷纪事

◎李　斌

位于桃花井小区南的守备巷，西起洞庭路，东至岳阳二中后门，长110米，宽3米，巷因历史上设在此的中军守备署而得名。

据父母亲晚年回忆，守备巷原有一条平坦洁净的石板路，左右两边都是青砖黑瓦白石灰墙的老房子，二三十户人家，我家在巷子最东头，紧邻文庙与翰林街，单家独院，四栋砖木结构的平房加上大院内空地，大约近千平方米。爷爷购买该院后立即将其改建为李和记糖坊，利用其宽敞安静的优势，和几位侄子在院内精心熬制米糖、麦芽糖、挽手糖与酱油、酱菜、食品调味品等，产品远销湘北鄂南，成为巴陵古城里的老字号商家。

全家老幼安居此院，直到1958年大跃进因修建县委招待所，我家所在的柳家花园被拆除后，才搬迁到附近的棚厂街居民点。

随着时光流逝，李和记糖坊、柳家花园、守备巷这些当年老岳阳人耳熟能详的地名，已经消失在历史长河中不再被人提起。一个偶然的机会，我的老学长、著名诗联家方鸿先生发现了我这位当年在守备巷出生的老邻居，不由得惊喜地问我："当年李和记的大宅院好气派，有一个大院门头，门口还有石鼓、石狮子，我经常偷偷地跑进去玩，里面有好多好多大缸，有好多人在里面忙，你的爷爷好威严，你家到底是什么背景啊？"

1949年，外公（前排左一）来岳合影，怀抱者为作者姐姐

方先生的提问，引出了一段家族往事……

20世纪三四十年代的岳阳城里，经常有一位体形精瘦留着雪白山羊胡子的残疾老人，腋下紧夹着一副木拐杖，支撑着一条腿，在大街小巷里艰难行走，古城的每一个角落几乎都留下了他那独行的足迹，这就是我的爷爷李良和。

被人称为"和爹"的我爷爷出生于1893年，原本是湖北汉川乡下一个普通农民，但后来却成为岳阳工商界特别是岳阳电业的一位传奇人物，凭着中国农民吃苦耐劳不折不挠的奋斗精神，他谱写了一首人生壮歌。

爷爷本是一位贫苦劳动者，37岁以前一直驾小渔船帮人运货。在冰雪封江的一个冬夜，睡在小船上的他被国民党军队开枪打断了左腿，后因无钱医治，左腿溃烂截肢而丧失了劳动力。1931年全家三口逃到了岳阳城，靠着我奶奶会熬麦芽糖，会做黄豆酱、蚕豆酱、大麦酱的手艺，在棚厂街找了一间小屋安顿下来。随着产品被老百姓认可，爷爷便将老家的几位兄弟侄子邀了过来，一起合伙开李和记糖坊。兄弟齐心，其利断金。通过几年靠熬糖、制酱、喂猪等多种经营，终于在岳阳城站稳了脚跟。

1954年春节全家照（后排右一为父亲抱着1岁的作者）

爷爷为人和善，急公好义，柳家花园一时成了许多湖北同乡来岳阳谋生的接待站。小时候我便知道一位参加革命的远房亲戚邹贤生，负伤后被"还乡团"追杀逃到岳阳，是爷爷花钱买通关系将他安置下来，并且找了一名来自长沙的逃荒女与他成家，分一份小生意给他谋生。多年来邹贤生在此隐姓埋名，生儿育女。没想到20世纪80年代末，北京老首长想起了他，通过民政部门找到他并落实了失散红军身份，发放补贴让他安养晚年，令周边邻居羡慕不已。还有那个让许多人难以忘记的在吊桥一带吹糖菩萨的"金爹爹"，也是爷爷的同乡好友，靠李家的米糖做手艺，据说国家副主席董必武还是他亲老表呢！

随着糖坊生意越做越大，1936年通过邻居介绍，爷爷花了数百块光洋，买下了守备巷6号柳家花园大宅院，作为生活生产基地。其时院内排满了盖着竹斗笠晒酱油的大酱缸，爷爷亲自指挥生产，奶奶忙厨烧火做饭，几位叔叔伯伯

作者（后排右一）一家

忙上忙下，将日子过得红红火火。但是好景不长，1938 年日军的飞机轰炸岳阳城，我爷爷随着难民也带着全家老小弃家不顾仓皇逃到了湖北洪湖县，靠着老手艺在新堤镇安顿下来。

1941 年以后，局势稍有好转，全家 20 多口人陆续回到了守备巷，好在宅院没有遭受大破坏，经过一番修整后，李和记糖坊又重新开张营业了。

1945 年日军投降、岳阳光复以后，岳阳城里出现了短暂的经济繁荣阶段。几位湖北商人游说爷爷共同投资修理发电机，架设路灯电线杆，重新发电，供应老城区照明用电。爷爷经过仔细盘算，终于下决心将竹荫街的两间店铺卖掉，集资数千元投资岳阳私营电气有限公司，成为岳阳电力事业的先驱。几位叔叔伯伯则自立门户，还是从事他们所熟悉的熬糖制酱生意。

1949 年，中国人民解放军入城前夕，国民党撤退时炸毁了岳阳火车站、南津港铁路大桥，还计划破坏发电厂，好在公司早就做了应对准备，爷爷、爸爸都参加了护厂队，日夜把守发电车间，终于迎来了解放。

岳阳城百废俱兴，柳家花园也得到了新生。我记得大宅院里住宿过解放军战士、修荆江分洪的各地民工、到县城开会的农村基层干部。这里充满了欢声笑语，童年时代的我，还清晰地记得发电公司的许多叔叔来我家做客，在花园里拍照，在大堂屋里听留声机，跟着唱片学京剧的情景。

1951 年 3 月，私营电灯公司因为发电机主轴断裂而破产，爷爷所有的投资血本无归后告老赋闲。他将老房子招租了一些房客，清静的柳家花园顿时热闹起来。这些人都是在城乡剁肉、挑货郎担、做小生意的城市居民，每月几块钱，一家人在院内住得舒舒服服，既方便又安全，每天起得最早的爷爷，拐着一副木拐杖，拿着一把大扫帚先把大院扫得干干净净后，才打开大门木栓，外出买菜。有一天他在鱼巷子买了一条大青鱼，由两个人抬着送回家，鱼尾巴还有好长一截在地下拖。

童年记忆中，最难忘的就是柳家花园的酷暑之夜，每当黄昏之际，爷爷总

守备巷

是将清凉的井水泼湿空地，然后三三两两的人们从各自住房出来，将竹床摆好，辛苦了一天的房客们惬意地在此谈天说地，放松筋骨，爷爷则静静地坐在一边，手拿一支燃着暗火的纸媒（捻）子埋头抽他的水烟壶。奶奶则忙进忙出，为孩子们打扇、擦身子，端茶倒水，而我们仰望星空，慢慢地在大人们闲聊之中进入梦乡。大院子里的人都讲老规矩、老礼性，数十人你进我出，总是和和气气轻言细语，从来没有翻脸吵架的现象。橘子黄了、枇杷熟了的时候，一墙之隔的一些调皮孩子，总想溜进来偷花摘果，不苟言笑的爷爷也只是敲一敲腋下的木拐杖，象征性地吓唬一下而已，从没有出现过与四周邻居不愉快的事情。

1960年初，我们全家老少七口搬入了棚厂街居民点，当年在守备巷一带营生的铁匠、木匠、皮匠、鞋匠、伞匠等手艺人都成为我家好邻舍。1962年，爷爷在贫病交加中离开了人世。临终之时，他叮嘱亲人，一定要把请人雕刻的那条樟木腿给他装上，好让他下辈子肢体健全再也不做残疾人。

云行雨施，斗换星移，现代化的岳阳城出现在世人眼前，她比当年的岳州城不知大了多少倍、美了多少倍，但是那梦中家园却经常闪现于眼前。旧城且行且远，记忆未能忘怀。岁月融入历史，唯有那难忘的梦中家园与淡淡的乡愁，永在心间。

李斌，1953年生。曾任岳阳人民广播电台、岳阳电视台、《洞庭之声报》记者编辑。

话说红船厂

◎ 李水生

宋代诗人王十朋诗云："岳阳城下风波恶，过客舟船不容泊。"早在唐宋时期，岳州就是商旅不绝的古城。但当时来往船只多泊于南津港一带。元明清时期，古城岳州沿湖一带韩家湾、红船厂、街河口、南岳坡、安化码头、交通门等处码头日趋形成，其中红船厂码头地形便利，逐渐成为使用率较高的货运码头。

红船厂码头南靠韩家湾，北连宝塔巷、游击巷、君山巷、河巷、洞庭庙、万寿宫、街河口。唯红船厂地势稍高，吃水较深，便于船只停泊。红船厂南侧有座七八米高的风化小石山，陡壁孤峰的岩石，呈现浅红与淡黄，山岩石缝还长满了一丛丛灌木。清光绪《巴陵县志》称其为"金鸡石"。这座小石山又与沿湖边绵延的一些小山丘遥相呼应，自韩家湾到吕仙亭、小港粮库、南津港都是这种地貌。1959年修沿湖铁路与码头仓库，这些小山小丘都被推平。

红船厂历史上没有人工修建的码头，属于自然状态的简易斜坡码头。清末只有岳州救生局在湖岸所设的洪船船坞，坞头设有较大的棚厂。棚厂又叫棚场，四面通风，洪船置放其内，以便修理，更换腐木船板，船底刮油灰、沾缝等保养。

洪船是洞庭湖洪帮使用的一种快船。洪者，大也。洪船形如"八面风"的风网船，但是吨位大些，四五十吨，双桅杆，船长而窄，两边有子船，岳阳船

红船厂码头沿湖线

民称为子划子，绑在大船中部两边。子划子底部中间靠船帮各有两孔，如碗口大小，用木棒堵着，在逆行风暴中船体歪斜一边时，子划子内进水，可起平衡的重要作用。加之大船与子船中间又有腰舵，船民亦称之为槽板，像鱼胸鳍一样，在大风大浪中，船快速前进时，腰舵也是起平稳作用的。

在洞庭湖，洪船还是特种船只，负责洪帮商船的安全与救护。所以岳州救生局起用洪帮的洪船作为救生船，标志是桅杆顶一面三角形大红旗。又由于"洪"字江湖人忌讳，故依其同音，便称之为"红船"。由此，原本应称"洪船厂（场）"的也同样改称"红船厂"。特别是解放后，"红"字更应景，久而久之，人们对这样的地名也习以为常了。

洞庭湖水域，云谲波诡，气象万千，无风三尺浪，起风则浪尖连着天，极具浪漫神秘感，在湖中风平浪静时突来的乌云，一掀风浪，船翻人亡。千百年来渔民总结在洞庭湖行船的气象谚语颇多，如"江豚拜风，不是雨便是风""洞庭湖上一线风，翻船的祖宗""远见湖面一线白，燕风到眼前""乌云遮落日，不落今日落明日""二月二土地暴,三月三清明暴,九月九重阳暴"。

风暴来临其他船只纷纷躲避到港湾,可是红船却要开船四处张望,一有险情,马上营救。一般水手不是都能驾驭红船的,特别是掌舵的要临危不惧,眼明手快。在大风大浪中,船员们守在各自岗位,随时升降风帆,转舵打戗。一旦发现有人落水,水手们立刻拉下风帆减速,同时抛出绳索,将落水者拉至船舷,再用挽篙拉上船。我在君山茶场工作时,就听老职工谢忠南讲述过惊险的故事。在一个风暴的晚上,他驾救生局红船,营救过君山南香炉山翻船落水船民。

红船厂码头在清末与民国期间是重要漕运地,坡岸百米上方建有好几个大粮谷仓库(街河口油榨岭也有两个粮谷仓库)。在岳阳,红船厂既是岳州城粮食谷米供应商集中地,同时又是洞庭湖区常德、益阳、南县洲浣等各水系粮谷集散地,再由此转运武汉、南京等地,原住万寿宫的黎家就是漕行量谷的主管。

夏秋洞庭湖的粮船到红船厂码头往往有几十号长船,进出都是用伏桶来计量,十分繁忙。谷物分船分类由挑运的箩脚子百十号人运入库内,围席打堆。这时码头上小商小贩云集,吆喝叫卖,一片嘈杂声响彻晴空。

从1949年7月岳阳解放到1953年,红船厂码头仍是一片湖滩,随水涨退,都是船头临靠湖边,搭跳板才能上岸。

红船厂码头一角

1953 年 5 月，省交通厅航务局在岳阳韩家湾成立岳阳航运工作办事处，1954 年特大洪水后在红船厂修建了简易码头，同时建了座约 300 平方米砖混人字架构的简易红瓦屋，里面有个小舞台，每月一两次文艺节目活动，船民渔民搬运工人晚上都来观看本单位的自编自演节目，十分热闹。童年的我晚上挤在人缝里翘首仰望。

湖滩的片石简易码头前，有一个一层的长方形趸船，只能停靠一艘 50 多吨的货船，上下货物就不能停靠其他船只，所以必须搭建木跳凳上码头，但又要连接小趸船。

码头的搭跳人彭勇舟就是港务局职工。他身材高大，体健筋壮，20 多岁的汉子，一种湖边杨柳般不怕风吹浪打的性格，无论是酷热暑天，或严寒冬季，都坚持战斗在红船厂码头上。每当风暴来临，他第一个守卫着趸船与跳板的连接，保障安全，所以他在 60 年代被航务局岳阳航运工作办事处推选为人大代表与政协委员，还当选为省劳模。

1954 年后，由于岳阳港运输业务增大，特别是到宜昌、荆州、湖北省西部，装卸煤炭、油料、矿石，都要由岳阳火车站货运部卸下后，由搬运工用板车拖运，经先锋路运到红船厂码头上船。煤炭一般由车站货运部卸煤后，由梅溪桥经竹荫街到街河口、万寿宫巷上船。

1955 年后岳阳小港大型粮库建成，并通铁路，湖岸边建有宽大的水运码头与皮带输送机，红船厂漕运才退出历史舞台。

1959 年下半年，省交通厅、湘航岳阳办事处决定修建洞庭湖岳阳港沿湖铁路，从火车站经三角线转韩家湾至万寿宫止，全长 3000 多米。韩家湾地势较高以仓库为主，君山巷以下为两级层次卸煤码头，铁路车皮在 70 度的斜坡上打开货车门直接卸到一级码头，一卸就是几千吨，码头上就是一片煤山，再由搬运工挑运到各条货船上。这段煤场铁路 1000 来米，到万寿宫才是立式驳岸，主要是油罐车卸油，还出过几次事故。

作者（右二）和老街坊在红船厂码头货运仓库前

1963年设立岳阳港务局政企合一，负责洞庭湖及湘江水域的海事工作和局属船队。港口管理，50吨以上的船舶由岳阳港务局负责；50吨以下船舶则由岳阳县帆运合作社管理。1985年省航务局撤销岳阳港务局，组建湘航岳阳分公司。

1987年后湘航岳阳分公司下放市管，更名为岳阳港务公司，属市交委管理。红船厂码头进行了大的改造，立式码头向洞庭湖深水区推进，加强机械化作业管理，可停靠千吨级的大货船。由机动皮带输送机、煤炭翻斗输送机、拖头牵引平车、电铲车等输送各种货物到立式码头，再由十几个固定千斤吊机吊运到货船上。

近些年，由于市场变化和交通工具划时代的改变，红船厂和沿湖一线码头已退出历史舞台，但红船厂码头历史变迁，如电影蒙太奇的变幻深深地印在老一辈岳阳人心目中。

李水生，1945年生。园林古建筑设计师。岳阳市政协文教卫体和文史委员会特聘文史专员。

慈氏塔，心底的圣物

◎ 郑国庆

　　打从记事起，有两个地方我是不敢轻易去的。一个是对门的黄伯伯家，说他们家养了一只大老虎，喜欢吃小孩，尤其是调皮捣蛋的。另一个就是我家的后院，说是宝塔上有飞天蜈蚣和飞天蛇，也会经常出来吃小孩子。还说下大雨、打炸雷时，它们就会飞到天上去洗澡。害得我一放暑假，只要碰到下大雨，就会飞快地抱起凳子，爬到照壁后面的二楼走道上的小窗户前，赶紧把凳子一放站了上去，把个小脑壳伸得老长老长的，张望着高高在上的慈氏塔。

　　结果是可想而知的。不过我的外婆特会解释，要么说，今天有打炸雷，不会出来了。要么说，都是上午才出来，下午不会出来的。虽说一次次地都被外婆连哄带骗地牵下楼，但这好奇心却越来越强，并且一直延续着。后来大概是因我年纪大些了，不用再担心会从凳子上跶下来，外婆也懒得管了。直到有一天，我正在紧张而又兴奋地等待奇迹出现时，突然感到有一个脑壳也伸了过来。

　　我儿时所住的红船厂那个家，是我外公外婆的家，它位于红船厂口子上。也就是现在的岳阳港务局旧址。其临街的办公楼，以前是外公与人合伙开的商铺。外公外婆的家，就建在旧址内医务所与篮球场这一大块地上。是一座大门朝南砖木结构的上下两层楼。两边各厢房八间，两层上有挑出的木走廊，照壁后的后门通向后院。后院蛮大，一直到宝塔的下层驳岸。所有的厨房、库房、杂屋等通通在这里。院子里有石桌、石凳和几棵桂花树，宝塔驳岸的近处还有青砖修葺的两个小水池。院子的西北角便是个茅房，记忆中我好像从冇去过。大问题都坐在马桶上解决，至于小问题好像在水池边解决得多吧。

那个钻进来影响我等待奇迹出现的脑壳，是一位到现在也不记得是该叫阿姨，还是该叫大姐姐的邻居。那时外婆的房子（外公已去世）已经过社会主义改造。她是新搬进来的一家住户。好像她是这家人的童养媳，还是什么关系的人。我只记得

作者17岁时的学生照

她一张鸭蛋形的脸上，长有一对大大的眼睛，额前留有长长的一排刘海，那时十五六岁吧。小小的嘴巴蛮会唱歌，我好像听不蛮懂。身材瘦长瘦长的，样子长得好漂亮。她好像不是岳阳当地人，后来听说是北方人逃难时卖给我们当地人家的，还有其他么里的事情也不记得了。我和她一起玩耍时，要是抓不住她衣服时，就一把抓住她飘逸的长辫子。

是她告诉我，哪里会有么里飞天蜈蚣和蛇咯；蜈蚣和蛇又冇长翅膀怎么会飞咯；它们又不是人，要洗么里澡咯。至于对面的驳岸里有冇得埋一对童男童女，她却回答她也搞不清楚。她还告诉我，黄伯伯家的老虎是画在纸上的老虎；她还教我捏小泥人；冬天下雪就教我堆雪人；教我做小磨子、小菩萨等。

我那时也不知她结婚冇得，也就只记得她有事冇事，就带我去看那宝塔上的飞鸟；去听那宝塔上被风吹拂的铃声。冇得一两年，她突然不见了。好在那时我已经读二年级了，玩的老伙计多得很，也就冇放在心上。

一直等到有一天的上午我才晓得，因要建设湖南最大的港口岳阳港，我家

作者4岁的儿子在慈氏塔玩耍

很快就要被拆。她教我做的小泥人、小磨子、小菩萨等，我是一样也有得能力带走，估计都在默默地承受着劈头盖脸的砖瓦打击吧。等我们一家辗转多处，好不容易搬到交通门很久后，我才从大人们口中得知，我们搬家那时她才刚死了冇多久。妈妈说她是得了痨病死的，死时只有十七八岁。她走了，我再也见不到了。在我幼小的心灵中，感觉她就如同慈氏塔一样神秘而又亲切。相聚与相识是那样的短暂，而永别与离别又是那样的匆忙。

有天放学，听说慈氏塔在拆，惊出我一身冷汗。我都读初中了，自然不用去理会么里飞天蜈蚣与飞天蛇了，但用童男童女祭祀之事，则多有传说。不是有《西门豹治邺》中的"河神娶妻"一说吗？拆掉宝塔打开地宫后，便可一探究竟咯。不过，一想到真的要拆掉了，我就再也看不到宝塔了，如同再也见不到那位大姐姐一样，不由得这心里却有些酸酸的。

一上天岳山就看见前面人呆呆的（岳阳方言的同音字，形容人非常多），架子已经和宝塔一样高了。越往前人越多，好不容易挤到了宝塔巷附近，却发现那里有人在维持秩序，想上去是万万不可能的了。无奈之下只好退到乾明寺口子上，站在援越餐馆的屋檐边远远地看着。但心里很不是滋味：都说岳阳人喜欢看热闹，死了只鸡婆，几十人围到看得一上昼，真的一点不假。我不晓得这些人，非要来凑么里热闹。是想学习拆宝塔的技术？还是想了解里面的童男童女？一天一夜就把架子搭上去了蛮稀奇吗？我住的楼房，不也是一天一夜就盖起了的嘛！倒把个对宝塔有着依恋加好奇情愫的小满哥挤得远远的，只能可怜兮兮地眺望着。

宝塔就是宝塔。如果是想拆就能拆掉的，那还能叫宝塔？果然冇两天，就听说上面来了指示不准拆了。得到消息后的第二天下午，我便一阵风地跑了过去。发现塔前街上人山人海的壮观不见了，只有路过的人会驻足片刻看那么几眼。

为了保险起见，我冇直接进宝塔巷，而是先钻进了边上的帆运社的家属大屋后，站在靠宝塔这边的大门边仰望着上面。拆架子的人不多，顶上有两个人，中间腰里一上一下也有两个，加上下面的也就一共五六个人，正在有一根冇一根地往下递。大概是革命积极性遭受了巨大挫折，还是在等待上面改变主意，冇搞清白。

趁他们不注意，我一下溜到了他们的反背，冇几下就攀爬到了三四层。神龛里的菩萨面容都有些模糊，堆放在座边的铜钱已经锈蚀，轻轻一摸都成了渣滓，第五层的也是一样。

等我正在琢磨如何请一个菩萨回家时，头顶传来了一声呵斥：哎，这个伢崽，哪个要你爬上来的呀？还不快点下去！

真的好蠢。他们是在一圈一圈地拆，怎么就不晓得跟在他们后头转。上来冇一下子就被"敌人"发现了，还说长大了要去当兵打仗。冇办法，年纪小了搞他哩不赢，只好乖乖地下去。

不料这一下去，倒给我带来了意外收获。只见下面一层早被"敌人"打了个箩筐大的洞，可能是准备埋炸药来炸宝塔？因背着光，洞又有蛮深，里面一点都看不清楚，只觉得有丝丝的风从耳边经过。

过了两天，我好不容易借了个手电筒，再去一探究竟时，却发现那洞用红砖给堵死咯。离去时，忍不住多望了几眼。总感觉那宝塔上的铁顶，真的是扳得有些歪了。

一晃，就到了1968年。港务局给我们家分了间有两个门的大办公室。好在港务局多的是板车，我叫了一群一中宣传队的同学，只一趟就把家从交通门一下子搬到了宝塔巷下面。虽说离宝塔有得儿时那么近，但总比交通门要近得多啦。更加好的便是，可以天天看到宝塔了，自己多少会沾点宝气到身上吧。

果不其然，接受贫下中农再教育有几个月，就摇身一变成了工人，紧接着

慈氏塔巷

又一发宝气的考取了八年制的特训院校。好容易完成本科后，读研有一年便告知：因入学的成绩单发现问题，表现再好也只能遣返回原单位。大概因我学历太高，原单位安排有困难。最后有关部门研究后，把我对调到了当时岳阳工业学大庆的先进单位。

其实，把我调哪里都无所谓。革命战士一块砖，哪里需要哪里搬。这一点觉悟，我还是有的。最让我意外的是：我的家居然从宝塔巷的下面，搬到了宝塔的身边，从平房搬成了楼房。房子好像比办公室小些，但却对着大门也对着宝塔。

上班时摸摸宝塔添些瑞气，下班后摸摸宝塔去点晦气。空闲时，端碗饭坐到大门口，边吃边看那宝塔上小灌木丛里飞进飞出的鸟儿。兴奋时，把两根竹篙一绑，在竹篙头上绑个铁丝圈。往宝塔上挑出的石角一挂后，看谁爬得上去。无聊时，做把弹弓打那宝塔上的飞鸟，一泄头晚落在身上的鸟屎之恨。

宝塔的北面是帆运社的家属房，住了十来户人。宝塔湾里有一块五六十平方米的地坪。那时住了黄、张、胡、欧、钟（原住户是岳阳治跌打损伤的向爹）、涂等六户人家。一到天热时，这六家人便在这地坪里吃饭、乘凉、扯闲谈。

不等天黑，我把单位发的竹板往宝塔的石台上一放，先占个地方。等和新结识的狐朋狗友们扯谈扯得累了，就爬上竹铺一觉睡到大天亮。大热天时晚上的宝塔湾，其凉爽程度是可以与西门洞子媲美的。湖面上送来的凉风碰到宝塔后，便会缓缓下沉。因宝塔上小下大，风会一层层受阻，故而给人一种凉而不冽的享受。

我老婆是我大妹的同学，她是宝塔湾里张家的大女儿。结婚后不久，我们搬到了单位分的宿舍。原以为与宝塔见面的机会少了，谁料，却因我要经常出差，两三岁的儿子便交与岳母娘帮着照看，一家人就又回到了宝塔的身旁。

宝塔的石条台子变成了细伢崽们嬉戏的天地，就连有两岁的都哭着喊着要上去。害得老娭毑、小媳妇们把碗筷一丢，围着宝塔跟着儿孙们翩翩起舞。

酒足饭饱后的爷们，肯定是扯乱谈。岳老子的铜壶水烟、对面钟家的大竹筒烟，再加上我自卷的喇叭筒和舅哥等人的"沅水""银象"与"飞马"（都是香烟名）。在几把大蒲扇的不停搅动下，众人口中的烟雾掺和着酒气，一齐向宝塔上的菩萨热情地奔涌而去。

郑国庆，1950 年生。曾任珠影厂演员剧团及电视剧工作室艺术总监、北海电视台导演。

逍遥玉清观

◎ 刘飞虎

公元 1954 年，洪水齐天。

洞庭湖泛滥了。原来的河滩、滩上的木排、排上的小屋，屋边的沙洲……才几天时间就都不见了。空气里散发着浓重的鱼腥味。绛黄色的湖水吐着白色的泡沫，低声呼啸着爬过河（湖）滩（岳阳人习惯将湖称作河，当是取其谐音和，是平息风浪的和合美好之意），爬上石砌的台阶，一步一步地逼到我们家在慈氏塔西边河（湖）沿下搭建的茅草房门口来了。

妈妈急得直掉泪，老天爷你睁开眼啊，你让大水见天涨，让我这一家四口往哪里去哟？

6 岁的弟弟就赶紧说，妈妈别哭，我在大姐学校对面看到有一个木头房子，里面是空的，我们可以搬到那里去住。

我大声呵斥，三毛莫乱讲，大姐读书的贞信女中，对面是建设电影院，哪来的木屋，还空的呢？

他讲的是真的，妹妹小清赶紧证明，我们到建设电影院爬围墙看电影，被人发现了跟着追，我们跑了好远，直到躲进一块菜地里的空木房子里才没被抓到。

真的有？那你现在就带我去看看。

这一看，就把全家人从住了五年的宝塔底下，搬到了离宝塔一里多地的玉清观。从茅草房搬到一间被人遗弃的破木屋里，一住就是三十年。

说起玉清观的来历，相传有一个民间故事。说的是两弟兄一同在玉清观学道，修行多年后，兄弟俩在道观里闲谈时说到各自的道行功底，互不服输，决定比试一番。弟弟指着

20 世纪 80 年代末，作者与妻子张国琼

桌上的砚台说，我把这砚台里的墨水喝下去就能化成一条乌龙，搅得洞庭湖洪水滔天。哥哥说，你敢兴风作浪，与民为害，我就有办法降伏你，不信你就试试。话刚讲完，弟弟端起桌上的砚台，把里面的墨汁一饮而尽，天空中立刻电闪雷鸣，大雨如注，弟弟化成一条乌龙，破窗而出。洞庭湖水陡涨三丈，整个岳州城在风雨中飘摇。哥哥见此，立刻拿了一张白纸，用剪刀剪了几个纸枷，接二连三向洞庭湖中抛去，纸枷到了水里就变成了铁枷，死死地枷在正在兴风作浪的乌龙身上，乌龙就再也不能乱动了。但是龙头和龙尾依旧在搅个不停。为了防止乌龙复出，哥哥一不做二不休，在龙头上压了一座大塔，这就是慈氏塔——现在是全国重点文物保护单位。

这慈氏塔压着孽龙的头，为了祭塔，离塔不远的地方修建了寺庙。早年间，这里有戏台、旅店，还有妓院。紧靠玉清观的那条街叫作乾明寺，据说与乾隆爷下江南有关。这位风流天子到了岳州后就宿在这里的妓院里。

清朝年间，这里的寺庙有两座，一是叫玉清观的道教寺院，另一座叫乾明古寺，是佛教寺庙，名称据说来自这位风流皇帝的御笔。紧靠乾明寺边有一座

小丘叫印山，传说也是这位风流皇帝至此地全妃巷嫖妓，居然将玉玺丢失在山上了，当地民众因这件荒唐事，就将小丘改名叫了印山。到我家搬来后，这里的寺庙、戏台、妓院早已荡然无存，只留下一条叫乾明寺的小街，小街上当然都是些小商小贩，或以打工为业引车卖浆者的市井之流。

玉清观虽然不复存在，但有观就有井，观井不可分，伴观而生的玉清古井倒是至今都在。到我们搬来时，古井边还有一个让人敬拜的庙，庙里有一尊道士坐像供人上香。据说就是这里的玉清真人。庙前面有一块石碑，上面写了玉清古井四个字，庙不景气字却有神，相传是湖南大书法家何绍基所写。

庙小所以井也不大，整个井台也就一丈见方，这还包括四周用青石砌成的流水沟。但其作用却不可小看。虽然那时岳州城里居民不多，却因为没有自来水，这里离河（湖）又有两三里地远，所以除了吃的水要从河（湖）里挑来，用的就是井水。这里也就成为姑娘婆媳们洗衣涤裳的地方。河（湖）里挑来的水难免浑浊，要打明矾澄清后才能用，而井水打上来就清莹透亮，不含半点泥沙，清亮亮的井水用来洗衣，不但去脏还亮色，比河（湖）水要好。就连住得离河（湖）近的人家，也喜欢把好点的衣服送到井边来洗。这就让不大的井台边人来人往，檬槌（岳阳土话，即棒槌）捣衣的啪啪声、木盆倒水的哗哗声，水桶上下的碰撞声，小儿小女的戏水声……除非下雨，一天到晚人声不断。

紧靠井边的杨姓人家利用井台，借水生财，开了一家豆芽铺，每天下半晚夜深人静后，取用上好清亮的井水，浇灌几大盘白天生好的豆芽菜，天一亮就最早送到附近梅溪桥的菜市场。

搬来玉清观时我已在印山上的岳师附小上高小，课外书中最喜欢读的是《封神演义》，也最佩服其中神通最大的"玉清元始天尊"。我心中纳闷的是，我搬到以天尊命名的玉清观来了，这玉清古井犹存，但观呢，这"元始天尊"住的观在哪里？

这就又要说到我们搬来的这座空木屋。

这荒废菜地上的木屋之所以一直空着，是因为原来的主人是一名日本医生，他娶了一个姓王的中国老婆，日本投降后他没回国，两口子从外地来到岳阳，就在玉清古井旁边按日本的和式结构修建了一个木头房，用作他看病的门诊场地。大家记不住他的日本名，就让他随了老婆姓，都叫他王医生。岳阳刚解放的头几年他还在这里替人看病，后来在镇压反革命时遭人举报，被公安局抓走了，他的王姓老婆也不知去向，这个木头房就成了无主屋。空下来后没人管，也没人敢来住。这就好死了（即便宜了的意思）走投无路的我们，等于我家白捡了一个空房子的便宜住了进来。

作者（左）与三弟

当时家家都是用的煤油灯。1965年端午节刚过，我们四个年轻小伙在井台边的路灯下打扑克。突然井台边上一户人家失火了，我们几个人射箭一样地拿起木桶到井里打了水扑进去救火。情急之中，我搬了一张楼梯，爬上屋顶揭开瓦，从上往下泼水。玉清观周围的住户都来了，大家手忙脚乱地从井里打水，顺着楼梯把水桶木盆里打上来的井水，一桶一盆地递到我手里，让我往下浇。这瓦一揭开，火势直往上蹿，火头冲出了屋顶，妈妈急得在楼梯下面大喊大叫。救火要紧，我根本没听见她喊什么，直到十几分钟后，总算把火浇灭了。屋顶的横梁虽已着火烧焦，好在没有被烧断，我平安无事地从屋面上下来了。

妈妈见状连忙把我喊到一边，把刚才叫喊的话又对我说了一遍：我们家里就你这个壮劳力，你可不能出事啊，这火都上了房顶，万一你从上面掉下去了怎么办啊？

我接着妈妈的话，对呀，我不能出事，我们家一个都不能出事。我们马上要把现在住的这个木头房子拆了重建，改成砖房，不然木房子一起火，全家人一个都跑不出来的。

刚才和我一起打牌又救火的杨家、刘家、李家的三个同伴，也一齐对我点头，你家那个木屋也是太危险了，要赶紧拆了重建，你要是建房的话，我们都会来帮你的。

周边的人也跟着说，你今天冒死替别人家救了火，你家要盖房，我们大家也会都来帮忙的。

重新盖房这个话说起来容易做起来难。我们哪来这么多钱盖房呢？就算有钱，这木材和红瓦都还要指标才买得到，我们哪里去弄指标呢？那就只能另外想辙了。

和玉清观所有砖木结构的房子都不同，我想要把这日本人盖的木头房拆了，学城陵矶海关西洋人的房子一样，建一个钢筋水泥结构火烧不燃的平顶屋。但这建钢筋水泥房的材料又从哪里来呢？这就发挥了我拖板车的优势了。

在码头上卸运的砂石因为是散装货，月台上到处都有抛撒的，每次都要请人把这些砂石扫到一处后拖到河里倒掉。我每天收工时，就把这些倒掉的砂石带一车回来，堆在旁边荒废的菜地上。再到附近梅溪桥废品站买一些粗粗细细的各种钢筋铁丝，下雨天在家里没活干的时候，自己用铁锤把它们一根根调直。这样积累了两个月后，觉得砂石钢筋差不多够了，又去花钱拖了一吨水泥回来，然后在家里开始浇制钢筋水泥板。这期间又要弟妹们去到马壕的砖窑厂，专门去把厂里的次品半头砖，收集到一起，然后老板十元钱一堆卖给我们。再与自己板车排的十几个工友们一说，十堆半截砖就都光光生生地拉到玉清观来。看到我的木屋边上有了砖有了钢筋水泥板，半年前失火时答应替我帮忙的玉清观

玉清观古井

邻居们都自动来了。鞭炮一响，我的钢筋水泥房屋就热热闹闹地动工了。

首先是打地基，把王医生的木板房一拆就往下开挖，这第一锄头下去就听到叮当一响，一看居然是一枚铜钱，就赶紧接着往下挖，结果刨出了一个斑驳锈蚀的铸铁箱子，撬开一看，里面装的是锈蚀的铜钱，把铜钱上的泥巴冲洗干净，上面有"乾隆通宝"字样。

替我帮忙的刘志是建筑一社的泥工班长，兴奋地对我说，这下面有宝。

那我们赶紧挖宝，我拿过一把二齿锄就死力往下挖，却是齿尖碰到了石头，火星直冒，挖不下去。

"我就不信这个鬼。"刘志一声吼，我们两个后生就甩开膀子围着石头使劲挖了半个时辰，挖出了一个圆圆的花岗石台，石台高约三尺，上小下大，圆台上面用尺一量直径也是三尺，下面量了圆周后一算直径起码有四尺，圆石台面上有个一尺直径深深的圆洞，石台重量至少有七八百斤，几个壮小伙试了下，根本抬不动。大家一看就七嘴八舌说开了：

肯定是挖到玉清观的地基上了；

这圆洞一看就晓得是用来插木头柱子的；

我们找到玉清观的遗址了；

玉清观原来就在王医生的木屋底下。

我看到石台抬不动，就说那就算了，让它就在原地吧，我们就用这个石墩做屋基放线的起点。刘志就按坐北朝南的方位放线。再顺着放的线挖地基，没挖出多远，又挖出了一块一尺多宽的青石板，用锄头一敲下面"咚咚"响，再顺着石板向前挖，青石板盖居然一块连一块地出现，连成了一条直线。

刘志说："这肯定是庙里的地沟，好在没有水，撬开看看。"

我说："慢点儿，既然是地沟那就不要撬开了，里面肯定有蜈蚣蚂蚁和蛇鼠。这周边都是人家，万一放条毒蛇出来爬到别人家里伤了人怎么办？"

刘志一想："也是，我们是来盖房子的，莫挖出麻烦来了。"

我们就把玉清大帝的"元始天尊"丢到一边，也不再管什么观不观了。按照放好的石灰线，只一天就把地基挖好了，再一天整个基础就下完了脚。

房子建好了，引来玉清观的邻居们，还有金家岭、梅溪桥附近不少人家都跑到我家来看洋房子。来人看后都说，这么好的房子，平姝家，你们家至少三十年不用换房子了。

可谁能想到，改革春风一来，三十年只过了一半，1979 年我就放下了板车把，转到了安装公司从事高压电气安装。因为效益好，有了经济条件后，就在巴陵公司对面公子坡上，盖了一栋三层楼的小洋房，这回的屋面的平顶不是用来乘凉，而是养花种菜。居住环境再次的改善，正是应了那句"人间随处有桃源"啊！

刘飞虎，1945 年生。曾任岳阳市工业设备安装公司、湖南大地残疾人花木公司经理。岳阳市政协文教卫体和文史委员会特聘文史专员。

儿时眼中的准提庵

◎ 吴天健

20世纪50年代，父亲在湖滨新湖南建设中学教课，母亲则在县城厢镇第一完小上班。我家就住在第一完小东北角的一栋平房里。平房有一个小院，住了两户人家。记得邻居是徐克勤家。第一完小后来几次更名：先是洞庭路完小，后是代代红小学，再是岳阳楼小学。

小院是东西朝向的，大门前有一块菜地，两家人都种了一些菜。菜园以东是一片草地，再远一点，就是鲁肃墓了。

菜园的北边也有一座墓，这座墓有点怪，平地立起一座汉白玉塔，基座为长方体，上方侧面是直角梯形的棱柱体。没有常见的土馒头式的墓拱。墓的正面有"碧雪英之墓"字样，碑文的其余部分已不记得了。

墓有一人多高，背面还有几级台阶。

墓主应该有些来头。我问过大人们，他们也不甚了了。

网上百度可以搜到的"碧雪英"，不止一个人，但都是现代的明星或文艺作品中的人物，与我要找的碧雪英风马牛不相及。

小院的西面，就是准提庵了。

准提庵坐南朝北，东、南、西三面与第一完小共围墙，大门外是一条宽巷，叫作准提庵巷。巷的对面是天主堂。顺着准提庵巷向西，有第一完小的一溜教

准提庵巷

室。我念高小时，我们年级有 5 个班，从 39 班到 43 班。五年级时我在 42 班，六年级时转到 43 班，都在这排教室里上课，紧邻准提庵。

准提庵的大门颇有气派，有精美的浮雕、壁画。我印象很深的是那副门联，上下联分别是：准拔众生超苦海，提携三川出迷津。

两联首字合起来就是"准提"。

到网上搜一下"准提庵"，搜不到岳阳准提庵，能够搜到的不同地方的准提庵，都没有我小时候在岳阳准提庵里看过的门联。

进得大门，可以看到幽暗的殿堂里点着一盏青灯，一位尼姑在专注地敲着木鱼，口中念念有词，仿佛没有看到有人进来了。

念经的老尼和我奶奶有来往，她们都包了小脚。奶奶去世后，那位老尼还到我家来，对我父母说，奶奶生时曾答应身后把自己的小脚鞋都给她。这个当然了。可惜我不知道老尼的法号。

殿堂后面，有一个放生池，池子有一定深度，池口四周有花岗岩做的护栏，有石材台阶直达池底。大约是 1958 年，我看到有人下到池底，捞出来一只大脚鱼（鳖）。

放生池后面有一个火化塔，僧尼居士圆寂后在塔内火化。

我见过一次火化。一位圆寂了的居士穿戴齐整后被安放坐在塔内，她身体周围整整齐齐码放着浸过煤油的木柴，然后有人把塔门封起来，但留有一小孔便于点火。

大人们不要我们看下去了，把孩子们赶回了各自家中。

火化塔的后面，是准提庵的菜园。尼姑们日常功课做完，便到园里种菜。

忽然想起了鲁迅笔下的阿 Q，他在静修庵的菜园里偷了三个萝卜。

不晓得和尚庙里是否也种菜，不晓得阿 Q 们敢偷和尚的菜吗？

放生池

后来，父亲回到了岳阳一中，我家随之搬到了一中。中学以后，我曾到准提庵故址探访，无果而返。也许是在破旧立新时被破掉了。我把有关准提庵的回忆发到朋友群里后，有多位朋友补充了一些信息。准提庵里，岳阳人熟悉的尼姑有两位，一位叫蔡尼姑，一位叫冯尼姑，这自然都不是她们的法号。我认识的岳阳南津港一位秦姓老人在南岳大庙出家为尼，法号是"大慧士"。据说一个侵华日军的军官是个佛教徒，他来到岳阳后，把准提庵作为他的护法之地，交给蔡尼姑一面白旗，每有警报，周围市民都在蔡尼姑的指引下进庵避难。后来蔡尼姑因此成为汉奸。

蔡尼姑是半途出家，她丈夫是国民党军队的一个小官，把她抛弃了。就因这个缘由，"文化大革命"中把她抓起来坐牢，有一次还让她五花大绑上刑场，到太子庙刑场陪死刑，跪在死刑犯的旁边。冯尼姑有两个侄儿，据他们说姑姑是因为抗婚才逃离家庭的，终生未嫁。

吴天健，1946 年生。岳阳市一中物理高级教师，已退休。

踏出来的"马路街"

◎ 苏志刚

一条不起眼的窄巷子，为何叫"马路街"，说来还真有故事。

马路街西起梅溪桥的东南端，芋头田街斜对角，一条不到百米的窄巷子，尽头便是熊家大山。虽然叫熊家大山，但住在山下的几户人家都姓李，与熊家毫不搭界。

不知哪个年月，山下来了个姓何的江西客，开了个骡马赶脚店，在梅溪桥修了栋东西通透的暗两层大瓦房，临街的麻石大门十分气派，后门便是熊家大山骡马棚。前店接待脚客，并兼营客栈饭铺。在那个交通不发达的年代，店铺一开张生意就很兴隆。经商运货的，赶脚走乡的，越来越多，不到一年，一条不起眼的野鸡小道，便踏成了马车路，从此人们便把这条巷子称作"马路街"。

马路街的形成带动了商贾云集，马路两边修了很多商铺，有放酒的糟坊，有熬糖的糕点坊，有箍桶的，有编筐的，都是前店后厂。小门店也很多，最有名气的要数街口的刘小铺杂货店。

国民党败退岳阳时，何记赶脚行的老板全家迁居香港。逃往香港的还有当时的岳阳专署专员王翦波，议员蒋胜恕，及其他一些跟随者。他们都是在南岳坡乘渔船沿湘江到衡州，改旱路到广东清远，再乘船沿北江（珠江的支流）到的香港。

钢笔画《老街一景》(苏志刚作)

何记赶脚行的房子，交给老管家何适如看守。后来何老管家因病去世，他无儿无女，他的后事是由县政府操办的，看守的房子充公。后改成了岳阳县供销合作社废旧回收公司。

20世纪50年代初，马路街住着一批敲糖收荒货的人。战争年代在荒郊野外留下的子弹壳等废弃金属还是有一些的。

有一天，我放学回家路过马路街，听到一小院一声爆响，随即就听到有哭喊声。我跑去一看，原来是收荒货的人敲炮筒壳引发底火爆炸，手被炸掉了一只，另一只手也受了伤，血流一地，很是吓人。屋漏又逢连夜雨，这时不知从何处跑来一只大黑狗，在人群中大吠，并跑进院子里咬伤了他家5岁的小孩，扭头黑狗就不见了，这家人真的倒霉。后来这个小孩得了狂犬病，死的时候做狗叫，真的可怜。

事隔不久，另一家收荒货的锤炮筒壳，也炸伤了手脚。

第二天他家来了好几个警察，在他家搜到了一箱子枪栓，后来才知道是"一贯道"私藏的枪栓被两个小孩偷出来兑敲糖吃。

顺藤摸瓜，两小孩带警察在柴家岭河坡下一破房的床下，挖出用油纸包着的五支步枪、一把盒子炮，还有很多子弹。搜到的那一箱枪，枪栓就是这五支步枪上的。

解放初期的那几年，残余的国民党特务还很猖獗，偷袭土改干部的事情常有发生。土改干部李长林、李中榜两人，在当地民兵的掩护下几次脱险。

钢笔画《马路街》（苏志刚作）

有一天，住在马路街叉口的一位孤老太太赵三娭毑家里，突然闯进两条大汉，用枪威逼老太太，要在她家暂避两天，无奈的老人只好弄饭给他们吃。

她趁上厕所之时报告了街道治保会胡主任，胡主任给了两瓶烧酒，让她拿回家。两个家伙看到赵三娭毑拿回来的酒，高兴万分，不一会就喝得酩酊大醉。警察不费吹灰之力，轻松地将两个家伙五花大绑，搜出手枪两把、手榴弹一颗。

赵三娭毑立了大功，戴了大红花，挂上了"光荣人家"的红漆匾。后来治保主任也特招进了 211 军工厂（后改番号 3517）。

我父亲苏济民，1949 年 9 月 16 日参加中国人民解放军铁道兵二师，任材料处主任，后随部队参加抗美援朝。有一次随军列运输中，敌机来袭，军列往山洞里躲避。山洞口被炸塌，山石和弹片压住了军列煤水车箱。我父亲跳下军列，用氧割枪截断了煤水车箱与火车头的连接处，使军列火车头驶进了山洞，保护了珍贵的火车头。敌机弹片炸伤了我父亲。由于伤势很重，上级特批我父亲回国在石家庄白求恩国际和平医院治疗。为此父亲荣获朝鲜"二等国旗功勋"奖章。第二年转业至岳阳火车站，我们家就从翰林街搬迁至马路街东边的丁家塘。

临近铁路边建有四排房子，我家在中间，门牌丁家塘 26 号。这四排房子住的都是铁路家属，我们点的是电灯，用的是自来水，这让周围的居民十分羡慕。

后来铁路给水所在铁路边安了个供水点，一分钱买一大担水，由邻近的铁路家属王大娘管理。梅溪桥、芋头田、乾明寺的居民都吃上了铁路供水所的自来水了。

后来挑水的人越来越多，有时还要排长队，冷清了多时的马路街，又热闹起来了。

苏志刚，1940 年生。国家二级美术师。

看戏与玩票

◎ 张溟敖

20世纪50年代岳阳的娱乐场所不多，只在茶巷子有演巴陵戏的岳舞台，在梅溪桥有供外地剧团来演出的群乐剧院，在天岳山有放电影的电影院（当时叫人民大会堂），在先锋路有演岳阳花鼓戏的百香园。其实岳阳花鼓剧团最早并不在先锋路的百香园，而是在吕仙亭街韩家湾往南20多米的一个院子里，叫新岳剧院，我小时候在那里见过。

我的父母都喜欢看戏，但我母亲喜欢看花鼓戏，而我父亲则喜欢看京剧。有一年我母亲带我到百香园看花鼓戏《牛郎织女》，那位饰演牛郎的演员叫德宝，他把牛郎演得活灵活现，剧中有一段情节是牛郎在田间劳作之后回家吃饭，牛郎端起饭碗急忙往口里扒几筷子，然后腮帮子一鼓一鼓，再瞪眼一吞，把那种狼吞虎咽的饥饿之态演得十分夸张而真切，德宝的演出总能赢得观众的喝彩声。

大约是在60年代初，我父亲带我到群乐剧院看过一场京剧，那是湖南省京剧团来演的《徐策跑城》，饰演徐策的演员叫达子红，这位演员身材单瘦，派头十足，在跑城那段表演中他手端玉带，静中带动，只见他头上相貂的两个翅子前后左右晃动，而他的头却纹丝不动，赢得满堂喝彩。我问父亲他演的戏为什么这么好看，父亲说这是海派京剧的特点，重在表现做功，我听了也似懂非懂。

巴陵戏我只看过一次，那是"文化大革命"初期，侯玲玲从武汉回岳阳休

《曹操与杨修》剧组在岳阳楼参观

假,她约我去岳阳剧场看巴陵戏《沙家浜》。我之前看过电影京剧《沙家浜》,这次看巴陵戏《沙家浜》倒也觉得很新鲜,巴陵戏的唱腔有点像京剧,更像湖北的汉剧,韵味十足,特别是在后面"歼敌"一场,饰演新四军的演员在舞台上连续小翻之后,再腾空一个筋斗(串小翻提),越过刁家的院墙(布景画),那武打场面十分火爆,让人眼花缭乱,令人叫绝。

　　到了"文化大革命"中期,文化活动一下子多了起来,各种文工团和毛泽东思想文艺宣传队如雨后春笋冒了出来,似乎人人都可以上台演戏了,除了编排一些类似"大海航行靠舵手"的舞蹈外,有实力的单位还会排练一些样板戏。

　　岳阳造纸厂当年是轻工业部的直属企业,为了生产毛主席著作用纸,从全国各地抽调了一批精英来到岳阳,其中有一位来自北京中国儿童艺术剧院的李俭先生是一位资深的专业演员,他提议搞一次学样板戏汇演。我们这些爱好文艺的青年就开始各自筹划，与我同在一个单位的蔡宾渝提议与我合演《智取威虎山》中"定计"一折，他饰演杨子荣，我饰演少剑波，商定之后就要考虑服装问题，乐队的张元自告奋勇地说由他去桃矿找老丁借服装，第二天张元从桃矿把服装借来了。一个星期后汇演开始，轮到我们演出时前半场很正常，到后半场当蔡宾渝唱到"立下愚公移山志，能破万重困难关，一颗红心似火焰，化作利剑斩凶顽！"时，他用力一挥手差点打到我脸上，我急忙往后退了一步，引得台下哄堂大笑。

通过这次演出我认识了从北京调来的刘宝森先生，刘宝森先生年轻时是天津大户人家的公子，他兄弟三人都酷爱京剧，经常请京剧名家给他们说戏。刘宝森先生主攻裘派花脸，他饰演《草桥关》中的姚期曾名噪一时，在天津也算是名票了。自从认识他后，我们成了忘年之交，他给我传授了不少京剧演唱方面的知识，例如咬字、归韵、气口、尺寸的把握，还有流派特点等等，真是受益匪浅。

我与刘宝森先生偶尔也会参加岳阳一些票友的活动，其中与岳阳一中李子衍老师的交流印象深刻，李子衍老师个头不高，皮肤有点黝黑，待人十分谦和，他先给人民医院的汪医生伴奏了一曲《三娘教子》，又给刘宝森先生伴奏一曲《打渔杀家》，李子衍老师的京胡拉得四平八稳，擅长青衣伴奏，对梅派唱腔颇有心得。

京胡看似简单，要拉得好也不容易，要拉出行当和流派特点就更难。在岳阳京胡拉得好的应该首推侯路云老师，他从小在华容京剧团坐科出身，功底扎实，弓法指法十分规范。还有一位深藏不露的高手，是现在的市摄影家协会副主席石述威。这位石主席专工京剧曲牌，中规中矩，与名家不相上下，更难得的是他的京胡都是自己制作，品位相当高。他曾送给我两把京胡，我一直珍藏着。

1996年，上海京剧院首次推出"上海京剧万里行"活动，由著名京剧演员尚长荣先生带领全班人马来到岳阳演出由亚夫子（陈亚先）编剧的《曹操与杨

作者（左）与尚长荣先生合影

修》。演出地点在岳阳影剧院。这是岳阳爱好京剧的票友们的一场盛宴，一票难求。在朋友关照下我拿到了两张前排的座位票，与刘宝森先生一起近距离欣赏了尚长荣先生的演出。

尚长荣先生工花脸，不仅以侯喜瑞先生为师，学侯派架子花脸，而且兼学裘盛戎先生的裘派铜锤花脸，所以他在唱做方面都达到铜锤、架子两门抱的高水平。在京剧《曹操与杨修》的演出中，尚长荣先生以穿透人性的表演塑造了一个性格复杂的曹操形象，曹操的狂笑、奸笑，诛杀孔文岱时阴森的笑，还有临近尾声甜酸苦辣咸五味俱全的笑，尚长荣先生真的把曹操演活了。

中国戏曲是以唱、念、做、打为基本手段的综合性艺术，每个剧种都有各自的特色和丰富的表现形式。它既是一门舞台艺术，又有传统教化功能。要想看懂它，你就得静下心来慢慢品味，由不懂到懂，由懂到放不下它，最终肯定会成为你不离不弃的良师益友。

张溟敖，1950 年生。岳阳林纸集团退休职工。

新建山变迁

◎ 孙颂保

从大概念上说，新建山属韩家湾范畴。顺着洞庭南路往南走，经过原南区办事处，再往南百余米处有一巷口，沿着巷子往里再走几十米，便是新建山了。

解放初期，新建山系岳州城外的荒野之处。虽雄居洞庭之滨，与钟灵毓秀的君山遥遥相对，与惊涛拍岸的洞庭湖唇齿相依，然满山遍野荆棘丛生，豺狼出没，狐鼠横行，杳无人烟，一片凄凉。

1952 年洞庭湖沿岸，慈氏塔前方即韩家湾

1954 年，洞庭湖洪水泛滥，沿湖坡陡墈搭建的一些简陋房屋，被突如其来的洪水摧枯拉朽般地卷进了汹涌的波涛之中。住在这些简陋房屋之中的居民，大都是解放前在街河口、南岳坡一带码头上靠挑箩卖苦力为生的码头工人，人称"箩脚子"。一夜之间，这些码头工人成了无家可归的灾民。

洪水无情人有情！关键时刻，党和政府给灾民送来了关怀与温暖。为了妥善安置这些失去房屋、无处栖身的码头工人，县委、县政府责成港务局、搬运社等受灾群众较多的单位集中联建一批安置房，选址就定在离城中心较远、偏僻荒凉的韩家湾一带，由此拉开了开发建设新建山的序幕。

一

新建山的开发建设从 1954 年下半年开始，至 1956 年下半年结束，历时两年整。采取统一规划、统一建设、统一分配的办法，共建平房 15 栋总计 200 多间。

为了节省经费和时间，整个新建山住宅建设依山傍势，不强求标高统一。西边靠洞庭湖一片地势较高，前后共 9 排平房，每排 12 至 15 户不等。东面靠吕仙亭街一片前后共有 6 排平房，每排 15 户至 18 户不等。

新建山北高南低，中间一条缓缓的坡路贯穿其中，站在新建山最北端的路口远眺，一排排青砖青瓦的平房高低错落，整齐划一，蔚为壮观。

由于受灾后需要安置的户数较多，而建成后的房屋数量有限，原设计一户一套（一房一厨）的房子不得不从中间一分为二，隔成两间分配给两户人家居住。

尽管如此，仍供不应求。因此，政府动用激励机制，鼓励有建房能力的职工私人建房，以缓解政府安置的压力，以救燃眉之急。于是，在新建山成栋住宅周围，又陆陆续续建造了一些大小不一、高矮不等的私房。

过去人迹罕至的荒山野岭，随着一大片职工住宅的建成，一下子涌入了

300多户、几千人口，突然变得人声鼎沸、热闹非凡起来。

为了纪念解放后我县首个开发联建的住宅区建成，当初的建设者们取名曰"新建山"，旨在歌颂翻身解放的"箩脚子"们在党和政府的关怀下，过上了"居者有其屋"的幸福生活。

二

居住在新建山的居民，成分单一，都是解放前在农村无地少地的农民。他们除了有一副健硕的身板，浑身的力气外，便是两手空空。由于在农村无田可种，为了生存盲目地涌入城市，却因无任何工作技艺，只得靠一根扁担、两只箩筐在码头上从事笨重的体力劳动。

由于码头上人多活少，工人们有时几天都找不到活干，吃了上顿没下顿，过着饥寒交迫的日子，还受尽了封建把头的剥削和压榨，生活在社会的最底层。

解放后，"箩脚子"们才翻身做了主人，成建制地编入了港务局、搬运社当上了码头工人。1956年，随着新建山住宅区的建成，这些码头工人便被集体安置在新建山居住下来，虽然每户面积不大，但总算有了一个固定住所了。

新建山以中间一条斜坡道路为界，靠洞庭湖边的几排全部是港务局的职工家属，靠吕仙亭街一边的几排全部是搬运社的职工家属，虽然单位不同，但都是从事同一工作，拖板车，搞搬运。

由于大家在解放前就在码头上一起讨生活，相互之间早已相知相识，知根知底，共居一隅后更加和睦相处，称兄道弟，其乐融融。

新建山的居民思想单纯，性格彪悍，说话办事直来直去。由于大多出自农村，尤以新墙、筻口、西塘一带人数较多，他们体内流淌着农民的血液，浑身散发出农民的气息，满口的东乡俚语，构成了岳阳城里独特的语言体系。

新建山老一辈识文断字的人不多，但武艺高超，身怀绝技者不少。因此也营造了新建山居民崇文尚武的氛围，锻造出了以柳满子为代表的新建山第二代中一批武林高手。在六七十年代的岳阳城里，一说起打群架哪里最傲，便不假思索地想到韩家湾，其实知情者都知道是指新建山。因为柳满子等一众武林高手，全部都是居住在新建山。

新建山居民的另一特质是善饮。嗜酒如命者不计其数。由于长期从事繁重的体力劳动，酒就成了解除疲劳、恢复体力的法宝。仲夏，每当夕阳西下，红霞满天的时分，房前屋后的空当之处，摆着一张张四方小桌，结束了一天劳动的人们，邀上左邻右舍，喊家属炒几碟下酒好菜，就一壶劣质浊酒，兴高采烈地喝起酒划起拳来，不喝个尽兴，绝不罢休。最后一道道亮丽的风景便呈现在人们的眼前。山呼海啸者有之，沉默不语者有之，东倒西歪者有之，鼾声如雷者有之。哪管他什么姿态难看，只要心情愉悦就行。

"文化大革命"当中，社会上白酒供应一时短缺。这可真的革了新建山喜欢喝酒的人的命了。于是各家各户各显神通，通过各种渠道大量抢购白酒，大瓶小罐加以贮藏，有的不惜买来水缸盛酒，弄得满街的酒气，令路人欲醉欲仙，头昏脑涨，一时成为百姓茶余饭后的笑料。

三

新建山的居民勤劳俭朴，心地善良。由于解放初期未实行计划生育政策，每家每户孩子众多。少的人家两三个小孩，多的人家七八个小孩。不论什么人家，小孩一律贱养。由大的带小的，一件衣服也是大的穿了再给小的穿。

20世纪五六十年代出生的孩子，从没有进过幼儿园，稚嫩的脸上，永远是黑不溜秋的，看不到肉色。更有邋遢者，鼻子上挂着长长的鼻涕，每当鼻涕流淌时，便用左右袖口去擦拭，因此上衣左右两只袖口永远是黑色，油光锃亮。这些孩子们的父母给孩子起名字，也极不讲究，男孩子的小名不是臭虫婆、癞子、狗婆，就是冬瓜、饼瓜、南瓜，反正越贱越好。

不要看这些老一辈们文化不高，但教育子女极其严格。在父辈们的熏陶下，孩子们从小便知道什么是真假善恶，什么值得传承，什么应该摒弃。

这片居民区的妇

1997 年，作者（右一）因为全市安居工程成绩突出，得到时任岳阳市市长黄甲喜（左一）表彰

女，大都是港务局、搬运社的家属工。她们与男同志一样，从事着繁重的体力劳动。每天拉着板车，穿梭在岳阳的大街小巷，回到家里，围裙一系，又要负责一家老小的一日三餐。遇上落雨下雪天气，出不了工，少做一天事，便少了一天的收入。母亲们，就是以这样吃的是草，挤出来的是血的方式，将自己的儿女抚养成人。

1958 年沿湖铁路修建后，新建山的居民们又多了一条省钱的门道。每当装煤炭的货车卸完煤炭尚未开走之前，居民们便拿着扫帚，带着撮箕争先恐后地去扫货车内弯弯角角未卸尽的煤炭，拿回去烧火做饭。这样又可以节约不少买煤的开支。冬天，他们到河坡脚下捡芦苇，去贮木场的木排上剥树皮，用来做柴烧，总之想尽各种办法节省开支，把穷日子、苦日子当成好日子过。

虽然离开新建山很多年了，每当我回忆起当年生活的点点滴滴，新建山的一砖一瓦、一草一木都令我心生爱意，久久不能忘怀！

孙颂保，20 世纪 50 年代生。岳阳市住房和城乡建设局退休干部。

街河口的市井烟火

◎ 张运雄

南正街与天岳山街相接处，往西直通洞庭湖有一条街，那就是街河口街。

因其西街口与洞庭湖相连，岳阳人习惯称湖为河，故将此处称为街河口，意即街口与河相连的地方。

久而久之，街河口也就成为街的名称。

街河口街分为上下街。鱼巷子和油榨岭街各有一端终止于街河口街中段，于此处形成十字路口，十字路口以东为上街河口街，十字路口以西为下街河口街。

街河口街形成于宋末元初。

1958 年我们家从长沙迁来岳阳时，我记得街河口街是一条长 100 多米，宽约 6 米的麻石板路，后来掀掉麻石板改成了水泥路。街两边店铺相连，房屋多是青砖黛瓦白墙的民国时期式样。街河口街是岳阳繁华的商业街之一。

我与街河口街产生交集，一是因为大姑妈家住在街河口下街，我们常去她家玩；二是父亲喜欢吃咸鱼，读小学的时候就经常叫我到街河口干鱼店买"咸鱼刀子"；三是读初中及参加工作之初时常帮家里去街河口街上的店铺买米、买油、买肉、买鱼。

在我的记忆中，我们家那时买鱼不是去鱼巷子，而是去街河口街。街上有粮店、肉店、副食品店和卖鲜鱼、干鱼的店子。

干鱼店里售卖银鱼、毛花鱼、细鱼仔子、虾子、咸鱼、熏鱼等人们喜爱的鱼制品，经常顾客盈门。

爸爸爱吃的"咸鱼刀子"是翘嘴、鲤鱼、草鱼等几种。鱼都是从鱼背剖开，晒制成扁平的鱼干，长长的一条干鱼有点像把刀，"咸鱼刀子"名字只怕是由此而来。我这样想。

"咸鱼刀子"买回家后，剁成香干子大小的块，用菜油将两面煎得金黄即可佐餐，很香很下饭。

"咸鱼刀子"是爸爸的最爱，但家中人大都喜欢吃毛花鱼炒辣椒，细鱼仔炒辣椒，干虾子炒辣椒。

说到干鱼，想起初一课本中一篇古文中的一段话："君乃此言，曾不如早索我于枯鱼之肆矣。"

彼时我不懂枯鱼之肆是什么，即去问老师。老师反问我：你喜欢吃毛花鱼炒辣椒吗？我回答喜欢。老师说：街河口卖干毛花鱼的店子就是枯鱼之肆。

现在想起老师的这段话，可以断定街河口的干鱼店那时一定是蛮有名气的。

那时候卖鲜鱼，不像现在一样都是养在水里卖，除了泥鳅、黄鳝是养着卖的外，其他鱼都是堆在地上卖。

如果天气热，剩下没有卖完的鱼，晚上就剖开用盐腌起来，制成咸鱼干。

我姑妈那时没有工作单位，时常承接些剖鱼、腌鱼、晒鱼的活来做，以补贴家用。

那时人们都不怎么吃王八，便宜得很。一次有个和我爸爸在印刷业务上有交道的湖北朋友，送给他一提桶活王八，他都不知道该怎么弄着吃，转手又送给了别人。

那时候的黄鳝有小酒盅那么粗一条，一条就有斤把重，只卖两角钱一斤。父亲不时会买三两条鳝鱼回来，将鳝鱼剔去骨以后，切成扁平的段，烧大火，多放油，将鳝鱼段炸得起"果子泡"后，再放入生姜、大蒜，然后倒入少许白

街河口街景

酒，加入紫苏、酱油，几经翻炒，就成了一大碗油光光、香喷喷的红烧鳝段，真的馋煞人。

渔民经常能打到大鱼，送到鱼店后，因鱼大欺主，店主就将那些一二十斤重的鱼剁成一筒筒来卖，谓之"剁鱼"。买鱼吃时，家里人会特别说明：你去买筒剁鱼来！我们小时候就喜欢吃剁鱼，肉又多，刺又少，比小鱼、小虾好吃多了。

后来这种剁鱼慢慢地很少有卖了，到凭票买计划供应的鱼时，经常都是冰冻的，大都是两斤左右的鲢鱼。这些鱼都冻成了硬邦邦的一条，堆在店子里面的地上，营业员用铁锨撮起鱼过秤售卖。

在计划经济时期，凭票供应的物资也不是什么时候都能买得到的，商业部门有货可供时，你凭票可以买得到，没有货供应时你也只能拿着票干瞪眼。

为了吃肉，我们曾经抢晚赶早地去排队买肉。如果头天听说明天早上有肉供应，当天晚上吃过饭后，好多人就会提着菜篮子去排队。

我提着篮子赶到肉店门口一看，这里早已排了一溜菜篮子和砖块。砖块是路过此地的人听说明天早上有肉卖，随手捡块砖头当菜篮子，先抢占一个位置后再去拿菜篮子来替换。菜篮子的主人们有的放下菜篮子就走了，没有走的就三五成群地站在一起扯着闲谈。稍后，他们也会散去，大家都觉得，为买一两斤肉，通宵达旦地守在这里太不合算。明天肉店开门前他们会早早赶来，昨晚放下的篮子就是他们的排队号牌。

那时候卖肉的师傅的手艺比如今卖肉的师傅的手艺强多了，割肉基本上是"一刀准"。

我们现在去肉摊买一斤肉，他割下来称给你的肉不说有两斤，至少也有一斤半。他只想多卖点给你，他好多赚点钱。他如果练成"一刀准"，那就违背了他的初心。

凭票买肉时，是多少肉票就只能卖给你多少肉，多卖给你了卖肉的师傅就要自己贴肉票，因此卖肉的师傅都练就了割肉"一刀准"的手艺。

有一位师傅不但手艺了得，还十分风趣幽默。一次有人在他那里买肉，他问清那人要买多少肉后，又问那人要买哪个部位的肉，那个人也不懂得什么部位不部位，随便用手一指说：买前面的。师傅大声回应："好！买前面的！"接下来用京韵京腔念道："前面就是沙家浜！"这是革命现代京剧《沙家浜》中的一句道白，师傅模仿剧中人物的腔调说了出来。

话毕刀落，重量不多不少的一块肉交到了那个人手上。屠凳边响起一片赞叹和欢笑声。

那时候的肉七八毛钱一斤，排骨五毛钱一斤，板骨八分钱一斤。一位同事告诉我，他们家那时很穷，只能买便宜的板骨吃。买板骨不要肉票，但得找熟人开后门。吃完后的板骨卖给废品站，废品站的收购价也是八分钱一斤。他们家算是没花钱喝了一顿骨头汤，想想真合算。

到街河口粮店（后来搬到油榨岭巷去了）买米买油同样要排队，少则十来人排，过年过节时政府会增配一些粮油指标，如果不在指定的时间购买指标则会作废，因此过年过节时前来排队购买粮油的人就更多了。人多的时候，从店里排到街上，摆成一条长龙，占了大半边街。

米卖九分三厘钱一斤，有时候买米还要搭配红薯或者红薯丝。这时候去买米就有点麻烦，除了带米袋子外还要带上箢箕扁担，真的蛮麻烦。

油好像是两角钱一斤，有时供应菜油，有时供应糠油，有时供应棉籽油。棉籽油放锅里一烧，会冒起好多泡泡，一股怪味，炒出的菜难吃得很。后来听说棉籽油吃多了会造成男性不育，慢慢地棉籽油就不供应了。

称米称油那时已是半机械化了。

米存放在楼上的米仓里，楼下有一只溜槽与米仓相连，溜槽口的下面有一台磅秤。当你交完购米款后，就可凭提货单到溜槽口接米。你将米袋套上溜槽口后，工作人员将手上的绳子往下一拉，装在溜槽上的一块活动板子就被提起来了，米仓里的米顺着溜槽就哗哗哗地流进了米袋子里。流入的米快达到所购买的数量时，工作人员会频频拉放手中的绳索，活动板子就会起起落落，溜槽中的米也就时流时止，直至流出的米刚好是购买的数量。

称油则是用的一个手动油泵，油泵架在油池上，下面的油管插入油池中，油泵上面有一个计量标尺和一只出油嘴。当你将提货单交给工作人员后，工作人员让你将油瓶与出油嘴对准，然后工作人员会摇动油泵上的手柄，边摇边有油进入油瓶中，当工作人员摇到你所买油量的刻度时，你所买的油也就被注入了你的油瓶中。

购买面粉、面条也是要占用粮食指标的，并且限量，好像是每人每月可买两斤面粉两斤面条。如果想要多买点，得找熟人"开后门"。

面粉买回家后，我们家一般都是煎葱花灰面饼或夹"鸡脑壳"（面粉疙瘩）吃。能果腹就行，没有什么变着花样吃的想法。

街河口地势很低，逢到涨大水的年份，街道会遭水淹。

我大姑妈家住在街河口下街，因涨水没少搬过家。每到汛期，望着一天天逼近家门口的洪水，他们的心也一天天发紧，心中在默默祈祷：洪水啊，别涨了，就此打住吧！

水不以人的意志为转移，该来它还是要来。水漫上了街沿，越过门槛，浸到了屋里，将置于地上的鞋子、脸盆托了起来，在屋里漂浮着。

躲是躲不过了，只得清点行装，大件小包地往板车上装，蹚过没过膝盖的洪水，拖着装得满满的板车弃屋而逃。

记得有一年大水将他们家的大门全淹没了，水涨到了上、下街河口街分界的十字路口，街河口下街泊满了船只，赫然成了街市港湾。

如今包含街河口在内的沿湖风光带，如果还能看到远浦归帆，沙鸥翔集，那一定是岳阳城最别致的一道风景。

张运雄，1950 年生。岳阳市印刷厂退休职工。

萦牵老印山

◎ 杨晓兰

坐落于老印山 106 号的老屋，建在一个小山坡上。坐北朝南的一排平房，共有六户人家。住房不大，分前后两间，后面搭了间厨房。

房子前方与岳阳师范附属小学几步之遥，与附小幼儿园仅一围墙之隔。出门下台阶左拐，穿过弯曲小巷，可到达乾明寺马路。往右拐的小巷，两边都是灰色的围墙，不用走多远，就到芋头田街道。

相传乾隆皇帝来岳州时，在全妃巷（今先锋路）喝醉酒后，欲抄近路至乾明寺，登山越岭时不慎将个人金印掉于山上，故老人们将此山称为印山。民国时期随着居住人家增多，逐渐形成 S 形小巷。1954 年铁路部门在山的南面修建一片新家属区，又称新印山，山的北面称老印山。

我们全家在这里生活居住了 30 多年。穿过这些小街小巷，曾经从这头走向那头，脚步越走越沉稳，距离越拉越长远。三间相连的小房，像一节节小车厢，载着我们的童年，在摇晃中长大。

煤油灯

我家有四姐弟，小名分别为玲丫头、兰丫头、辉伢、荣伢。

20 世纪 60 年代初搬到老印山时，人生地不熟，隔壁邻居还没搬进来，周边寂水冷清，偶尔听到屋后小水塘断断续续青蛙叫。父母在偏远的七里山机瓦厂上班，只有星期天才回来。外公在位于南正街"味腴酒家"卖筹收银，晚上在酒家守店。大部分时间，是我们姐弟独立生活。

那年大姐不满 12 岁，小弟 5 岁，日常生活的照料，自然落在大姐肩上。

外公只要有空，就回来瞧瞧，顺便带点菜来。临走时，千叮万嘱："玲丫头，你带好他们三个，晚上记得闩好门窗，怕强盗进来。"（岳阳老话把"小偷"称"强盗"）

那时候还没有架线通电，一盏煤油灯，就是漆黑夜晚的光亮。姐姐熟练操作煤油灯时，我们就围着桌子津津有味地观看。

她将灯罩轻轻取出，拧开金属灯套，将煤油小心倒进像鼓着肚子的灯座中。灯芯快用完了，就将新灯芯用剪刀剪齐毛毛的线头，穿过灯套的小口子，套在灯座上拧紧，然后用旧布将熏黑的玻璃灯罩擦得透亮，就像摆弄一件工艺品。

每天姐姐帮我们洗好脸，洗好脚，收拾完房间，就举着煤油灯，先把第一间房门反锁，然后走到中间屋把窗户关好，再走到厨房检查木头门闩。

我们谁都不愿待在移开灯的黑屋子，就按大小排在姐姐身后，每人牵着前面人的衣角，"牵羊羊"般跟着煤油灯光，将每个房间角落看个遍，再上床睡觉。

姐姐开始伏在四方桌的煤油灯下，读书写作业。

有时，外公不放心，店里打烊后，还摸夜路来看一下。如果窗前有灯，就会说："玲丫头，早点困觉（岳阳方言，即睡觉），我不进来了。"姐姐总是答："好，我做完作业就困。"

外公就这样默默关照着我们。

星期天，爸妈回到老印山。外公端着小酒杯，坐在门口靠背椅上，一边抿酒一边向父母"告状"："你们要讲下玲丫头哩，每天读书读到辰根（深更）半

1962 年，作者全家照

夜，莫太发狠哒，能及格就要得了。"

姐姐爱读书，成绩一直很好。听外公莫名开口，委屈得哭了起来。

我们年龄小，听不懂大人们讲话的含义。不明白平日和蔼可亲的外公，怎么突然说起姐姐来了？嘴上不敢说，心里替姐姐抱不平，都围着姐姐站着。

母亲正在洗一大脚盆衣服，没有直接回答外公，而是边洗边说："玲丫头，你读书是好事情，给弟弟妹妹带了个好头。"

母亲的话让我们绷紧的心轻松起来。母亲又发话："你们三个以后也要帮着分担家务事，让姐姐有时间早点做作业。"

我们赶紧连连点头。

外公心软了，无奈叹了口气："别人屋里的伢崽不读书，被大人骂起哭。我俚屋里伢崽要读书，冇得时间急起哭。玲丫头，莫哭哒莫哭哒，以后屋里事少做点，早点做作业。"

原来外公是在心疼姐姐。我们好像一下子长大懂事了。

从那以后，我们都争着做自己的事。我和大弟做完作业，就在煤油灯下陪姐姐，小弟弟没上学，自然没有作业做，也不肯一个人睡，坐在床边等着我们。姐姐左劝右哄把我们安顿睡下。待我们进入梦乡，她仍在书中游览。

姐姐今年七十有三，是"老三届"高中毕业生，参加工作后报名读了"电大"。最遗憾的事，就是想读书时，下放农村，冇碰到读书的好年代。

其实，姐姐在煤油灯下读书的画面，深深定格在我们脑海，潜移默化引导着我们好好学习。她是弟弟妹妹心中一盏明亮的灯。

爬　树

俗话说"爷疼长孙，娘疼满崽"。小弟弟虽是满崽，却是家里被管得最严的。倒不是调皮捣蛋，是因为他走丢过。

那时小弟弟岁把多刚会走路，半上午突然发现不见了。当年家住宝塔巷，屋前不远就是浩渺的洞庭湖，屋后登上石板路通往羊叉街。父母急得扯开喉咙喊："荣伢崽，你在哪里哟……"邻居们都分头寻找，河边、石阶梯、羊叉街、南正街，都冇见人。

母亲又一家一家去问，有位伯伯提醒："只怕要请打锣的来喊。"围观中一位热心人说，那边有户人家捡了个细伢崽，去问问看。母亲赶紧找到那间平房，小弟弟正在别人床上呼呼睡着了。

原来小弟弟独自一人登上了石板路，一边走一边哭，被附近一对好心爷爷奶奶抱回家喂了饭，然后睡午觉。一场虚惊让全家吓得不轻。

住到老印山后，小弟弟每天和附近的小伙伴在巷子和学校里玩，有时玩得忘了形，要四处喊才回家，为此没少挨父母的骂。

小弟弟7岁那年，吃完早饭一溜烟出去玩，没多久一瘸一拐回来了。我正纳闷，怎么没喊就回了？当时父母都不在家，他急急地问："姐姐，你会挑刺吗？"

我这才看清他的狼狈相，穿着单衣单裤的他打双赤脚，一只裤腿卷着，一只裤腿放下。因为爬树往下溜时，一根树梗插进了左腿直脚杆上，凸起的皮肤像爬条蚯蚓。

吓得我说："我怕挑得。"

他恳求说："姐姐，冇关系，你帮我挑出来。"

知道他是怕父母回来骂。我只得找来缝衣针，先用手指甲掐，硬硬的树梗怎么都掐不出来。弟弟已痛得龇牙咧嘴，我忙停下手说："好痛吧。"他咬着牙："不要紧，你只管挑啰。"

哪能不痛呢？我的手都不听使唤了，又试着用针一顿鼓捣，树梗紧粘在肉里纹丝不动。

我急了，赶紧去向隔壁邻居求助："陈婶婶，荣伢脚上有根树枝，弄不出来了。"陈婶赶忙放下手中的活上前察看。

"噢哟，我的个崽吔，咯是禾里搞的啦。"一声惊呼，我和弟弟都恐慌起来。

"咯挑不出来，要到医院去！"还是陈婶有经验。

听说去医院，弟弟认为自己闯祸了，坚决不肯去。陈婶一边安慰一边从家里拿上钱，背着弟弟就往县人民医院后门跑，我紧随其后。在医院消毒，打麻药，开刀，缝针，弟弟硬是没哭一声。

父母回家后，自然对好邻居陈婶婶感激不尽，还上医药费，也没责骂弟弟。

小弟弟爬树虽然不小心挂了彩，但我还是佩服他的勇敢坚强。说来也巧，长大后的荣伢，成了一名金色盾牌热血铸就的人民警察。和战友们一道，忠心耿耿守护一方平安。

兄弟俩

辉伢和荣伢，是我的大弟和小弟。大弟敦厚内敛，小弟活泼开朗。虽然性格有差异，但兄弟俩总是心连着心，好事分享，祸事同当。

搬到老印山第一个春节，母亲细针密线为四姐弟每人做了双新棉鞋，美观又保暖。那时候只有公共厕所。大弟不小心将一只新棉鞋掉进了茅坑。不知他们是怎么捞上来的，也不知怎么蒙混过的关。反正除了兄弟俩，全家人都不知道。

直到六月太阳天，母亲洗晒棉鞋，找来找去少了一双，大弟才想起掉入茅坑了。母亲很生气，责怪他为什么不早点告诉家里，好及时捡起来洗干净。

见母亲在为丢棉鞋之事念叨，小弟赶忙说句："棉鞋还在这里。"只见他从床底下翻出一团废纸包包，打开一看，新棉鞋面目全非结成了硬壳壳。母亲又好气又好笑。丢了舍不得，留下不能穿，只能弃之了事。

大姐进市一中读初中，上学早，回家晚。父母就要我多管管弟弟们。说是管，其实就是"监督"。

他俩在屋后黄泥土中捡到一枚铜钱，就认为那里有"宝藏"。兴致勃勃用砖块瓦片在黄泥土中刨，一文钱都冇找到，弄得一身泥巴糊鲁了。父母问情况，我就如实报告。还有，两兄弟经常翻爬围墙，裤子膝盖磨破了洞，我向父母告状，他们免不了挨顿批评。

一次，我放学晚了，他俩把蛋汤都吃光，然后倒碗白开水，放点盐放点酱油留着。我回家时，他俩热心地又拿筷子又拿碗，我虽有点奇怪，但肚子饿了

1973 年，四姐弟合影

只顾吃饭，也没多想。听见他俩在一旁"嘿嘿嘿"得意地笑。

我不解地问："笑么哩？"小弟弟现灵泛："蛋汤被我和哥哥吃完了，这是掺的水。"

大弟弟补充一句："你有吃出来。"这对"哼哈二将"，合手打得天衣无缝。我吃都吃进去了，生气也没有用了。

兄弟俩也有可爱的时候。读小学四年级的我，患伤寒住院，当时已近年关，病友都陆续出院。轮流陪伴的母亲和姐姐还没有来，我一个人躺在病房好寂寞。忽见两个脑袋在门外探来探去，原来是"哼哈二将"。

大弟端着一碗菜送到我面前："给你送了好呷的（岳阳方言，即好吃）。"我一看，是碗油腻腻的红烧肉。

我问："谁要你们送的？""我俚自己来的。"果然是兄弟俩自行商量同来的。

"外公晓得啵？"我猜应该是外公准备的过年菜。"不晓得。"兄弟俩同声回答。

外公做的菜，具有正宗"味腴酒家"口味，在缺油少荤的年代，红烧肉是兄弟俩的最爱。

我住院只能吃清淡，劝他们把红烧肉又端回去了。但兄弟俩拿心目中最好的美食来看我，其纯真和善良，温暖感动着病床上的我。

父母平日对两个弟弟讲得最多的是，在外面莫"撩祸（岳阳方言，即闯祸）"，莫"跳塑皮"，莫"学坏样"，从小就教育他们走正道。"三岁看大"，兄弟俩都把父母的话听进去了。

在老印山生活的那段时光，我们家像其他多子女家庭一样，父母在外忙生计，孩子都是大的带小的。虽然贫困点，但少忧愁很快乐。

时光荏苒，我们不再年少。当年的四姐弟都已儿孙绕膝，跟随子女分别成为北京、深圳、昆明、长沙的"候鸟"。

晚年特别怀旧，想老印山了，就会去走一走、看一看。在高楼林立的现代城市，她依然似一个僻静的村庄，像一位慈祥的长者，还保持着整洁的原样，守候着那个山坡。

那小巷的每一寸泥土都有我的脚印，每个旮旯都有一个故事。那盏油灯依然没有熄灭，那快乐的蛙声依然在心中回响。漫步弯弯曲径，回忆熟悉味道，心中便升起亲切幸福的归属感。

亲爱的老印山，那是我们一家安身立命的故乡。

杨晓兰，女，20世纪50年代生。岳阳市中级人民法院退休干部。

洞庭湖的老码头

◎ 游和平

沿湖铁路简称沿湖线，是岳阳县政府为了衔接城区众多的湖岸码头，于1959年修建的一条港口专线。以三角线为原点，它南至小港粮库，北经韩家湾、红船厂、宝鸡山、游击巷，至街河口止，全长大约2公里，除小港粮库外，这些冠以地名的码头，大小不一，水深亦各不相同，既有可避风浪的小河湾，也有较深水域能靠大船，加之临街靠市，因而历来渡人走货方便，鱼市交易兴隆。

这条铁路线的建设，为古老码头的繁荣发展带来了新的契机，它应运而生像花开蝶来，吸引了全国各地许多厂矿企业和中转商来此设立办事处、建仓库或转运站。我记忆中的就有天津、湖北及常德、南县、华容等地的招牌。

位于街河口的搬运公司和红船厂的港务局，物流集散吞吐量随之快速上升，因而不断扩建仓库，添置设备和运力以满足新的物流需要。码头工人俗称"箩脚子"，是从旧社会苦日子中熬过来的，他们感恩于共产党使他们翻身得解放。既居有新屋，我家当时就住在新建山的青砖瓦房里；又劳有所得，而且多劳多得，没有了苛捐杂税与把头盘剥，只要肯做，每月工资收入一两百元并不稀奇，这在当时已经很高了。故而码头工人们都很努力，挥洒着辛勤的汗水多拉快跑多挣钱。那时的景象不夸张地说，湖中帆樯林立，木船和铁驳子船泊满了港口，沿湖线上车如游龙日夜穿梭。

码头的装卸搬运，先是靠人工板车肩拖膀扛，后来发展成汽车运、吊车装，繁忙兴旺景象一直持续了三四十年。20世纪70年代曾在全国短暂上映的电影现代京剧《海港》，从码头工人的劳动干劲来说还真是那么回事。

搬运公司是大集体制企业，拥有职工两千人。其实在这之前更多，比如岳阳港务局与城陵矶港务局在60年代前后，码头工人有一半就是从搬运公司划拨过去的。划拨的方法就是按编制排一三五、二四六来划分的，所以这三个单位的老职工大都互相认识，并且有的还是亲兄弟。

随着城区建设规模的不断扩大，其物流集散也随之水涨船高，因此经济效益一直比较好，利税上缴也多。企业利用积累，不断购置土地修码头，建仓库，买汽车，还把眼光投向了跨江过河的外县外省客运业务，并购地兴建了配套的汽车客运站，搞起了多种经营。据说后来重组时评估，其包括土地在内的净资产竟高达数亿元。

我父亲也是这搬运大军中的一员，拖过板车，也搞过货运调配，不论干什么总是风风火火，浑身似乎有用不完的劲。不但自己任劳任怨地做，还严格要求子女们"止本（岳阳方言，本分的意思）做人，踏实做事"。而且教子告诫中一定会有"举旗抓纲"的口头禅出现，这是那个特定时代的流行语。

印象很深的一次是，父亲正在对我们子女进行例行教育时，我弟弟的同学来家里，想喊弟弟出去玩。他见状躲在门外学猫叫约暗号，被父亲发现了。父亲喊他进来说：来来来，正好一起学文件（报纸上的文件）。尽管他只是一名普通党员，也没甚文化。

至今还有熟悉我父亲的晚辈们每每谈及此事，都还会哈哈报之一笑。这也从一个侧面反映了那一代穷苦出身的码头工人，家教上的质朴严格和对党的不变初心。

我打10来岁起到1970年参加工作，就常在沿湖线一带玩耍、挑水、做零

昔日沿湖线韩家湾段

工，对那里非常熟悉。每逢学校放假，还经常帮家里拖板车或是到河坡背芦苇以赚取学费补贴家用。

长长的芦苇在湖区收割后一般扎成四五十斤重一捆，通过船运到岳阳码头，再由码头工人或者家属子弟搬运上岸，再装火车运走。每背一捆甲方就给你一支筹计数。有一个假期我记得仅背芦苇卸橘子就赚了十几块钱，好高兴喜得得地交给了母亲。虽说很累，但因有钱赚有收获感并没有觉得什么苦。

那时大人常说：细伢崽力气用了又会来的。也还真是这样的，完全没有后来出现的那般惯宠与溺爱。正如俗话云：赶路要趁早，教子要趁小。少小做些力所能及的事，于己于家及子孙后代都有百益而无一害。

当然，少儿的顽性天就生成，比如我那时，有时做着做着就约了几个小伙计，"扑通扑通"跳下河打泡鳅（游泳）去了，还玩到很晚，回家免不了挨顿骂。

繁忙的码头不仅民用，有时还承担军运。红船厂码头就有过一次大规模成建制的运兵，轻重装备全副武装，高大的战马背上驮着钢炮、重机枪和弹药箱，部队士气高昂好生威风。我平生第一次见识到了体形庞大的出入口设在舰首的登陆舰，洞庭湖上从未出现过这么大的船，足有三四千吨级。

军风威严的记忆还有一次，那是在沿湖线街河口码头，遇见解放军转运大批囚犯，方圆好几百米全部戒严，士兵荷枪实弹，机枪手都趴在地上以射姿对着戒严圈内那些被绑的囚犯们，严防囚犯生乱或逃跑。那种阵势使人直观地感受到了法律的森严。人生一世敬畏法律，平安或许就会与你终生相伴。

随着改革开放和出口贸易的大幅度增加，国家对港运布局进行了重新整合，公铁路网的快速成型加之汽车的迅速普及，再加上每隔十年左右一遇的洪水，曾经将铁路和码头淹没过多次的历史，尤其是生存与发展矛盾解决过程中的环保意识觉醒等等，这条兴旺了几十年的沿湖线和码头，不可避免地开始衰退了。

红船厂的港务局和街河口的搬运公司分别被华菱集团、神驰集团兼并重组，尽管如此，后来还是逐渐门前冷落车马稀，码头铁路芳草萋萋了。它们在作出了历史性贡献后，完成了使命，像市区内的其他铁路支线，如氮磷麻支线、3517支线、贮木场支线一样，由车声隆隆转而寂静下来了。

但沿湖线和这里的老码头，已经是我们这代人心中抹不掉的记忆。

游和平，1953年生。岳阳市百货公司退休职工。

我在先锋路的十八个春秋

◎ 陈岳林

从记事的那天起，我就在先锋路这条街上玩着、疯着。先锋路这条街，在我十八年春、夏、秋、冬的人生长河里，留下了不可磨灭的印记。往事如烟，一幕幕、一桩桩时常在脑海中浮现。

我家住在先锋路的中间一段。

东边，离热闹非凡的岳阳火车站不远，隔窗可听到火车即将进站的广播，从家里出来都能赶上火车。北边，当年岳阳县城响当当的铁路俱乐部就在我家房后。铁路俱乐部，是一个集文化、体育为一体的活动场所。我很多的爱好，就是在这样的环境熏陶下逐渐形成。

往西，不到 300 米就是 T 形路口，从那里南边往吕仙亭，有城南办事处；北边通港务局，从港务局路口往西通到红船厂码头。站在码头，可眺望渔帆点点、烟波浩渺的洞庭湖。我从小就在湖边洗衣，"哗哗"的水声伴着响当当的棒槌声，像一曲动人的交响乐，在洞庭湖上空回响。

我家对面的南边，是远近闻名的百香园花鼓戏园。每年的农历七月初七，这里就会演出《牛郎织女》，当时盛况空前，一票难求。街坊上的一群小精灵想看戏又没钱，便早早地吃完晚餐，趁验票还没开始，偷偷地潜入戏园厕所或隐蔽处，过一把牛郎织女的爱情传说之瘾。以至于从小就想着以后找对象绝不能

1955年，作者父亲（二排左二）在党校学习时集体合影

两人分离。

20世纪五六十年代，物资极度匮乏，各种计划票证从一个侧面说明人民生活水平的低下。很多人都过着食不果腹的日子，导致水肿病泛滥。

我的父母养育了五个儿女，他们终日辛勤劳累。父亲在贮木场装车队工作，经常要上晚班，加上装车队时间不固定，需要在单位上住，所以很少回家。母亲白天劳累一天，匆匆地吃完晚饭后，马上带着我们剥莲米、缝帽子。剥一斤莲米能赚3分钱。缝10顶帽子能赚5分钱。母亲就这样没日没夜地干着。

有一天，母亲上班时昏倒在车间里，工友们从她口袋里掏出了卖血发的糖票、鸡蛋票，他们这才知道母亲是卖血引发贫血导致晕倒。父亲接母亲回家已是晚上，他捶胸顿足大骂自己无能，我们几兄妹一时手足无措。躺着的母亲还要挣扎着爬起来剁莲米、缝帽子，说这是有任务的，不能不按时交货。外婆后来告诉我，母亲是为我们交学费读书而去卖血的。

一天傍晚，我正在做家庭作业，听一位老街坊黎爹爹劝母亲："妹子呀，你五个孩子逢年过节总是穿得漂漂亮亮的，在这一块地方够风光的，但你总得注重自己的身体，不要过度劳累，怕出万一呀！三个女孩反正是别人家的人，可以少读书，下面两个儿子多读书，这样你负担轻多了。"可母亲态度坚决地回答："男孩子读书少，将来可以卖劳力，女孩子读书少，搬运社都干不了，怎么生存？我一定要送她们读完为止。"从此，我理解了母亲的良苦用心，10 岁的我仿佛一下明白了许多，再也没有那么贪玩了，还经常主动在家干些力所能及的事，学习更加努力，我不能让母亲的血汗付之东流。

说起贪玩，我们邻里先锋路居委会的一群小精灵蛮厉害。一到晚上，在马路边划一块地，跳房子、踢毽子、滚铁环、跳猴皮筋……五花八门，充满童趣。自从妈妈晕倒事件发生后，我也很少去玩了。

有一天晚上，母亲要我送亲戚上火车，看到车站两边摆洗脸水、卖茶的吆喝声此起彼伏："吃萝卜啦五分钱一碗""喝茶啦一分钱一杯""洗脸啦三分钱一盆"。加之锅碗瓢盆的撞击声，形成了一道美丽的风景线，好不热闹。我静静地看着，默默地观察，心想，这比剁莲米、缝帽子来钱快呀！他们能干，我为什么不能呢？

回到家，我就讲给母亲听。母亲说："白天要上学，晚上太劳累了。"我连忙回答："我不怕！"母亲见我态度坚决，就同意了。于是，我放学回家，晚饭后挑了一担茶桶溜进车站，到进站的客车窗口旁，帮旅客灌满一壶茶水。我这个与众不同的生意，一晚上可以赚几元钱的"巨款"，这样一来，我们家庭收入大有好转，邻里夸我是做生意的料。

1963 年，母亲和父亲商量，用省吃俭用的钱，去贮木场找领导想批点木材，将那外面下大雨、屋内下小雨的破旧房子翻新一下。但场领导说，我家住县城内，批木材不在政策范围内，批得很少，不够用。母亲又带上年幼的我，去县委会找了沾亲带故的毛致用副书记。毛书记马上摇电话机，拿起话筒讲完后，对母亲说，符合政策，可以批几个立方的木材。母亲千恩万谢，兴高采烈地拉着我回了家。

11岁那年，我们全家住进了有四间房的全木制房子。母亲还买了一个五斗柜，一个六弯西式床，在当时，引起了不少邻里街坊的羡慕。

住进新房后的一个晚上，我被一种不大的声音惊醒，害怕是小偷，于是悄悄地下床，蹑手蹑脚朝外一看，见父亲佝偻着身体，在厨房微弱的灯光下，将树皮贴在板墙上，再加上一层揭皮板，然后用图钉一颗一颗钉牢。我看了下闹钟，已是午夜两点多。父亲看见了我，说："你去睡吧，明天要上学，把房门关紧，不要把她们都搞醒了。"我赶忙关上房门，坚持帮父亲清树皮、递钉子、搬板子，一直干到凌晨四点。父亲因单位7点钟要装车，就推着独轮小推车到单位去睡，我望着父亲远去的身影消失在夜幕中，泪水情不自禁地流了下来。父亲见冬天将临，怕我们兄妹冻着，才把房屋墙壁加厚。此情此景在我脑海里时常浮现，提醒我不忘孝顺爸妈。

"文化大革命"期间，母亲因在单位是个领导，也是被批斗对象。母亲的老家在毛田，她的父亲是毛田农民协会会长，被日军抓去活埋了。外祖父牺牲后，外祖母接回在衡阳读书的母亲，娘俩四处流浪，幸遇后来的外公，才帮这对母女走出困境，并成了我母亲的继父。继父视我母亲为己出，再也没有添丁。知恩图报的外婆，就将她女儿的刘姓改为高姓。母亲当时年幼，加之继父对她又好，怕伤继父的心，外婆将外公的事埋藏在心底，也没有告诉母亲。因母亲已改姓，后来也就没能享受到光荣烈士家属的荣誉和待遇。待人们知道我外公的事情后，母亲已得到平反，而且联系上了失散多年的刘家亲人。

当时，我正在贮木场学校读书，也是学校的红卫兵小将。我目睹学校可亲

1973 年全家福

可敬的胡碧玉、张仔仁等老师竟然被红卫兵戴上高帽、挂着牌子，夹着草做的
尾巴拉上讲台开批斗大会。我非常同情他们，他们是好老师，她们和我母亲一
样遭受批斗的屈辱。有一天，我看到胡老师被几个红卫兵重重地摔在教室的墙
角，只听"咣当"一声，眼镜架也摔在地上，一个男红卫兵还用脚将眼镜架踩
得粉碎，我看了伤心不已。那天中午，我没回家吃饭，在茅草街用积攒的九分
钱买了一碗光头面，不顾自己饥肠辘辘，将面端给了可敬的胡老师。胡老师流
着泪，望着我，慢慢咽下了这碗面。回家后，告诉了母亲，母亲不但表扬了我，
而且奖励了我两毛钱。两毛钱在那个年代可以买不少东西。母亲还告诉我，这
样的事只能悄悄地做。母亲怕遭来横祸。胡老师平反后，对我十分关心，我的
作文在她的辅导下进步很快，并且经常作为范文张贴在学校二楼的学习墙上。

初中毕业后，本来专业文工团要招我，母亲认为这如旧社会的"戏子"，怕被人瞧不起，极力反对。我只好放弃个人的文艺爱好，参与居委会的工作，比如挖防空洞，并做一些杂事。居委会谭主任看中了我，来和我母亲商量，说居委会缺一位秘书，岳林不但能干，还能说会道，会写文章，要母亲向城南办事处写个报告，她签个字，就可以来居委会上班。母亲没有同意，她不想让我在居委会做婆婆妈妈的事，觉得是浪费青春。当时我因待在家等通知，见母亲这样，就很不高兴，从不发脾气的我，竟然和母亲闹了起来。我认为老大已下放农村，一时也无法招工。我有单位不去上班，还成吗？被母亲用扫帚狠狠地打了一顿，讲我"胸无大志，书从屁眼读进去的，眼睛看着鼻子在"。我一肚子委屈无法诉说。深夜醒来时，听到父母对话。母亲讲："人是要有个性，但她不能放弃读书，影响她的前途。"父亲说："不要打岳伢崽哪，她懂事，想减轻我们的负担。"

听了这一席话，我又一次读懂了父母的心。第二天，来到城南中学，找到班主任周老师，讲了我家的实际困难。过了三个月，我就被教育局分配了工作。不到 18 岁的我，离开了先锋路，离开了生我养我之地，离开了可敬可亲的街坊邻居。

我先是在临湘县，后到中石化长岭炼油厂工作，直至退休才回到岳阳城定居。早晚散步，看到洞庭湖上空每天都有不同的朝晖夕阴，唯有我对这片故土的深情和挚爱永远不变。

陈岳林，女，1952 年生。中石化长岭炼油化工总厂退休职工。

消逝的茅草街

◎ 彭久钢

　　茅草街位于洞庭南路最南端,原湖南省岳阳贮木场大门为洞庭南路终点,也就是茅草街终点。

　　茅草街顾名思义与茅草有关。这里原来有座山,山上长满茅草。修建粤汉铁路时,劈开山头,修贮木场铁路专用线又劈一次,修京广复线再劈一次,遂形成宽约 40 米的山坳,一列列火车不分昼夜从山坳间"轰隆轰隆"地驶过。铁路东边山的余脉建了不少民居,铁路以西的山太高,几经挖掘,后来才有一两户人家在此落户。

　　一条山路从茅草街通往城区。现已年过古稀的张子申、刘小毛夫妇一直住在贮木场,20 世纪 50 年代中叶,刘小毛每天都要经过茅草街爬山到代代红小学读书。张子申则就学于岳师附小,往返学校经过先锋路火车站,为抄近路,他不走山路走铁路(贮木场铁路专用线)。没想到若干年后殊途同归,他俩成年后结为伉俪。

　　不只张子申喜欢走铁路,当时不少的人都喜欢走。一则近,一条直路到火车站;二则与灰尘满天的马路相比要干净多了;再则铁路铺设的枕木很均匀,虽然机械但走起来很舒服;还有一点,铁路专用线跑的火车速度不快,容易避让,所以,相对来说比较安全。

最初的茅草街坐落在山的南面，都是简易平房，东西相对排列，南北向一条道路从街中穿过，宽不过 3 米。平房墙面好点的用木板装钉，差的就用砍来的芦苇编成，然后糊上用剁碎的稻草拌和的黄泥。不论木板房还是芦苇房，屋顶都用茅草盖就，茅草街名也许就是这么来的。在贮木场职工子弟学校退休的李桂芳，少年时代曾在此住过几年。

最早的茅草街虽名为街，实为民居，鲜有店铺。20 世纪 50 年代初，有一条羊肠小道通往距茅草街两里之地的南津古渡，这是岳阳往南进出城的唯一通道。现住华泰小区的余明珠老人，小时候经常由母亲带着在这条路上走过。南津古渡往西不远处有个白马将军庙，驱邪避凶保平安，寄托着人们美好的期望。因为是个避风良港，许多渔船在此停泊，更有由湘资沅澧流放下来的小木排在这里重新组合，把几个小排捆扎成大排，然后顺水顺风，一路向北经洞庭湖出口往东，顺长江漂往下游的武汉、南京等地。因为渔民、放排人及过渡人需要，

茅草街原邮政所和百货店旧址

茅草街原贮木场子弟学校旧址

由茅草搭就的临时集市驿站非常繁华，但这些热闹的景象只存在于丰水期，待到枯水季节，进出城的人们弃船步行，而渔船、木排则不约而同转移到南岳坡和岳阳楼下，集市驿站也随之北趋。这应该算是茅草街的延伸吧。自南津港成为中南最大的木材集散地之后，集市驿站从此消失了。

茅草街街东一侧紧靠贮木场铁路专用线，每天都有装载木材的、由蒸汽机车牵引的列车不分昼夜从茅草街东经过，送到城陵矶铁路编组站，经过编组分流到华东华北等各地的建设工地。甚至抗美援朝战场，也用过这里提供的坑木。高峰时每天有70个车皮从茅草街旁经过，那时没有机械，作业全靠肩扛人抬，真的了不起。

茅草街尽头的贮木场大门很威武，是茅草街最独特的景色，贮木场人亲切地称之为"岗哨门口"。岳阳贮木场建场时，大门口就有持枪站岗的哨兵，哨兵隶属于单位保卫科。92岁的南下老干部郝焰告诉我，他是1955年到贮木场来的，当时的保卫科长是晋杰。持枪站岗的状况一直持续到1958年才撤销。而1962

茅草街尽头的贮木场大门

年在岳阳贮木场汨罗分场参加工作，1963 年转到岳阳贮木场的退休老工人吴太平却说，他来贮木场时，大门口的持枪哨兵还在，所以 1958 年撤销的应该是长枪。肩挎短枪（盒子炮）的哨兵直到"文化大革命"期间才撤销。虽然后来荷枪的哨兵没有了，但贮木场大门的管理一直非常严格。

1954 年，茅草街百货商店在贮木场大门前的 T 形路口开张了，老红军李德宽的夫人段阿姨以及住在贮木场的刘阳秀、孟月珍等人先后在这里当过店员。

几乎是同一时期，工商银行岳阳分行在位于茅草街中段设立了南津港分理处，服务对象主要是贮木场的单位和个人，当然，还有后来在茅草街对面成立的岳阳水泥厂和氮肥厂以及荆州仓库。

与人们生活密切相关的岳阳县南津港邮电处（后更名为邮电局、所），于 1954 年 7 月由湖南省邮电局批准建立，位于百货商店旁边。邮电所仅一位工作人员。能记忆起来的先后在此上班的有刘寅洲、官均国、赵怀祖、吴师傅、王仁山、易荣检、姚抗美（女）等人。那时，没有现代人习以为常的方便快捷的手机通信和支付，与外界联系以信件为主，遇有急事则发电报。信件慢，视交通条件决定信件到达的快慢，一般需要一星期左右甚至半个月以上时间。电报快，按字数收费，只好用最精练的几个字说清事情。但南津港邮电所不能发电报，发电报要到竹荫街邮电局去。最方便的是长途电话，按分钟收费，经济条件好的才用。最初的老式电话通话质量很差，常见打电话的人一手抓着话筒紧贴在耳边，一手托着话筒下端，声嘶力竭在那里吼着。

信件分普通信件（俗称平信）和挂号信，平信和挂号信到达时间有点差别，主要的区别是平信容易丢失而挂号信不会，原因是平信将信件塞进邮筒或邮箱了事，挂号信要在柜台办理，到达后还要收件人盖私章。当然，邮寄费是不同的，平信每封贴八分钱的邮票，而挂号信的邮票则要两毛钱，信件厚的还要称重，超重要加贴邮票。平信和挂号信有一个共同点，都要用铁制的邮戳在邮票上重重地戳个骑缝印。

邮电所还有一项业务是办理汇款。先在柜台填写汇款单，然后将汇款单和所需汇款、汇费交与柜台，拿回收据。领取汇款则是拿着邮递员送来的汇款单到邮局凭私章领款。由于贮木场外地人比较多，所以邮电所的业务比较繁忙。

2019 年，邮电所与百货商店同时被拆除。

每当我从现在的西环线经过这里，看到原来的茅草街旁山坡上迎风摇曳的茅草，就想起曾经的茅草街，想起它昔日的繁华与没落。沧海桑田，也许在不久的将来，这片老城区会是另一番景色，到那时，茅草街彻底消失，再也没有茅草了。最终，它只能留存在老城人的记忆中，留在人们的心里。

彭久钢，1950 年生。做过知青，修过铁路，当过教师，从事过办公室工作，搞过管理，经过商。

岳阳师范，我遥远的记忆

◎ 郑降霄

岳阳师范是我童年的回忆，我的童年就是在那里度过的。

1953 年，经湘潭地委指派，我父亲郑伯魁由湘潭一中调至岳阳师范当代校长（当时岳阳属湘潭地区管辖）。日后我记得岳阳工程公司湘潭人特别多，都是当时支援岳阳那阵风吹来的。我们几姊妹和母亲都随父亲一起来到岳阳，屈指一算，已近 70 年，算老岳阳了。

在我的印象中，岳阳师范校园布局合理，设施齐全。

校门进去一条石板小路通教学大楼，石板路往右通往食堂区，食堂与大楼中间有一口大井，井水十分清澈。食堂往东靠围墙处种了些蔬菜和花草。

石板路往左，是四个简易篮球场。球场靠围墙处是公共澡堂、公共厕所。

教学大楼的后面朝南处是运动区，有一个标准篮球场和排球场，有沙坑及单杠、双杠。

运动区的东边是大礼堂，礼堂很大，一边是高高的舞台（主席台），舞台下是室内标准篮球球场，据称是岳阳当时唯一室内球场。篮球架从天花板吊下来的，不影响台下看主席台的视线。我记得最清楚的大事是县里的干部大会都在这里召开，参加会议的干部也在这里就餐。

当时我家的保姆等干部吃完饭后，就拿着大碗去那里拿剩下的大鱼大肉，

1961 年 7 月 21 日，岳阳师范毕业纪念

给我们打牙祭。爸爸回来知道这事后，批评了保姆，但那能干的保姆却不听我父亲这一套，还是照样偷偷地去拿。那几天是我们姊妹最开心的日子。

走四五级麻石阶梯，到达教学区平台。右边是两层的办公楼，左边是三栋教室，其中有一栋是两层教室。教室南边有一个小型田径场，环形跑道 200 米左右。田径场东边围墙有一个小门，直通岳师附小。

教室和办公楼中间是一条二十几级的麻石阶梯，走到上面，是学校的第三层平台。右边是学校的花园，左边是几栋小洋房。

再往上走三十几级麻石阶梯，就到了学校的最高处，只有一栋小房子，大约是学校广播站。其余空地长满杂树杂草，面积有一个足球场大。

空地南边是县人民医院，沿着蒿草丛生的一条小路，往下走就到了医院。医院的子弟去岳师附小读书，也是先走这条路进校园，再走东边小门到附小。

空地东边建有围墙，把铁路家属区阻隔在外。虽说铁路家属区在学校底下 5 米之距，但铁路子弟"无知无畏""无所不能"。围墙经常损坏，我们师范的小孩和下面铁路家属区的顽童也还时不时发生小摩擦，甚至还有过"流血事件"。

岳阳师范留存在我脑海中最深刻的印记就是那座金碧辉煌的教学大楼。这是 1916 年，美国传教士海维礼一家建起了这座宏伟的建筑，典型的欧美风格，在岳阳这座小城堪称壮观。每当黄昏，夕阳映照在金色的屋顶，闪耀着五彩斑斓的光彩，令人浮想联翩。

大楼的下层是两米多高的地下室，四面八方都有通气窗。有一天我们几个小伙伴发现一个通气窗坏了，好奇地爬了进去，里面好大好大，也干净，到处是装修后留下的大大小小木板，几十年来没有一块腐烂，里面冬暖夏凉。

我们经常到大楼玩耍，玩得最多的游戏是"官兵捉强盗"。整栋大楼的地板、楼梯、门窗、桌椅用的都是上好木材，做工十分精细。在里面生活、学习特别舒适。由于两米高的地下室隔潮功能特别好，所以整栋大楼几十年过来仍

岳阳师范教学大楼

然光鲜亮丽。

我感到十分痛心的是，这么一座百年老建筑，历经烽火岁月都十分完整地保存下来，却在近几十年无端消失了。当时要是有现在这样的文物保护意识就好了。我想海维礼夫妇在天之灵看到他们投入毕生心血的得意之作不见了，一定会泪洒天堂！

在那美丽的校园里，那四栋欧美风格的精致小洋房也给我留下美好的回忆。小洋楼只有一层，但也有一米高的防潮层，加上建在学校南边的高坎，显得很高。每栋小洋楼有四套住房，有单独的石台阶入户。每套房内面积 40 多平方米，进门是门厅（兼客餐厅）在中间，两间卧室在两边，还有两个小间，稍大一间做厨房，小间是厕所。设计合理，装修简约实用，实木地板配上实木家具。校领导和有家眷的教师有资格在小洋房居住。

现在我到天宝吃龙虾，近在咫尺的原岳阳师范校园我从未进去，哪怕看一眼我都没有。因为这里带给我童年的快乐与美好，我不愿它打碎这一切。

当年的岳阳师范人才济济，我生活在其中感受更深。童年的我看到身边这些泰斗级的大师，敬佩不已，他们散发的个性魅力深深地吸引着我。几十年过去，我仍清楚地记着他们的大名：文家驹、秦振铎、方荣汝、柳畅怀、帅万宁、冯治生、王理煌、杨明炎、刘孚光、付兴、郑兆起、袁琪、杨成恺、陈观森、何伯素、周约翰……

郑降霄，20 世纪 50 年代生。岳阳国际旅行社原总经理。

一个洞庭路少年眼中的"厂里"

◎ 周钟声

3517厂走进我的视野，是20世纪60年代我进小学的时候。那时我住在母亲工作的单位省血防所。班上有几个洞庭路的同学老说"厂里""厂里"，指的就是3517厂。这让我颇感奇怪。他们并非3517厂的子弟，怎么可以自称"厂里"呢？印象中只有本单位的工作人员或子弟，才可以说"厂里""局里"。

稍大些才知道，那是因为当时的3517厂是岳阳最大的工厂，不大的岳阳城有太多的人在厂里工作，或与厂里有千丝万缕的联系。这家生产被服的大厂，因为隶属于中国人民解放军总后勤部，成了全体岳阳人的骄傲。

3517厂最初的时候叫211厂，那时候还没有2348、6906和洞氮这些大厂，211厂是岳阳工业的老大。

从小学到中学，我在3517厂的铁丝网围墙外面读了10年书。最早的时候只是在洞庭路完小的东部边缘，透过长在铁丝网上的南瓜藤和扁豆蔓，朝厂里远眺。看厂房和宿舍鳞次栉比，看高高的鲁肃墓前人来人去。

大厂有自己完备的教育机制，3517厂的子弟学校在岳阳有名。可是到今天我也没搞清楚，为什么我们学校有好多个同学是3517厂的子弟？他们像一颗颗珍珠，散落在老岳阳的各个角落。后来他们当中有的成了岳阳知青，有的成了地方干部职工，还有的成了我的文友。几乎岳阳的每一个群体，都不缺乏3517

3517 工厂一角

厂的后代。

　　曾跟着要好的同学，一次又一次顺着岳阳楼斜对面一道水泥大漫坡进入工厂，那是 1970 年前后。厂门口站岗的，有时候是身着国防绿、端着步枪的解放军战士，脸上一丝笑容都没有，棱形的灰色枪刺在太阳或路灯光下闪闪发亮。有时候是工人，胳膊上别着一枚漂亮的锅盔形臂章，上面有绣上去的"红军工"三个字。

　　第一次走进巍峨的大门，我畏畏缩缩的，门卫不让进。同学昂起头道："我妈妈四车间的。他是我亲戚。"进去之后，同学告诉我："不要看他们，大步走就是。"果然，以后再也没有被拦过了。感觉门卫的水平有时候也类似于今天的小区保安，挺好玩的。

　　进厂干什么？一是看球，二是洗澡。3517 厂的篮球队在岳阳街上挺出名，又有两个正规化的灯光球场，那些年几乎夜夜都有篮球赛，像今天的追剧一样，特别过瘾，反正那个年代学校也没有什么书读。

3517队的9号，只有九个指头，人称老九。小伙子人长得帅，球打得好，是厂队的头牌。后来从"总后"先后下放两位高手，一位是从八一队出来的，人称"老李"，三十七八了，球打得出神入化，外号"满场飞"。另一位是从中国青年队转业到武汉总后厂子的，身高两米零八，体重200多斤，是岳阳街上从来没有出现过的巨人。他把球举到头顶上，老九他们跳起来都够不着。老九的风头才暂时收敛了一点。

相对来说，3517厂的福利比地方要好很多。那个时候厂里就建有漂亮又带蒸汽的澡堂。小冰川时期的严寒，在里面淋浴一点都不冷，家属去洗澡，5分钱一票。我每年冬天都会被厂里的同学邀请去洗几次澡。

厂里的俱乐部也上档次，球场、图书馆加正规化的电影院，是岳阳城里重要的文化中心。我一个同学的父亲在这里工作，同学也许受了这里良好而浓郁的文化熏陶，后来成为博导，做了驻联合国卫生组织的专家。

因此，3517厂的人说起自己的工厂，自然就是两个字——"厂里"，比厂外的人牛气多了，也把厂外的人带的都叫"厂里"。

说起来小学的时候我就酷爱篮球，特别盼望有一双漂亮的回力牌球鞋。70年代回力牌球鞋的价格是9元，而那时的9元几乎是一个人一个月的生活费，人口多的家庭还达不到这个标准。

有一天看见同学穿了一双3517厂生产的高帮军鞋，说是发给职工的次品，羡慕得不行。用当时的审美看，草绿色的军鞋，色彩造型都漂亮得无可挑剔。同学说，带齿纹的橡胶鞋底里，有一层薄钢板，是对付热带雨林里的竹尖、荆棘，不过这一点没被证实过。

除了鞋底的弹性差一点以外，简直就是军用"回力"球鞋呀，甚至感觉比"回力"还威武。这更加令我朝思暮想。可是同样也买不起，还买不到，同学穿的，那是内部供应！

这时候恰好有3517厂的人到省血防所住院，赶快让当护士的母亲找其给买

3517厂老职工福地爱子，是位定居中国大半辈子、积极推动中日友好交往的日本人。图为她在老年时装秀上表演

了一双。却不是高帮的，是浅口的。看上去与正品无异，处理的原因是鞋底齿纹不全。贵的两块，最便宜的仅五毛一双，完全的光板。我得到的那双好像是一块二的。

从此这双浅口军鞋成了我在篮球场上纵横驰骋的风火轮，宝贝一样，因为穿上它，既方便腾挪跳跃，还会有一种莫名的自豪感、愉悦感，估计跟现在的孩子穿阿迪、耐克差不多。

好在那几年也不知道什么原因，3517工厂这种处理品超多，岳阳人几乎是人人都穿它，连女同学都穿。穿烂了又赶快买一双，每个周末都会亲手把它洗刷得干干净净。

现在看来，女同学穿这种鞋并不怎么好看，但在那个不爱红装爱武装的年代，无论男同学还是女同学，穿上这样的鞋子都觉得特别美。尤其是当知青下农村，都少不了这种鞋。可以这么说吧，3517厂的次品军鞋，一路伴随着我们的成长脚步。

那个年代，真的很怪，军用鞋帽，包括一切军用品，都是最大的时尚。我一个本家兄弟送过我一条的确良军裤，令人心醉的国防绿，我仔仔细细地穿了10年。

一件市场上买来的仿制军大衣（内口袋上还印着假冒的编号），也穿了好多年。那个年代的人，即便没当过兵，可对军队的热爱，心中的军人情结，都特别的深厚。

岁月如梭，记忆里的3517厂，让我童年生活充满乐趣的"厂里"，随着长大成人走向广阔的社会，也渐行渐远，但儿时感受到的快乐并没有因此湮灭于我的记忆深处。

周钟声，1956年生。曾任岳阳市《长江信息报》总编辑、《洞庭之声报》总编辑、岳阳广播电视台副总编辑兼电视中心主任。

马车"嘚嘚"过大街

◎ 朱志立

翻开中学时代的相册，一张 1964 年照的老照片勾起我对往事的回忆。

1962 年 9 月我在岳阳一中高 64 班就读，我爱好手工，刚进一中就加入学校航海模型队。航模作为国防体育，人武部、体委和学校领导都很重视。

为此，学校给小有名气的一中航海模型队特地安排了一间教室，由体育老师赵斌负责。剪刀池是航模队的实训场所。1962 年暑假在湖南省组织的比赛中，赵斌老师辅导的岳阳航海运动队获得 7 项冠军 3 项亚军。

说到省航海俱乐部，当时在岳阳可是个很神气的地方，它的全名是湖南省岳阳航海运动俱乐部，省直单位。队员是全省各地选拔来的优秀运动员，加上是国防体育，令年轻人都很向往。

1959 年 3 月，省航海俱乐部在岳阳成立。设有航海多项、摩托艇和航海模型三个运动队。初建时没有住房。三个运动队分别借居在岳阳县人民武装部、湖南省血吸虫病防治研究所和洞庭路完小内。

航海俱乐部的航模队与一中航模队经常有交流。航海俱乐部的双著荣教练经常来一中辅导我们，教授机电知识，制作模型。

我们结合课堂知识，自己制作舰艇模型，并自己装配内燃机、电动机。用子弹头和铜片自己制作螺旋桨，螺旋桨的螺距设计可是关键技术，必须理论联

1964 年，作者（前中）获湖南省海模竞赛冠军后合影

系实际。

船体的制造要应用到流体力学的知识，还必须自己用木头制作龙筋和龙骨粘接起来。一艘舰艇全部靠我们用手工制作出来，最后到剪刀池试航。从设计到出成果都得靠努力拼搏。回想起来，那时真锻炼人啊！

剪刀池在学校的东北角，与 3517 军工厂搭界，面积有一个足球场大。我们一群花季少年课余在那里试航，池水映照我们的笑脸，我们的笑声惊起池塘阵阵涟漪。

省航模运动员和我们一起在一中剪刀池试航、比赛。吴晓霞校长经常出现在池边，笑眯眯地给我们加油。人武部的首长也来看望鼓励我们。

双著荣教练看中我，让我当上了岳阳一中航海模型队的队长。

暑假我们集中到省航海俱乐部训练。省队的运动员个个身手矫健。他们要参加全国比赛，冬练三九，夏练三伏，焚膏继晷，刻苦磨炼。特别是水上运动的队员们，运动量更大。不过伙食很好，按飞行员标准。我们与他们同吃同住，还参加他们早晨的锻炼。晨练时有一个项目，男女运动员搭配，背对背互背。我们一中男学生跟省队女运动员互背，根本不是她们的对手，几个回合就背不动了。互背过程，充满着快乐喜悦。

"绿水青山枉自多，华佗无奈小虫何。"由于当时洞庭湖区血吸虫病没有根除，为防止在洞庭湖水上训练的运动员感染上血吸虫病，1963年12月，省航海俱乐部迁走了，迁至湘潭市雨湖。

由于我们一中航模队成绩优越，岳阳县指定岳阳一中航海模型小组，代表县里参加1964年8月在湘潭雨湖举行的湖南省航海模型锦标赛。由岳阳一中潘藩老师带队。我参加内燃机竞速艇比赛；邱先慧、李冬元参加帆船比赛；杨春和、鲁德旺参加电动舰艇比赛。

在湘潭雨湖，经过一周的激烈竞争，最后我们岳阳代表队夺得了湖南省航海模型锦标赛的冠军。

在雨湖边，我们遇到了省航模队的运动员，我们没有背对背，而是面对面，紧紧握手。

记得我们凯旋时，主管体育的杨副县长和体委刘主任在上观音阁县人委会小会议室接见了我们。刘主任给我和杨春和、邱先慧同学颁发了"一级运动员"证书。会后带我们去南正街最好的味腴酒家招待我们。吃的是三鲜面，一篓碗（岳阳方言，大碗的意思）我吃得干干净净，那真太好吃了！连汤都喝了。齿留余香，至今难忘。

几天后，省里发给我们的奖品到了。奖品是一艘真正的摩托艇！学校派最有技术经验的车把式李校工驾最大的马车，也是当时岳阳最神气的大马车去接。

一匹高大的赤血马，脖子上吊着一串崭新的铜铃，在阳光的照射下放射出耀眼的光芒。马车有解放牌卡车那么大。我们坐在大马车上，一路"叮叮当当"，赶往先锋路火车站。

大马车直接开进了月台，摩托艇几乎占据了整个马车。我们从城市的最南头到回城市最北头，又是一路"叮叮当当"，招摇过市，不亦乐乎。

学校将摩托艇交给航海模型小组试航用。我们的学习劲头更大了。

在岳阳一中的学习和锻炼，奠定了我一生的基础。走出校门50多年，虽说是风风雨雨，有顺境也有逆境，但我一直坚守在科技战线的第一线。我在国内外著名技术刊物上发表了几十篇论文；取得了6项国家专利；至今仍担任浙江BEST机械科技有限公司首席专家。

朱志立，20世纪40年代生。高级工程师，教授。

繁华最是南正街

◎ 张　铃

难忘巴陵老街，我幼年、童年、少年在那里留下了足迹，我的乡愁寄寓在那里。我出生于观音阁，先后在吕仙亭、半边街、洞庭路、竹荫街住过，直到20世纪60年代初考上大学才离开老街。

住在半边街的时候，除了和小伙伴们疯玩，最高兴的事就是去南正街书摊上看小人书了。

那时，三嫂经常会给我两分钱。每次接过钱，我就高高兴兴地牵着小侄子经过吊桥到南正街，一分钱给他买辣椒糖，一分钱租一本小人书。我们常常看书的书摊，是南正街上最大的小人书摊。书摊左右及后面靠墙，有很多凳子椅子，坐满了看书的人，生意很好。

我坐在凳子上半搂着小侄子，他吃糖，我看书，非常惬意。有时碰到好玩或打仗的书，还会讲解给小侄子听，虽然他似懂非懂，但这是我们姑侄俩最温馨享受的时候。

由此，我那时看了很多小人书，不少才子佳人、神话传说、名人故事都是那时候看的，对我后来的人生影响很深。小侄子长得非常可爱，大眼睛，长睫毛，我很喜欢他，总把他的头发扎成凳凳辫，朝天冲，系根绸子。后来，有了二侄子，我同样非常喜欢，也同样给他扎凳凳辫。

1946年南正街景（李水生作）

　　紧靠书摊的斜后方，是岳阳城里最大的理发店，位于南正街西面下方，靠近十字路口。那时没有电风扇，理发店就从天花板上吊几块大长布下来，人在下面用绳子把布扯来扯去，给理发的人扇风。

　　两三年后，理发店有一位绝顶漂亮的女理发员，人称"理发西施"，确实漂亮，当时的人都说"没有演电影，实在是太可惜了"。她没有多少文化，不太看得懂来信，因此生出了一些啼笑皆非的故事在市井流传，其知名度不亚于当年的"刘干部"。也不知这位"西施"后来命运如何，红颜薄命，但愿她是例外。

　　那时南正街上有大药店（是否就是严万顺药号，记不太清楚了），还有老字号的大酱园铺、大布匹绸店，一字排开在街的东面，很有气势。药店的药特别有效，我记得那时不管我生什么病，妈妈都是到药店买回一包"柠檬晶"（发音是如此，字可能不对），一吃准好。大酱园铺的柜台上摆满了各种酱菜大瓶子，香气浓郁醇厚，在门口就闻得到，每次去都暗吞口水。大布匹柜绸店，摆满了五颜六色的绸缎面料，琳琅满目，令人目不暇接。三个大店的左右及对面，还都有其他各种小店铺比邻紧挨着。南正街不愧为城里的商业中心。

后来南正街和街河口交界的十字路口东南角新建了一栋大楼——百货大楼，这可是当时岳阳市民的一件大事啊！当时觉得这座楼多高大啊，以至于当年我们班政治考试中有一道题，问：今年的某一国际性会议是在哪里召开的？我们班竟有两位同学答曰：在岳阳百货大楼。老师同学都捧腹大笑。

　　南正街当时的繁华，除了是商业中心，还在于节日期间别具一格的庆祝活动。那时，重大节日时，各单位、部门都会拿出看家本领，把"牛郎织女""天女散花""嫦娥奔月"等传说用真人装扮出来，非常漂亮逼真，放在扎有五颜六色花的台子上高高举着，大有暗暗较劲、看谁家举得更高的架势。

　　有一次看见一个小女孩，打扮成非常漂亮可爱的古代小美人，被举得高过所有人。我当时非常担心她摔下来，可看她笑眯眯神态自若的样子，我是多虑了。还有踩高跷的、玩蚌壳的、扭秧歌的……锣鼓喧天，热闹非凡。一派社会

20 世纪 80 年代，南正街南货商城

繁荣、歌舞升平、人民安居乐业的景象。

岳阳的小吃很多，炸糍粑、油饼、油条，还有烧卖、炸红薯饼等，品种繁多。但印象最深的还是那南正街上挑着的米豆腐担，不管是热闹的节日还是寂静的夜晚，都有人挑着来回叫卖。担子上有火炉，热腾腾香喷喷的米豆腐，是现煮现调的。葱花粒、榨菜丁、酱油、麻油，简简单单，但就是好吃，三分钱一碗。每次看见，我都是垂涎欲滴。

小时候馋得死，没有钱买。当时想，等长大有钱了，一定要天天买来吃。可后来有钱了，南正街依旧，却再也不见米豆腐担的踪影了。若干年后，每次回到岳阳，总要买些米豆腐，或煮或煎或打汤，却总吃不出当年的味道了。

张铃，女，20世纪40年代生。中石化总公司洞庭氮肥厂退休职工。

我参与测量东风湖大堤

◎ 陶武儒

如今的沿湖大道，当年叫东风湖大堤。站在美丽宽阔的沿湖大道上，我就想起了自己与它的一段不解之缘，思绪飞到了20世纪50年代北门外的河（湖）滩上。

那时，每年这里像河（湖）西一样长满小芦苇。这种小芦苇又叫小刚柴，俗称剎胡子，是一种不过小指粗细、高仅一米五左右的禾本科芦苇属野生植物，也是当时家用的上好燃料。每年中秋前后是砍伐剎胡子的最好时节。休息日我常和小学同学结伴去北门外河（湖）滩上砍剎胡子，一天下来，我们担着两捆10多斤重的劳动成果兴冲冲地赶回家。

北门外有一条羊肠小道，穿过湖坪处小溪似的白水河口，经七里山再又穿过湖坪直达桂花园。这条小路一直到1968年后才陆续被东风湖大堤和吉家湖大堤取代。1966年我从湖南师范学院毕业，因"文化大革命"推迟到1967年底才分配。次年春节后我才去城陵矶七中报到（如今的市五中）。刚开始教十二、十三两个班几何。经常走过这条羊肠小道，没想到后来居然与它有更深的交集。

1968年5月，接通知要我去东风湖大堤指挥部搞宣传。当我到了离北门渡口一公里多的指挥部时，有人告诉我，要我去找谢定南镇长，现在他在七里山。我又走四里多路到了七里山。看见一些人正在路上指指画画讨论什么。

我问你们是大堤指挥部的啵？得到肯定回复后，我大声问："哪位是老谢？"一位个子不高，身板结实的长者满脸笑容地回答："我就是。你是陶老师吧？走！我们一同去指挥部。"我跟着他沿湖坪向岳阳方向走去。

中途看到几个人拿着50米皮尺，拖着一下一下地测量。见状，我就说用经纬仪视距测多快。老谢说这东西没有人会搞。我一听这话，马上想起1964年，我两次参加过岳阳专员公署的测量。我说："我是学数学的，搞宣传没搞过，搞工程还凑合吧！在学校学过测量学，还参加了专员公署选址测量，让我来搞测量吧？"谢镇长笑而不答。

晚饭后一位工作人员悄悄地对我说："你胆子真大，当着那么多人喊谢镇长为老谢老谢的。"我这么称呼被许多人当作一个笑话。幸亏谢镇长从不计较，这也是我刚踏入社会少见识，但我肯定遇上了大好人。

第二天安排工作，我当上了第二段工程员。整个工程是在湖坪一条高不过1米，宽不过1米，海拔约29米的小道上建一条海拔36米，顶宽7.5米，外侧坡1:1，内侧坡1:2，全长约3720米的东风湖大堤，工程总土方量40多万立方米。

拟建的东风湖大堤分为三个工程段。第一段是从北门渡口向七里山方向约1000米，由华铁机筑队机械化施工。第二段是接华铁向七里山方向1500米由我任施工员。余下抵七里山终点1230米，由梅溪区一水利土专家任施工员。开工后不到三个月，由于三段在白水桥闸口边出现塌方事故，指挥部当时安排我任二、三段施工员，同时兼顾与华铁在工程上沟通与协调。

之所以二段开工后我工作顺利，除了镇领导和指挥部的关心爱护，让我特别感谢的还有一个人，就是当时的二工段长李国保同志。他本是城关镇城郊党委书记，临时调来堤上，对我特别信任与支持。

开工后不久，施工很快步入了正轨。

记得有一天，我稍有空，拿了一担空箢箕准备去担土，搞下劳动锻炼。还未下土坑，让正在清淤的李书记见到。他大汗淋漓，满身是泥地跑过来，一把

1972年，作者（右）与好友在大堤上眺望洞庭湖

夺下我的扁担说："一不要你担，二不要你挖，这里没有你的事，只要工程不出事就行。"

原来规定工程队预支生活费，先要施工员盖章认可，然后由工段长盖章认可，才可到指挥部财务领钱。不久，一个工程队要结算工钱。找李国保同志盖章，李书记把我找去说："小陶，这个章今后由你来盖，我的章子今天开始也由你保管。今后结算工资，你认为好了就行，你就代我把章盖了就可以了。"李国保书记对我如此信任，容不得我工程上半点马虎。

在修筑大堤中还有一小插曲。就是昆山修堤的小包工头，预支了约2000元的生活费后人就不见了，使得他的工程队几十号民工连饭也吃不上。指挥部领导到民工中了解情况后，易光泉指挥长要我领着保卫组两人还有从民工队选的三位当地人共6人，开好介绍信，吃了晚饭就直奔昆山乡。

走了几十里山间小路，到晚上11点多终于到了昆山。我们得到当地公社和大队的大力支持，先是互相交换情况，然后商量了办法。一起出发去找那个包工头时，已是凌晨两点了。

我们先按约定找了两个屋场一无所获。当大家走向第三个屋场时，已是凌晨四点多了。我们到了一栋准备搜查的明三暗五的大屋边，留下四人守住前后门。然后由当地大队干部叫开了门，开门的是大门内靠右手的左厢房的人。两位大队干部和保卫干事跟进去。

当我跨进大门时见小厢房内已点上了一盏小煤油灯，火苗在微风中飘忽不定。几支手电光在屋内晃悠，给人一种阴森森的感觉。一会进了内屋的三人出来说："内屋应当没有。"

这时我微微偏了一下头，发现旁边的厢房门在微微抖动，我大吃一惊，马上一步跨到房中央，侧过身子指着门喊："门后有人！"几个人一拥而上，把那个已经抖得不行的小包工头从角落里拖了出来，用粗绳子捆了个结结实实。我们谢过公社大队的帮助，顺利地把小包工头押送到指挥部。

幸好这事处理及时，农民工的血汗钱都找回来了。

我一直都在工地上。有一天突然有人叫我："有人在指挥部找你。"等我快到指挥部时，很远就见到晏岳汉同学和身着军装的张剑婷同学。他们的到来让我十分意外。因为晏岳汉在河北承德工作，张剑婷在武汉军区总医院。又不是一个假期，而且两人一同来。总之我对两位同班同学的到来实在是喜出望外。后来才知道是因为张剑婷要转业先回岳阳老家了解一下情况。得知我在东风湖修堤，就同晏岳汉一同专程到工地上看我。他们后来多次说到堤上实在是太辛苦了，其实我十分满意这工作，没有任何怨言，一心关心工地的质量、进度。

有一次，城关镇党委书记唐继美到堤上检查工作，他一见面突然对我说："镇里想成立一个城建办公室，要把你调到办公室来。"我听说后连连答应，心花怒放，喜形如色。但过了两三个月，唐书记对我说："小陶，北京城市建筑设计院下放了四人由岳阳城关镇安排，你没办法调城建室了。"后来才知道他们是林子亮等四位由北京下放来的技术员。

大堤工程在第二年汛期到来前的 6 月初顺利完工。镇里领导说："你继续在东风湖大堤上做好防汛工作，经历一下洪水对大堤的第一次考验。"因为每年东洞庭湖的最高洪水位一般出现在 7 月中旬前后，有时也会后点，到 8 月上旬的也有。我的主要任务是办一份东风湖防汛快报。

这条海拔高度 36 米、顶宽 7.5 米的大堤，不仅顺利度过了第一个汛期，此后多年也顶住了好几次大洪水。当它变身为沿湖大道的一段后，更是固若金汤。

陶武儒，1943 年生。岳阳市一中数学高级教师，已退休。

洞庭南路 344 号

◎ 查　宜

一座古城在现代化的进程中，常常会给人带来许多心理上的矛盾和选择上的困惑。

古城之所以"古"，是因为历史悠长，文化深厚，传承丰富。而承载这些人文气息的建筑、街道和小巷在城市快速发展中又不得不舍弃一些，这个舍与留的过程是很折磨人的。比如洞庭南路虽然属于历史文化老街，马上也要提质升级，升级后的老街还有原来的韵味吗？

一个初春的下午，我陪摄影师安哥来到这里。安哥说："给这条街留点影像资料吧，说不定以后就见不到了。"

下午的阳光不是很好，略微偏西南的光线朦朦胧胧地洒落在南北向的街道和街两旁的房舍门店上。安哥的照相机虽然不停地"咔嚓、咔嚓"着，嘴里却一直不停地念叨着这光线太差了、太差了。而我则好兴奋，这里的每栋房舍、每条小巷、每个店铺，甚至每块砖瓦恰恰都能勾勒出我心中深藏着的清晰的线条和黑白分明的光影。

洞庭南路 344 号就是这样不期而遇地来到我面前，就像一个蛮不讲理的访客轰然一声推开了我记忆的大门。

是的，这间瑟缩在一旁的简陋小屋是我当年结婚的新房。这里，曾经满载着一对小夫妻婚前的期待、新婚的羞涩和婚后的烟火气息。

分 房

1981 年我从湖南省粮食学校毕业后，直接分到岳阳市小港粮库，在财会股从事会计工作。上了两年的班之后，1983 年至 1986 年又去读了电大，算是进入了当时特别热门的知识分子行列，也得到了粮库领导格外的青睐和关心。

这其中特别要感谢财会股股长陈捷先和负责基建的吴协邦。

当时的年轻人结婚一般都是安排在粮库的跑马楼，一条共用的走廊，每户只有一间房子，厨房是共用的。我领结婚证后，也向单位申请，而跑马楼的房子已经没有了。什么时候有？领导告诉我："只能慢慢排队。"

这时，陈股长找领导汇报，并出了一个主意。说粮库外面还有一套房，就是这间——洞庭南路 344 号。该房一直是基建上用来堆放杂物的，何不想办法将杂物堆放到前面一间，留下中间的一间加后面的一间厨房分给小查。并说他的父母就在过马路不远的韩家湾，找的"妹子"（爱人）也在离这房子不远的红旗旅社餐馆上班。即使分给其他人，可能上班还不方便，而给小查几多好。

说起这套房子还颇有些来历。

小港粮库建于 1953 年。1954 年公私合营时，一个叫济生米厂的私有企业被合营过来。连厂带家所有的资产都合营了，包括在吕仙亭办事处马路对面的十多间厂房及房屋，还有就是这一间。于是，小港粮库从 1954 年起，在这吕仙亭路（即后来的洞庭南路）上，就有了这一间两边夹杂着私房的公房。

领导安排基建上的吴协邦去清理杂物，而吴协邦告诉陈股长："房子里都是一些基建上的杂物，一间房子根本放不下，干脆我把这些杂物拖到仓库里面去算了，三间都给小查结婚用吧。"

真是遇上了两位贵人。

就这样，我便有了洞庭南路 344 号这间婚房。这算是我们当时年轻人中结婚时最好最大的房子了，可真的让人羡慕死了。

打　灶

房子分到手，在厨房里特意打了一个粗壳灶。

烧粗壳灶是我们粮库干部职工的特殊福利。其他单位除了一些政府部门的机关食堂外，想都不敢想。即使有了粗壳灶，你到哪里去弄来粗壳？

现在许多人可能根本不知道它的好处，尤其喜欢点外卖、不太做饭菜的年轻人。

打粗壳灶的师傅是吴协邦吴师傅。粮库里最会打粗壳灶的也就只有他。陈股长告诉我，这个吴协邦真是个大好人，热心肠，谁家有事他都是笑呵呵地满口答应。

打粗壳灶是个技术活，吴协邦只要有人找他打粗壳灶，还特别有成就感。有一次老红军何海清家里的"粗壳灶"不好用，经常冒黑烟，领导安排他去修灶。据说这位老红军有点"小气"，没有留他吃饭，临走前他见桌子上有个药瓶子，里面装着红色小药丸，趁主人没注意，便顺了两粒丢进口里。同去的人说，"你怎么回事？连药都吃啊？""你懂个屁！老红军的药都是补药，你晓得不？"

有了这个粗壳灶，婚后总能享受"高档生活"，尽管我们当时没多少钱，经济有点紧张。

因为妻子在餐馆工作，总能花极少的钱买到特别便宜的牛骨头、牛筋、筒子骨、杂骨等。食材在锅里炖，火在灶下烧，粗壳灶的优越性得到充分体现。要大火有大火，要小火有小火，在大火小火的舞蹈里肉香的味道慢慢地浓烈起来。

看着妻子娇小的身影在灶台前忙碌，忍不住也上前去献献殷勤，替她揉揉肩、捏捏背，赢得她回眸一笑，那一刻的她更加勤快，换来满屋的温馨。

装　修

结婚前的所有准备工作全依赖于妻子的能干。

她带着她的大弟与表弟，自己买的油漆、刷子将这个门窗全油漆一新，刷的是红彤彤的油漆，显得格外喜庆。

中间房子里的墙与墙之间都有木柱隔着，她不知从哪里找来的芦席将其订了，还用报纸将其全部糊了，不仅暖和又显得格外客气。

墙壁也是她带着大弟及表弟用石灰水自己粉刷了，明晃晃亮闪闪的。

其实，我父母为我结婚已经做了好多年的准备，具体表现就是家具做好了许多年。当时，流行装饰板贴在家具上，我与我二哥一起在湘阴县装饰板厂买了装饰板回来。因为分的房子大，特别方便贴。于是，我叫了一汽车的沙子，又弄了许多编织袋，可以一次贴很多，这样既节约了好多时间，而贴上去的装饰板压得久，真是漂亮扎实效果好。

当时，因为我在读电大，正要考试，新房的这些七七八八的事，完全依赖于妻子。

不过，我们家从此以后，凡是涉及装修之类的事，全都妻子做主了。我虽然算是轻轻松松做了一回新郎，然而，也由此失去了以后在家当家做主的权力了。

而这次新房的布置，妻子的勤快、能干、贤惠也给邻居们留下了极其深刻而美好的印象。

结　婚

1986年农历十二月二十四，这天也是过小年的日子，我就在这间房间结婚啦！

结婚那天，一大清早，我一个人悄悄地跑到了南正街理发店，本来只是想

1985 年作者结婚照

理个头，结果被人忽悠硬要让我烫头。

怎么也没想到，烫头要弄好久好久。

那时又没有 BB 机、手机，我自己急，可是有什么办法呢？总不能半途而废吧。而家里人真是急得团团转。要去接亲了，新郎官却不见了，派人到处找也找不到。

等我一头卷发回来时，我妈又气又急地发脾气，问我："你这个化生子，你想逃婚？"我回复："姆妈，我都谈了五年恋爱，怎么舍得？还不是想让你儿子漂亮一点儿。""好了好了，少啰唆、少啰唆，快动身、快动身。"

于是，几辆三轮车浩浩荡荡由韩家湾赶到新建山去接亲。好在两处地方距离短，那时候又不存在堵车的情况。

总算没有误事！

吵 架

在这间房子里，应该说留下了许多无限美好的幸福回忆。但是，也在这间房子里，我与妻子吵了两次大架，也是结婚这么多年的仅有的两次大架。

第一次是因为睡午觉。她为了整洁漂亮，中午不让我睡床上，只能睡沙发。那时的沙发是自己做的，人造革，中间凸起，缎花丝绸印心被子稍不注意就掉地下了，冬天睡午觉又怕感冒，好难受。想想许多年养成的睡午觉的习惯就要被她"改造"，心里憋屈难受郁闷烦躁。

不让睡床上？干吗还要被子？干脆不睡多好！气得我用剪刀将被子中间大红缎花丝绸印心全剪乱了。

后果当然很严重，这里就不细说了。

第二次是因为洗碗。她要求洗完后，大碗小碗等要分类，还要反过来扣上，啰里啰唆，像教小学生。这样下去，今后几十年岂不耳朵起茧脑壳起包？气得我将手里的碗全都摔在地上。

后果更严重！惊动了左邻右舍。邻居一个姓文的卖臭豆腐的娭毑跑了过来，指着我的鼻子："小查，你还像个国家干部吗？这么能干这么勤快这么贤惠的老婆你竟然这么对她？"噼噼啪啪把我教训得不敢说一句话，脸上红是红、白是白、黑是黑的。

这位文娭毑的教育还真的起到了作用。心里想，这个女人太厉害了，给别人留下的印象太好。如果吵起来，估计大家都会向着她而指责我。

从此以后，我还真的是国家干部啦，成为真正唯老婆是命的老实男人了，再也不敢跟老婆对着干。

女 儿

1987 年农历二月十九，我们在这间房子有了宝贝女儿。

似乎有点小小的遗憾，生的是一个女儿，好像有点对不起老父亲。因为我大哥生了女儿，我二哥又生了女儿，我再生还是一个女儿。父亲再也忍不住了，在韩家湾的码头上面对滔滔的洞庭湖水伤心地哭了一个晚上。

我是在第二天晚上才知道的，并且是母亲悄悄地告诉我的。当然，我妈妈比较开明，没有透露半点不高兴的消息。可我知道妻子的内心，更是生怕让老婆受委屈。

从此以后，对女儿就显得特别娇生惯养，担心一不小心惹出"重男轻女"的矛盾来。这也为以后女儿的任性埋下了重大的伏笔。

越是因为生的女儿，这样我越不敢怠慢女儿，越发娇惯女儿。女儿的任何事情按照世俗的眼光该办的都办了。满月宴、周岁宴就在这间屋子里办的，虽然去妻子上班的饭店办可能还有一些优惠，却还是认为在家办更经济、更实在、更客气、更热闹。

朋友多亲戚多，屋里坐不了，只好将桌子摆到左邻右舍去。我记得请来的厨师还是妻子工作单位的同事——刘鹏师傅。

也是在这间屋里，女儿周岁时的"抓周"，她一把抓起一支毛笔就不放手，其他什么东西都不要。那天，最为高兴的其实是我的父亲，似乎他老人家教我们子女们写字失败的沮丧，一定会在这个"孙女"身上止步，这个"孙女"会点燃让他获得成功的希望之火焰。

也不知冥冥之中是不是天注定，反正直至今日，女儿仍然对"写字画画"这一项情有独钟。

洞庭南路 344 号房屋旧址

邻　里

住在这样的平房，最大的好处还在于左邻右舍像一家人。有时实在忙不过来，总能找到帮助托托手的人。

记得有个婆婆高度近视，总喜欢捧着一本书读。我老在想，这婆婆根本不是读书，简直就是吃书。每次，我们让她托手帮忙抱抱女儿，她总是笑嘻嘻地非常近距离地去像吃小孩的样子，刚开始女儿以为她是"狼外婆"，吓得哇哇叫。当然，次数多了，女儿也就慢慢适应了。

我们那时带小孩，在这左邻右舍里有一点比较有名，那就是洗"粑粑片"。

屎尿怎么处理？现在的人都靠尿不湿——"换"，而我们那时候全是手工操作——"洗"。别人家的尿布五颜六色，而我们家的可是整齐如一。尿布是妻子找旅社部买的要处理的床单，买回来后都是她将其裁剪成一样大小的尿布。

女儿拉了"粑粑"，换下来，我先用自来水冲洗一下，然后用刷子刷洗干净，再拿开水烫一遍，最后用清水洗净。最有味的是洗干净之后，晾晒在外面，每一块尿布大小一致、色彩一致。现在想起来，还真的是一道亮丽的风景线。

遇上下雨天，我们在上班，晒在外面的尿布、衣服、被子根本不用操心，左邻右舍在家的老年人一定会帮我们收好，晒干了的还会帮我们叠好。

这房子的临街是马路，厨房后面则为一条小巷子，熙熙攘攘的人群，川流不息的线车（自行车）、板车、三轮车、汽车。而设在这条巷子里的屈原农场办事处，特别像地下交通站。常常有一些陌生面孔出现，来了又走了，匆匆忙忙、神神秘秘，每天都像有什么特别紧急的事情发生似的。

不过，这个办事处常常有比市场价便宜很多的东西与邻里们分享。我妻子得到邻居的信息后，买过便宜的白砂糖、新鲜的绿豆等。

转眼几十年过去了，现在女儿都有两个孩子了。我结婚之后换了好几次房子，住的房子也是越来越好，越来越豪华了。然而，洞庭南路 344 号这套房子，以及住在这里的那些年，随着时间的流逝反而变得越来越清晰，变得越来越喜欢，变得越来越思念。

查宜，20 世纪 60 年代生。曾任岳阳市民族宗教事务管理局局长。湖南省作协会员。

岁月沉香梅溪桥

◎王　鸿

　　如果说岳阳楼、慈氏塔、巴陵戏是岳阳的符号，那么岳阳老城的街巷无不留存着老岳阳的记忆，传承着老岳阳的风韵。它们将岳阳老城的悠悠过往，岳阳人的平淡庸常，尘世烟火，岁月风霜，悄然收进自己的古朴沧桑中。如洞庭路、南正街、鱼巷子、茶巷子……当然还有梅溪桥。

　　我特别喜欢梅溪桥这个名字，自认为这是岳阳老城里最有诗意的街道名称，有花有木，有流水，有小桥。无论是"梅"或是"溪"，抑或是"桥"，都是唐诗宋词里永远吟诵不变的主题，更何况三者一样都不缺。

　　据说在明代以前，梅溪桥叫穆家塘街，地处竹荫街与观音阁街之南。那时，在街的东南边，有条小溪，宽丈余，流入太子庙外的南湖。溪上无桥，给两边过往行人带来不便。明初的时候，街上有位叫杨梅溪的老人，拿出自己的积蓄，捐资在溪上修建了一座石桥。人们为了纪念这位老人，便将这桥命名为梅溪桥。

　　童年的记忆大都是碎片式的，没有连贯的情节，但第一次逛梅溪桥的情景在我记忆里特别深刻。

　　那是有一年的大年初三，下放不久的哥哥一大早返回知青点了，爸爸妈妈带着我和姐姐去逛梅溪桥。梅溪桥街道不长，南北向，八九百米而已。巷子两边是高高低低的木板门店铺，一家连着一家，有些陈旧但还算整齐，看不到里

1985 年，作者（右二）与检察院同事合影

面的房屋。整条街上有卖日杂的，有打铁的，有敲铝皮制品的，有卖香烛烟火、花圈祭品的。也有酱菜铺子，百货商店，糖果厂，还有废品收购站。街道没有南正街那么宽，却人来人往，叮叮咚咚，嘈嘈杂杂，更显热闹。

　　爸妈漫不经心地边走边聊，我和姐姐摇头晃脑，蹦蹦跳跳。能跟爸妈一起出来逛街是件多么幸福的事啊，平时不是爸在干革命就是妈在促生产，根本没有时间带着我们出来玩。

　　我们走进酱菜铺，狭长的商店柜台一溜摆过去全是玻璃亮瓶，里面装着各种酱菜。妈让店家称了我们最喜欢吃的什锦菜和酱萝卜条。趁店员还没用黄色牛皮油纸包好，我和姐姐伸手抓了一根什锦菜就往嘴里放。我吃的是蒜苗，姐姐不知抓的什么，她还没来得及送进嘴里，小手被妈拍了一下，"好吃鬼！"妈笑着温柔地骂道。爸爸站在一旁看着我们，大手拍着我的脑袋，问我和姐姐："好吃吗？"我和姐姐将那什锦菜放在嘴里津津有味地嚼着，兴奋地朝爸点头。

酱菜店隔壁是百货商店，邻居好朋友雪梅的妈妈李姨就在这里上班。我们走进去，李姨站在柜台里热情地给我们打招呼。爸爸给我买了两支铅笔和橡皮擦，给姐姐买了两支钢笔，一支红色开水瓶式、一支黄绿色玉米式。

　　我和姐姐在图书柜台流连，虽然家里有一大木箱的图书，可见了新书还是想要。爸不顾妈的阻拦，兴致盎然地给我们挑书。他给姐姐挑了一本《祝福》，给我挑了一本《白毛女》。我盯着姐姐手里的《祝福》，爸爸对我说："你太小，还读不懂这个故事。"

　　走出百货商店，旁边就是废品收购站了，一条东西小巷从这里穿街而过，西边巷口一群孩子正围着一个炸炮米的老伯高兴地嚷嚷。妈说前面不远就是梅溪桥洞口，走过去离家就远了。于是，爸妈带着我们开始往回走，收获了这么多吃的用的读的，我和姐姐心满意足，欢欢喜喜地跟着爸妈回家。

20 世纪 90 年代的梅溪桥街

那时候年纪太小，以为跟爸妈一起逛街的日子还会有很多很多，直到爸妈去世，我才发现那是此生唯一一次跟着爸妈还有姐姐一起逛街。父慈母爱，姐友妹恭，其乐融融的幸福永远永远地留给了梅溪桥。至今，我依然记得那天天气晴好，暖阳高照，和睦安乐，笑声朗朗。

那以后，我经常独自去梅溪桥，去得最多的地方却是废品收购站。一得了旧书旧报、破铜烂铁，便拿去废品收购站里换钱。换到的钱虽不多，不过是一分两分，一角两角，满足感与成就感总能让人喜笑颜开，欣喜若狂。因为当时一分钱可以买两颗球糖，两角钱可以买一本图书。小小年纪，就有了对物质与文化的双重渴望。只可惜那时物质与文化都很贫乏，国家与个人都不富裕。

有一次在梅溪桥口的邮局旁，竟然看到一个小小的图书摊。简易的书架，像妈妈晒腌菜一样挂满了一排排图书，很多人倚墙或席地而坐，花一分钱就可翻阅架上的任意一本图书。想起自己家里那么多图书，差点就决定寒暑假要出去摆个书摊，后终因胆小没敢实施。

书摊的出现减少了文化追求的成本，于是就想着办法来满足自己对物质的需求。有时候嘴馋了，会把家里还没用完的牙膏偷偷使劲挤掉，然后拿着牙膏皮子疯跑到梅溪桥废品收购站换两分钱。两分钱比一分钱的选择要多得多，不仅仅是四颗球糖，还可以买姜糖、薄荷糖、纸包"狗屎"糖。或者找挑担子卖麦芽糖的老头换一份敲糖，两分钱一大块，黏牙沾齿，入口即化。所有的欲望与兑换都可在梅溪桥迅速达成，如果攒够三个牙膏皮便可在废品站换六分钱，消费也会超出梅溪桥的范畴，例如学校门口小卖部五分钱一包的生姜或杨梅就随我挑了，不动声色地将物欲延伸到了一个更高更广的层次。

童年的这种小快乐来不及细细体会与品味，我们家重又搬到了郭亮街的县委会。那里离梅溪桥的距离远了，我也渐渐长到了能读懂《祝福》的年龄。我开始不止于读鲁迅，也读巴金与曹雪芹，对文化的渴求强于对物质的欲望，去梅溪桥的次数就愈少了。

时代的列车"轰隆隆"一路向前，远方的景色刚到眼前又迅速被甩下。老城里热闹的南正街萧条了，繁华的商业大厦衰落了，但梅溪桥市场的日用百货、副食品的批发零售，在起起伏伏的经济大潮中，好像从未落寞过。不知何时起，梅溪桥南北口两端竖起了"梅溪桥综合批发市场"的威武门头。无论老城新城的商业市场如何风云变幻，梅溪桥总能在激烈的商业角逐中找到适合自己的定位。她用灵敏的市场嗅觉、丰富的商品种类，超低的批发价格，似乎恒久不变地吸引着远远近近的市民们。我就在梅溪桥购置过自己结婚用的喜糖、孩子童年爱吃的食品"咪咪"、上学时用的铅笔文具，还有我喜欢的时髦发卡，织毛衣的马海毛线。前几年，我居然在这里买到了商店里早已绝迹的轻便舒适塑料凉鞋。

　　不管你来或不来，梅溪桥总满怀热情等着你。岳阳老城这条不见梅、不见溪更不见桥的"梅溪桥"老街，她满蕴人间烟火，俗世繁华，把悠长平淡岁月里的人来人往，生命沧桑间的酸甜苦辣，汇成了一条看不见的溪流，日复一日，年复一年，在人们心中静静流淌。

　　王鸿，女，20世纪60年代生。岳阳市人民检察院退休干部。

外婆家在洗马池

◎李　红

　　我外婆家住在洗马池，它地处城南西端，傍湖边，对面是吊桥。20世纪70年代我的童年在这度过。这里有许多我儿时的玩伴，有着许多儿时的记忆。

　　据史料记载，洗马池是南宋抗金名将岳飞所建，用于人洗脸，马洗身，以保持整个军队军容整洁。

　　不过我所见到的洗马池既无马也无池。其实就是一片旧城居民区。洗马池对于现代人来说已是一个很久远的故事了，只是名字沿用至今而已。

　　洗马池入口巷左边是一片不规整的平房。有的住户门临洞庭路街边，也有门临洗马池巷口的。再往里走自然分成了两个区域，一处是岳阳城关镇建筑公司所在地以及一些杂居的居民，往西南延伸至街河口。另一处有20来户居民，包括当时的街道维修队及物料存放场。从居民房屋建造式样及质量优劣即可看出贫富差距的一点端倪。

　　这片区域南低北高，有30米左右的坡道，外婆家在高处，房屋简陋呈"日"字形，前屋伙房后屋住人。进出须经由一条不足2米宽、南北长50来米的小巷。人们担东西时，扁担只能顺巷打直行走，不然所担东西就会碰壁。

　　那时没有自来水，生活用水要用水桶到公共自来水供水站去挑。所谓供水站，其实就是自来水公司在某一处装一个水龙头，派人按时在那里给人供水。

钢笔画《洗马池印象》(苏志刚作)

我们那时的供水站,在吊桥汴河园那边,须横过马路,往返几百米,可见当时用水的不易。

用水要事先购买水票,大约1分钱一担水。挑一担水,工作人员会在你的水票方格内打一勾或盖一小章。有些惜水的人,挑水时还会在水桶里放一根牵着细绳的长方形小木块,目的是防水溢出。

我小时候在外婆家,印象深刻的是与伙伴们玩跳房子、捉迷藏、折纸飞机、下河捞小鱼小虾。

外婆家隔壁是吊桥小学,经常有学生玩的纸飞机越过围墙,飞到小巷子这边来。有时我们也向围墙那边回以纸飞机，还不时爬上 2 米高围墙，在墙头上行走或小跑以显示勇敢。

我们经常到洗马池靠近湖边的堤岸玩。湖岸落差 10 多米，湖坡有陡有缓，长满杂草和小树。我们在这里捕蜻蜓，抓金虫，捉蚂蚱。有一次我们几个小伙伴在草丛中玩耍时，突然从高处窜下来一条大黑狗，向我们狂吠，差点咬着我。自那以后就再没去过那里了。

一晃几十年过去了，时过境迁，原来的洗马池早已不复存在，熟悉的踪迹全无，取而代之的是现如今的巴陵广场。

闲暇时来到这里，走在广场上，总有一种莫名的情愫。旧时的记忆一帧帧、一幕幕在我脑海浮现，使人难以忘怀。

无论环境怎样变化，我始终认为这里永远就是当年的洗马池。

李红，1965 年生。岳阳市商务粮食局退休职工。

吊古三眼桥

◎ 方　鸿

　　第一次过三眼桥记得是 40 多年前了。我要回东乡老家办点急事，那时没公交车，只能乘长途汽车，到湘运汽车站打听，一天一个班车，近两天的票早就预售一空了，只能买第三天的预售票。急事在身是不可能等第三天的。咬咬牙，步行！于是上路了。

　　出城到东乡，三眼桥是必经之路。那时年轻腿健，我一个多小时就走了十多里路程到达了三眼桥。

　　或许因为三眼桥是我家族祖方尚书所建，我过三眼桥时，顿生追宗思贤之意。稍事驻足一阵。那时桥四周空旷得很，很远都没一户人家，更看不到一栋房子。正是涨水季节，南湖一望无垠，烟波万顷。也没有什么船只来往。一座古桥静静地横跨在水上。三个雄伟的桥洞离水面很高，经过几百年的刀风剑雨纹丝无损。桥栏虽有些破损，但也还是完整的。桥头一对大石狮，雄视着西方。底座上刻着几排字，写着什么现在也是记不得了。年代是刻的清代乾隆年间，并不是明代原物。一块被砸破的石碑零散在桥头边的草丛里。

　　这就是三眼桥在我脑海里的第一印象。

　　岳阳民间有一句老话："方尚书苦修三眼桥。"因此重游古桥，更是有一种怀古之情。

方尚书，即方钝（1488—1577），字仲敏，号砺庵，湖广岳州府巴陵沙陂人（今岳阳县杨林街乡）。翻开《明史》列传第九十，记载方钝的只有寥寥数语。从中得知，方钝进士出身，嘉靖年间做过户部尚书达七年之久。其官职大概相当于今天的财政部部长，掌管国家经济大权，包括户口、税收等。

　　方尚书不避恩怨，廉洁奉公，直言进谏，不近贪官。他"崇俭节用，以丰天下"。遇灾荒之年，他曾经向朝廷上奏发粮赈济灾民，减徭役解除民困。曾在皇帝面前奏准"湖南免山粮，湖北免水粮"。民间至今流传一句话，"方尚书做官，提带湖南一省"。

　　方尚书在北京带头捐资倡建岳州会馆，安排进京办事的同乡宦贾学子食宿，并订立了32条约例，互相勉励。岳阳籍的京官经常在此聚会，共叙乡情，共商兴国大计。受益更多的还应该是来自湖湘的科甲考生、商贾名流。

　　方尚书告老还乡后积极投身于家乡建设。他的功绩最具代表性的就是倡修三眼桥和枫桥湖堤。枫桥湖堤在他逝后失修，早已荡然无存。

　　三眼桥因其三孔连缀，俗称三眼桥。位于市东郊奇家岭附近，横跨南湖水面，如长虹卧波。此桥始建于宋朝庆历年间（1041—1048），当时叫万年桥。因设计水位太低，质量欠佳，遇大水漫过桥面，加之两端引堤单薄，经常溃决。

　　嘉靖四十一年（1562），方钝

方钝塑像

三眼桥

主倡重修三眼桥。全桥为南北走向，由麻条石砌成，桥中有三孔，每孔跨径 13 米，高度 15 米，宽 6.5 米，长 56 米。桥面用麻石板铺垫，两边护以 80 厘米的石栏。桥墩的石刻栩栩如生。全桥建筑精美，构造坚固。重建后的三眼桥，经多次修葺，历 400 多年的历史，任凭风吹浪打，沧海桑田，仍不裂不损。

三眼桥两端引桥全长 650 米，堤面宽 11 米。在那财力物力技术落后的时代，要筑起这么一道工程浩大的长堤十分不易。加之堤基是洞庭湖的一个湖汊，淤泥深不可测。白天堆土夜晚就泄开了。硬凭人力肩挑背扛，其难度是可想而知的。

资金来源虽然官府有些拨款，但远远不够，全靠社会捐助。方尚书带头捐助了自己的全部积蓄，有文载："公出其恒产居室，毁家纾难于桥事……"他和民工同吃苦荞杂粮。

方尚书晚年悲凉，家境贫寒，儿子也因病去世。万历五年（1577）十一月二十二日，方尚书与世长辞，享年 89 岁。逝后家无长物，由族人安葬在三眼桥北面螺形山（现称螺蛳山）。墓冢坐北朝南。墓址也是方尚书自己选定的，他要看着他侵注过心血的三眼桥，日夜守护着它。相传他曾言："此地甚好，日有千人拱手，夜有万盏明灯。"

是啊，白天过往船只，那摇船的不是在向他拱手作揖吗？夜晚进港避风船舶的灯火，南湖上点点的渔火，不是万盏明灯吗？

作为朝廷一品命官，岳州府按例将方尚书的去世和后事如实向朝廷呈报，万历皇帝派人前来祭奠，皇帝才得知方尚书如此造福桑梓，晚景如此清贫困苦，墓葬如此寒酸。立即拨款委派万历五年新科进士何存敩为钦差大臣，为他营筑墓葬。谕地方督抚诸官设两坛进行隆重哀悼，追赠太子少保，谥简肃公。方尚书墓顶全部用麻石铺盖，俗称五层螺旋转顶。墓道两侧立四对石人石马。祭台、香炉均用麻石制作，并设有石凳石桌，风光气派。

古桥上的青石板换了又换，桥上往来的行人也更替了一代又一代。但不曾忘记的是方尚书当年踌躇满志的决策，还有那排除万难的第一锹土。也许只有汩汩流淌的南湖水见证过，这片方尚书热爱过的桑梓地上，他用实际行动去表达着他对故乡的无尽眷恋。

每个岳阳人，每个来过岳阳的人都应该记着有这么一个人。"苟利国家生死以，岂因祸福避趋之。"他是读书人、为政者的榜样，也是为乡民百姓造福的榜样。"长太息以掩涕兮，哀民生之多艰。"方尚书的一生，对屈原这句诗作出了最好的诠释。

岳阳文化名人游利发先生，为尚书山芳草亭所撰的亭联："墓冢何存？古桥载德；贤才善用，青史留芳。"这就是对方尚书最好的赞誉。

方鸿，1945 年生。建筑公司退休职工。岳阳市诗词协会理事，岳阳市楹联学会理事。

岳阳楼公园往事

◎ 张迎冰

    1979 年我家从解放路（现竹荫街）新华书店搬到岳阳楼公园。当年，从洞庭北路进入公园，便是一条宽大的水泥路，道路两旁有水泥电杆搭建的葡萄架，手臂粗的葡萄藤虬枝嶙峋爬到电杆顶端，将水泥路上的天空覆盖。每到葡萄成熟季节，我们小孩只能望着高空中的葡萄兴叹，这些葡萄也就成为鸟儿的食粮。

    我家居住在葡萄架下左边一栋有苏式建筑风格的二层楼里。这栋房子一楼是文化系统干部职工的家属房，二楼是公园的办公区。那时的公园门票五分钱，当然，我们住在里面，是不要门票的。

    住在公园里其实也非常有意思。整个公园居住了几十户人家，水龙头安装在露天电影院旁边的水池上。每天早、中、晚水池边最热闹，大家在这里洗菜、淘米、洗衣服，那掀天的笑声整个露天电影院都能听到。我家人多，便备了一个水缸，每天我哥负责把水挑满。

    我们这栋楼没有单独的厨房，每家做饭的灶具都放在楼房中间的走廊里。住在我家隔壁的是江友良，她和她爱人黎先生新婚燕尔，洗衣做饭都是她先生的事。以至于后来我和她成了同事，我还开玩笑问她，黎叔还有那么勤快吗？她便哈哈大笑起来。

    隔着我们家五六间房住的是段成烈先生一家。听说他是白族人，解放前是云南的王爷，解放后读大学分配到岳阳，公园里大人们有时开玩笑喊他段王爷。段成烈先生瘦瘦高高，一头卷发，说话斯斯文文。

1980 年春节临近，家家户户都在备年货，我们这栋楼里的居民也一样。但那个年代物资还比较紧缺，腌制腊鱼腊肉，炒瓜子、炒花生都是自己动手。

作者（右一）与朋友们的青葱岁月

春节前的三五天，晚上我们姊妹和公园里的小伙伴在一起玩扑克，快到凌晨时，总感觉有烟味飘来，味道越来越浓，便起身查看。走出房门，只见段先生家门口燃起了熊熊烈火。火焰已烧到了天花板。我们连忙跑去救火。有一个小伙伴吓得腿一软，瘫倒在地上。我一见势头不对，连忙回转身跑到我家水缸前，提了一桶水，跑去泼到火上，火顿时熄灭了。

起火的原因可能是傍晚时分，段先生家炒年货，火星留在了平时引火的花生壳里造成的。外面的声响把段成烈先生一家吵醒，连忙出来查看。随后，他开始收拾一地的残局。段先生后来调到省里，担任省文物局副局长。

我住的房子在露天电影院一侧，书桌紧靠窗户，推开窗户就是电影院，电影屏幕就在我书桌的左前方。有一段时间，电影院天天放《刘三姐》，晚上，我把房门一关，推开窗户就看电影。不知看了多少遍，反正《刘三姐》电影的桥段到现在我都记得。以至于后来找对象都想找刘三姐那模样的。电影院还偶尔放《五朵金花》《地道战》《奇袭白虎团》等老电影。只有《保密局的枪声》搞得不像话，里面的配乐都是从其他经典电影里抄的，音乐一响起，我就想起原来的那部电影。

住在岳阳楼公园里，我是没有读啥书的。岳阳二中由于缺少教室，我们每天只上半天课，还有半天大家都放羊。在学校上课时间少之又少。晚上在家电影院里又放电影，就算把窗户关好，那电影里的对白声还是会飘进来。

虽说没有读课本的书，但我还是爱看书，只要是有字的纸，没书看时，我都会捡起来看一下。家里书多，我也看了不少。那时十三四岁，记得有一本《批林批孔材料汇编》，我也拿过来看。书是批判孔夫子的，批他克己复礼和杀害少正卯的事，印象最深的批判他的"唯女子与小人难养也"。我那时真没弄懂孔老夫子为什么要说女子与小人难养。当然，直到现在我也没有弄懂。

"岳州八怪"之一的赵立恒先生赵爹，住在露天电影院靠湖边的房子里。他家后门直接面向洞庭湖。夏天放电影时，只要他家把房门打开，穿堂风从他家穿堂而过，电影院的温度立马下降两度。只是冬天他家遭罪，冷得要命。

当时，他的侄子也住在他家，我和他侄子玩得好，因此，我经常到他家玩。在赵爹家我第一次见到线装书，他家两个书柜占了半面墙，里面都是线装的老书，有些还被虫蛀了。书名都忘记了，只记得有一本是用宣纸印刷的《芥子园画谱》，里面画的是兰草花鸟之类的图案。他还送过我一本中华书局出版的《唐诗三百首》，我背得的好多诗词都是从这本书中读到的。前几年电视台举办中国诗词大会，我看题目也容易，有想法报名参赛，后来想想麻烦，也就放弃了。

我曾写过一篇关于岳阳楼的文章，文章的结尾是：只要你心中有阳光，无论什么时候到岳阳楼，都是一次修身养性。古人是这样，今人不是如此吗？

张迎冰，20 世纪 60 年代生。文博副研究员。

梦里依稀巴陵面

◎ 方岳川

说起面条，就想起清代李渔《闲情偶寄》曰："南人饭米，北人饭面，常也。"岳阳属长江以南，是以吃米饭为主，而面食则属于副食，特别是面条。

记得 20 世纪 60 年代末 70 年代初，小时候跟母亲过节走亲戚，往往会买两斤挂面，斤把雪枣，斤把红糖，草纸包好，就可以进入家家门了，客客气气，蛮有面子。

小时候在家吃面条的时候不多，因为面条在那个年代，属于"伴手礼"，是可以送人情的稀罕物。偶尔吃一两次，也就是水煮盐相（岳阳方言，即只放点盐），清汤寡面，没什么味觉记忆。

但每年有一天，我是可以吃到肉丝汤面的。那就是我的生日。

其实一个七八岁的小孩对自己的生日是没有什么感觉的，甚至不记得。但母亲记得，总会在这一天，给我两角钱（肉丝面一角八一碗），笑着悄悄地跟我说："伢崽，今天是你的生日，自己到面馆去呷一碗肉丝面啰。"

我家住在马路街，这时我会拿着两角钱，高兴地穿出马路街路口，到梅溪桥右拐，在糖果厂对面的面馆（实在想不起来是什么名字的饭店了），非常满足地吃一大碗肉丝汤面。那个味道一个字——爽！我从此爱上了面条这种食物，特别是对碱面，情有独钟。

作者在当年"味腴楼"旧址留影

小时候并不知道过生日要吃面条的意思，直到二三十岁才知道生日吃面条的含义。正如刘禹锡"举箸食汤饼，祝辞添麒麟"，苏轼"我欲去为汤饼客，买羊沽酒约何时"。这里的"汤饼"，就是古代的面条。古代不仅生日吃面条，哪家如有弄璋之喜更是面条必吃。生日能够吃一碗肉丝面条，不仅仅是解解馋，更多的是母亲对儿女寄托着深深的爱和美好的祝福。梁实秋先生曾求证生日为什么要吃面。云："汉武帝时，人们认为寿命长短与人中长短有关，人中长短取决于面孔长短，而面条正暗合'面长'，长寿面由此而来。"因此生日吃面条便顺理成章，约定俗成了。

梅溪桥这家面馆的味道，也在我味觉的记忆中定格。至于我的弟妹是不是在生日那天也有肉丝面吃，我还真有问过，也许弟妹太小，不能自主。估计现在再问，80多岁的母亲可能也说不清楚了。

1972年初，我参加工作，招进了剧团，住在百香园这个地方。平时学习、生活常要从马路街、梅溪桥一带转到先锋路、火车站、韩家湾一带。说起先锋路，那里饭馆有三家，先锋路饭店、红旗包面馆、燎原饭店。哎呀！那真是有得选。那时候每月工资18元，除了统一扣除12元生活开销，自主掌握6元。

那时候吃面条主要是夜宵，早餐一般不吃。因为我们几十位同学和老师是集体开餐，三餐都有师傅专门送，大概这种就餐方式持续了一年。后来就在商业局食堂一并用餐，搭了商业局的伙。

我记得我们一位同学的母亲就在燎原饭店上班，每次去饭店吃面，总会得到关照。我们嘴巴乖一点，师傅汤匙稍微倾斜一点，那原汤和码子就多一点，面条的味道就更加油厚香浓。

三鲜码子最豪华，三角二分钱一碗。可见当时每月6元钱的零花钱真是下不得地。面条码子有冬笋、黑木耳、肉片、猪肝，还有猪肚片、腰花和肉丸子。交替搭配吃起来过瘾！仿佛应了宋代词人黄庭坚的那句诗："汤饼一杯银线乱，蒌蒿数筋玉簪横。"只是蒌蒿在这里被长条、淡黄的冬笋所替代，这就更像玉簪横在汤面上了。

羊叉街和三中及教堂交叉路口，还有一家援越饭店。这家饭店的面条味道很好。估计是一九六几年抗美援越时开张的。有十来张大方餐桌在大堂二字摆开，取食口就在大门口处，那时候都是买面票，凭票到取食处自己端。

再往北走，南正街十字路口就到了工农兵饭店，是由原潇湘饭店改名而来。那里的面条味道不错，但更实惠的是"三鲜汤"，三角钱一份，实际的分量则取决于你是堂食还是带回家。堂食是饭馆的汤碗，分量是固定的；带回家则看你拿的什么家伙：大锅则汤多，小碗则汤少，但汤料还是那几片猪肝、肉片、黑木耳、青菜、冬笋。分量还可以，端回家鲜香无比，与家人分享，其乐融融，美哉美哉。

工农兵饭店往东走一二百米，就到了竹荫街的岳阳饭店。这家饭店是由"味腴饭店"改名而来，是从天岳山迁移到竹荫街的，也是一家老饭店。那里的排骨码子汤面，味道真好，汤好喝，面清淡，去火气，饱肚腹，还可以啃骨吃肉。

南正街往北走百把米，就来到了西边鱼巷子、东边茶巷子的路口，这就是岳阳有名的巴陵面馆。这是我频繁光顾的面馆，因为工作、生活的地方都在四五百米半径之内。我隔三岔五会去，不是吃早餐就是吃夜宵。那时候剧团每演出一场，就发一张巴陵面馆的肉丝面票。用现在的话说，就是团购，是一种补贴。面票可隔日消费，当晚如果不吃也可第二天早上享用。日子久了，我与面馆里工作的师傅，也成了点头之交的熟人。

我有位师兄岳明先生，在 70 年代中期调入饮食服务公司，分配到巴陵面馆工作，工作就是制作面条。有一天我到他工作的作坊看他，扑面而来的就是一张宽一米三四，长二米多，厚有十厘米的大白案板。见他穿着一套白长袍，戴着白高帽，骑在一根直径十五厘米左右，长一米七八的竹杠上，竹杠连接在案板靠墙边沿中心。双手握杠，有节奏地左右来回跳动，竹杠下有大大的面团，压得面团时而成饼形，时而成凹字形，时而成凸字形。我笑着问他："你这像骑木马？"他引颈几个哈哈，一笑了之。原来制作面条是个技术活，也是个体力活。

在巴陵面馆吃面吃多了，与面馆的下面师傅也就熟悉了。记得有位荣师傅，颇热爱文艺，相声说得好。还是商业局宣传队的骨干，比我大十来岁，他主要是搞油案（炒菜掌勺）兼下面。为人和善，谈吐幽默，很是乐观。每每吃面也聊上几句，因为取面都在一个大厨房内，一排火炉，几口大锅，一张超大的操作台，放着坛坛罐罐，油盐酱醋葱。食客多了，排队取面是常有的，因此，看师傅们操作也就熟悉了一些流程。

开碗：一大摞白瓷碗依次在"咣""咣"的声音中摆开。少则十多个，多则二三十个，然后，是明油、食盐、酱油、葱花，依次放入碗中。那手法就像弹木琴一样，一把大勺从左至右，从右往左，仿佛在演奏一样，有节奏、有韵律、有声音、有美感，几乎没有什么洒落，尽在碗中。然后是开汤：那汤勺一扬，一沉，一断。稳，准，匀。接着是挑面、盖码一气呵成。

吃面吃多了，吃法也有所变化，除了汤面，还有干挑、带性干挑、免码双油、码子过桥、落锅起、宽汤少油，这些都是在食客的要求下定制。

干挑与带性干挑的区别，在于面的硬度。干挑面软硬适中，可软可硬，而带性干挑则要求面条偏硬。与落锅起有些类似，这种吃法扛饿。

免码双油，就是食客不要肉码，多加一份猪油。这种吃法，是在那个油水少的年代里特有的。相当于猪油和酱油拌饭，面条在猪油、酱油、葱花的混合中，根根挂汁，油光酱浓，香气四溢，"呼——噜——噜"，几筷子下肚，痛快！现在想起来，年轻啊，还真是吃得。

码子过桥这种吃法，就是面、码分开，肉码另用小碗盛上，吊上二两酒。这种吃法，一般都是干体力活的渔民或搬运工人。

巴陵面馆靠近几个码头，货码头街河口、南岳坡、鱼码头鱼巷子。在那讨生计的人都有喝早酒的习惯，渔民忙碌一晚之后，早上收工吃早饭，喝点酒，为的是祛除湖水里的寒气。搬运工人早晨喝点酒，白天干活力气足。其实本意都不在喝酒，而在于祛湿、解乏，加油、提神。

宽汤少油，则有点类似江浙地区的阳春面，汤多，油少，清淡，鲜香，通透。师傅挑面入碗，落底，上折，下摆，看着就像一本书一样摆在碗中，颇有美感。

沿巴陵面馆，向北过南岳坡，到桃花井对面，有一家岳阳唯一的回民面馆。

回民面馆是清真面馆，师傅们都是回族。记得有位老爹爹，热情开朗，和善随便，戴着白圆帽。每次去那里吃面总会与他聊上几句。"大肉""大油"这个说法，我就是从老爹爹那里知道的。

"大肉""大油"确实是因回民宗教避讳产生的特征词。那里牛肉面讲究"一清，二白，三红，四绿"，特好吃。"一清"是汤很清，"二白"是面白和萝卜白，"三红"是红色的辣子，"四绿"是绿油油的蒜苗，香菜牛肉更好吃。回民面馆的卤牛肉更是一绝，有时买个三五块钱的带回去下酒。

到了 80 年代，我工作的地方就在岳东饭店对门，吃面条更是方便快捷。岳东饭店的面条味道与巴陵面馆一脉相承。浓浓巴陵味，深深浸味蕾。

方岳川，1960 年生。国企退休。湖南省音乐家协会铜管协会会员。

小时候，我在贮木场

◎ 刘朝晖

贮木场，在岳阳老街洞庭南路的最南端，依山傍水，范围好大好大，这是小时候依稀留下的印象。前不久与朋友一起到城陵矶纸厂，查阅贮木场的文书档案，一份1954年岳阳贮木场（当年称集材场）发黄的卷宗，印证了我的记忆。

"大南津港、小南津港、湖边、雷公湖（湖滨）、陆上贮木场"等字样跃然纸上，说明了当时贮木场的地域水域之广，北起三角线（三角线工区），南到湖滨（湖滨工区），东西分别是粤汉铁路和洞庭湖。

后来又寻得一些老照片，图中岳阳城临湖的水中岸边，到处是成片的木排，从中也想象到了新中国成立之初建贮木场的必然性。

1955年3月，我就出生在这个湖边岸上到处都是木材的地方，直到1971年1月搬离，在这里生活了16个年头。

这里有我幼童时代的欢乐，也有我少年时期的迷茫。

在窑湾的湖汊里，将一块四方小纱布，绑在十字交叉的竹片上沉入水中，盼望扳罾时鱼虾自投罗网。

在五号高楼前的土坪里，带着小板凳去看守桥部队放露天电影，好多次都上演了"英雄白跑路"。

贮木场工人在捆扎木头　　　　　　　　贮木场工人在装车

在木排与木排的间隙中打泡球，一不小心，让华佗都无奈的小虫钻进了身体。

在茅草街边的子弟学校读书识字，横竖撇捺，b（玻）p（坡）m（摸）f（佛），为今日之码字打下了最初的基础。

刚刚学会了走路，母亲有时带我到办公楼里待着。淘气的我扶着墙壁，从这间办公室串到那间办公室，叔叔阿姨们想方设法逗我玩。因为父亲是北方人，他们总是要我讲几句北方话，还拿出糖粒子在我眼前晃。可我出生在岳阳，牙牙学语开始，就是一口贮木场一带的岳阳话，实在是嘴里"蹦"不出北方话来。

背着书包上学后，放学就喜欢往食堂跑，大师傅们很喜欢逗我玩。一个叫徐伯伯的，特意捏了个鱼形状的馒头，一边哄我吃，一边叫我莫乱摸锅碗瓢盆。其实每次到食堂去，我最喜欢看蒸饭过程。一米见方的木制蒸笼放在灶台上，大师傅往里面摆上好多个小钵子，又向小钵子里放米加水，蒸笼一层一层码好盖严。这种灶台可能是贮木场的特有，烧的全是锯木头时产生的锯木。

也有不逗我玩的。读小学四年级时，班里来了个外号叫胖墩的新同学，也蛮调皮。一起玩耍时，他突然主动说带我去钓鱼，让我好一阵心喜。某个星期六的下午，不知他从何处弄了根钓鱼竿，两人偷偷跑到缆子库旁的一个小水塘边。他从书包里掏出一小瓶子，瓶子里装了几条小虫，说是鱼最喜欢吃的蚯蚓。他熟练地甩着鱼竿，将穿有蚯蚓的鱼钩抛入水中，和我一起在塘边盯着水面，等待着有鱼来咬钩。

缆子库是贮木场生产竹缆绳的地方。工人们把粗大的竹子剖成一根一根细细的竹条，再将细竹条编成像绳子一样的竹缆。小的有拇指般细，粗的也有手腕那么粗，其用途就是捆绑木材。竹缆绳卷曲自如、不怕水泡，与一些钢缆的抗拉强度相当，又比麻绳抗磨损、不易腐烂。

"菲菲快跑。"胖墩突然大喊一声我的小名，丢下钓鱼竿，一下子跑得不见了人影。我还有搞陀数清（岳阳方言，没弄明白的意思），就被在缆子库上班的大人拎住了。拎住我的人可不逗我玩，满口的岳阳话灌进我的耳朵："我的牙老子，嗯哪嘎哦里跑到咯里来哒，落到水里哦得了，哇诉你嗯妈恰。"我双眼怔怔地望着拎我的人，装着一副可怜巴巴的样子。鱼没钓到，我灰溜溜地回到家里，等着父母的数落。

虽然被父母数落是常事，不过也有被夸奖的时候。

1964 年的某一天，贮木场接到任务，一批木材需紧急装车连夜发运。全场上下都动员起来了，机关干部也不例外，称为装车大会战。

晚饭时，父亲匆匆扒了几口饭就赶往装车现场，母亲收拾完碗筷，带着我也赶了过去。

夜幕下，堆满木材的楞场灯火通明，铁路专线上停着好多节火车皮，工人们呼喊着号子，将一根根木头扛进车皮内。铿锵的号子声与木头的碰撞声交织在一起，汇成了一曲动人的劳动交响曲，场面蔚为壮观。

贮木场是在 1952 年建立的木材交料站基础上发展起来的，1953 年更名集材场，1961 年定名贮木场。十年间先后拥有了内燃小机车和小型拖轮等运输设备，解决了将湖中木材从水上坞址运到陆地楞场和湖中拖移木排的问题，减轻了工人的劳动强度。但木材装进火车车皮，还得靠工人用肩膀来扛，仅有的几台吊车，只吊装人工扛不起的粗大木头。

1954 年修建的湖南储木场办公楼

母亲告诉我，今晚装车大会战，她和其余几个阿姨的工作是现场写表扬稿，我的任务是将写好的表扬稿，帮忙送到广播室去广播。

那时我才 9 岁多一点，从装车现场到位于新办公楼的广播室，来回跑一趟，快也要 20 来分钟，但每听到送去的表扬稿被广播员用甜美的声音从广播中播出，心里还真有点沾沾自喜，一路连蹦带跳，累也抛到九霄云外去了。

夜深了，装车大会战还在进行。因第二天要上学，我告诉广播员姜阿姨，这是我今天送的最后一份表扬稿。姜阿姨摸着我的头，拿出一张唱片，说要送我一首歌表示感谢。于是在我回家的路上，广播里传出了《我们是共产主义接班人》清脆高昂的歌声。

在数落和夸奖中，我长大了。

时光飞逝，童年远去。50 年后，当我再次踏上这块热土时，贮木场已是面目全非。小时候，背上书包上学，放下书包玩耍，大人们的事很少关注。当年在岳阳创造"南有贮木场"历史的人和事，只能在一些零星易碎的纸片中和父母留下的泛黄的老照片里，去寻找、去回想了。

刘朝晖，1955 年生。岳阳起重电磁铁厂退休职工。

父亲与南津港铁路桥

◎ 芮香荣

初冬的傍晚，西斜的太阳把南津港铁路老桥涂抹了一层金灿灿的光华。我站在高高的铁路桥上大声呼喊："爸爸，我到了你当年修建的南津港大桥了！"瞬间，泪水夺眶而出。

没人回应我的呼喊，周边一片寂静，只听见我急促的呼吸声。眼前沉默的铁路老桥遗址，勾起了我对往事的回忆。

听父亲说，京广线从清朝开始，历经三朝修建改造。它是一条贯穿于我国大江南北的铁路交通大动脉。1965 年为了修京广铁路复线，华北铁路局一处（简称华铁）从福建鹰厦线来到岳阳。父亲所在的单位负责修建黄沙街至羊楼司段的铁路复线，而父亲所属的一处一队，负责修建南津港铁路桥。

父亲在世时，常常给我们讲他修建南津港铁路桥的故事。

1965 年的岳阳是一个山清水秀的小县城，洞庭湖烟波浩渺，十分壮观。父亲的一处一队驻扎在南津港南端的山坡旁，搭起了临时工房。那时生活条件极差，工房的门与墙是用山上的竹子和着泥巴糊在一起，晒干了做成的，屋顶用油毛毡一盖，就算房子了。夏天闷热，冬天湿冷，父辈们尝尽了冬凉夏暖的滋味。

南津港是南湖与洞庭湖连接处，湖口南北两岸是山，西面就是洞庭湖。修桥需要先把北面的小山挖除。那时很少有大型施工的机械，基本靠人力。洋镐、铁锹、钎子、撮箕齐上阵。工人们用洋镐刨，用小钎子在山石上打好炮眼放上炸药，"轰隆"一声巨响后，搬石运土。靠着一双勤劳的大手，耗时四个月，终于像愚公移山一样把山移走了。

南津港湖滩有多处泥塘湿地的"小湖"，修筑路基必须先要从填湖开始。那些几十平方米的小湖，七八百个工人轮流推着小车，将一车车的沙子、石子倒入水中。眼看着堆得高高的满满的，以为填平了，可第二天一看傻眼了，沙子被水渗下去了，路基又塌陷了，于是

作者父亲芮海潮

工人们又开始拖沙倒沙。有一次，填满了沙石，司机开着拖拉机在上面压实，谁知压着、压着，沙石突然"轰"的一声塌陷下去，瞬间拖拉机的车头就快淹没了，大伙一阵手忙脚乱地把司机拽出来，将拖拉机拖上岸，好在有惊无险。沙石填满后还需放土夯实，填好后的路基 100 多米长、50 多米宽，用了上千吨沙石，历时一个多月后终于铺就成功。

冬天开始灌桥墩，洞庭湖几乎天天刮风，湿冷湿冷的。大冬天干活很多烦恼，穿少了冷，穿多了干一会儿活就热了，又要脱衣服，把衣服脱了捆在腰间，干一阵子又冷了，再穿，如此反复。为了能早日修好大桥，工地上实行的是三班倒，白天黑夜热火朝天连轴转。天气好的时候，洞庭湖是上下天光，一碧万顷。遇到天气差的时候，那真是阴风怒号，浊浪排空。有时工人们的帽子衣服都能吹到湖里。防寒的劳保也没有什么，就是手套。戴着手套做事用不上

劲，工人们常常都是赤手工作。北风呼啸如无数个小针扎在工人们的手上、脸上，被风拉出一道道裂纹，一会就冻麻了，只能把手放在腋下或衣服里暖和暖和，再接着干。

一个阴沉沉的上午，大家正在拆修桥墩的防护栏。防护栏是由两根圆木捆接在长十几米高的木桩上构成的。工人小王正低头工作，突然一个木桩倒下重重地砸在小王的头部，可怜小王还没来得及反应就倒在洞庭湖边。不满30岁的小王把青春和热血永远地留在了洞庭湖畔。

到了烈日炎炎的夏天，太阳像大火炉一样炙烤着大地，洞庭湖边犹如一个大蒸笼，就算站着不动，也会像蒸笼里的包子热气腾腾，浑身冒"蒸汽"。工人们常常是赤膊上阵，个个晒得黑不溜秋，活像一个个铜人，大家却从不叫苦，无怨无悔。空气闷热、潮湿，蚊子成群，脚下还有水蛇骚扰，一不小心就会中

作者重访南津港铁路桥

暑。最要命的是洞庭湖里有血吸虫，这个工程结束后就有十几人得了血吸虫病。若干年后因血吸虫病故的也有几人。

就这样，铁路工人与天斗与地斗，历经艰辛，工程终于在 1966 年底顺利完工。由于修建得又快又好，修完南津港大桥，华铁一处就出了名。

父辈们修建的南津港铁路桥长 385 米，设计水位标高 34.7 米，一直营运到 1998 年。1998 年岳阳发生了百年不遇的大洪水，洪水淹到了铁路桥上。于是 1999 年在这座老桥的旁边并列又修了一座铁路桥。新桥距离老桥十几米，路基高出原来的桥 1 米，现在正在运营的就是新桥，听说是铁五局修建的。

世事沧桑，南津港大桥由单桥变双桥，由旧桥变新桥。我看到了在它上面通行的蒸汽机车变成了内燃机车，又由内燃机车变成了电力机车。看到了铁路一次又一次提速带来的变化，先是喘着粗气冒着白烟的蒸汽机车从它上面缓缓通过，直到造型优美、色泽明丽的电力机车风驰电掣从它上面飞驰而过。

一个初冬的下午，我顺着湖边登上这座日思夜想的铁路桥。南津港老铁路桥已经废弃，望着新桥上呼啸而过的列车，我抚摸着老桥上仅剩的几块水泥枕，走在那杂草丛生的渣石道上，仿佛看见父亲扛着洋镐挥汗如雨的高大身影。桥还在，修桥的人已逝。父亲离开我们已经两年多了。我最后悔的是没能在父亲在世的时候登上这桥，和他聊一聊他的铁路桥，谁知现在这已经是我永远的遗憾了。

芮香荣，女，20 世纪 60 年代生。岳阳市麻纺厂退休职工。

回忆五六十年代岳阳的文化生活

◎ 邓建龙

20 世纪 60 年代初，岳阳城关是个仅有 5 万余人的小县城。刚经历过三年自然灾害的困难时期，国民经济尚未恢复，物质生活相当匮乏，但文化体育活动却红红火火，满足了当时人们的精神文化需求。回想起来，令人难以忘怀。

阅报栏

20 世纪 50 年代中期，县邮电局在竹荫街十字路口南侧营业所外设立 6 个可转动的木制阅报栏，供市民阅报。

1962 年，我入县二中读书，上学放学经常经过这里，因此常在此阅报。那时，我人小个子矮，阅报时须昂着头，有时就干脆踩着栏杆看。每遇重大新闻，人多时就挤过人缝，钻到前面去看。我最喜欢看的是《人民日报》与《解放军报》，它们刊载的新闻多、信息量大。尤其是《人民日报》的国际版，是我首看之页。我酷爱历史地理，关心国际时事政治，《人民日报》恰好给我提供了这样的平台。其次是《解放军报》，因我从小就立志参军，保卫国防，故对军报反映的火热的军营生活特感兴趣。尤其是其刊登的老将老帅与老同志的回忆录，每期每篇必看。此外，《羊城晚报》以资料性多、趣味性强，也是必看的报纸。然后是《光明日报》《中国青年报》。《湖南日报》因版面不活，资料性与趣味性不强，且多反映地方与农村新闻，故放在最后。

当时，正值国际上帝、修、反猖狂反华，许多重大事件与时事新闻报上都有刊载。如古巴导弹危机、蒋介石妄图反攻大陆、中印边境自卫反击战、国际共产主义运动大论战等。每当这些新闻见诸报端，我都一字不漏地看完。1962年，美国雇佣军武装登陆古巴，妄图颠覆新生的古巴革命政权，这就是有名的"猪湾事件"。当时，全党全军全国人民响应毛主席号召，上街游行示威，声援古巴人民。

通过读报，使我开阔了眼界，增长了知识，也为我今后的人生观和人生道路奠定了基础。为革命学习、为革命工作，也成为我们那个时代广大青少年的理想和信念。

图书馆

我因喜欢看书读报，被同学们推为图书委员，每两周一次，代表班级去校图书馆借书，因此校图书馆的书籍被我翻了个遍。况且校阅览室的报纸杂志虽多，但以青少年读物为主，已无法满足我的求知欲望。于是，我便将目标瞄向县图书馆。

本来，从我家到学校有两条路径可走：一条从乾明寺街穿金家岭巷，走南正街、吊桥街、翰林街，路宽阔平坦；一条从乾明寺街经梅溪桥街，走下观音阁街，穿过汴河园，爬陡坡。但因县图书馆位于竹荫街十字路口不远，加上有邮电局的阅报栏，故我走后一条路较多。

县图书馆当时位于下观音阁街西侧，因属县总工会代管，故与县总工会在同一院内。那是一栋红砖黑瓦的小平房，坐西朝东，正对大街。馆舍呈一字形，中间是走廊，南边是报刊阅览室，北边是图书外借处，面积各约 25 平方米。

阅览室正面墙上挂着马、恩、列、斯、毛五位革命导师画像。其他三面墙上则挂着十几位世界著名文豪的画像。室内呈品字形摆放三个条形及人字形阅报栏，上面都是报纸与各种期刊画报。三面靠墙处的报栏则有全国各地报刊。进门左侧放着一玻璃柜，分层放置借阅量多的画报杂志，凭工作证借阅。我想拿学生证借阅，管理员不同意。后来，取得他的信任后，我可以任意翻阅各种报纸杂志。

在这里，我第一次阅读了《参考消息》。以后每次进阅览室，它便成为我看的第一份报纸。然后依次是《人民日报》《解放军报》《羊城晚报》《体育报》等。这里还有《解放军画报》《人民画报》等各种国内出版的画报，以及各社会主义国家的画报，如《苏联画报》《民主朝鲜》等。当然，我最喜欢看的还是《解放军画报》。

外借处须凭借书证才能借阅，学生证不行，我便拿父亲的工会证办了个借书证。由此，我借阅了许多古今中外的名著与各种小说，也阅读了大量的人物传记、内部读物、革命回忆录等书。今天回想起来，正是图书馆这个平台，使我吸收了大量的知识，为我后来从事党史、文史、地方志研究提供了便利。在某种程度上，图书馆也成为改变我人生道路的一个重要驿站。

工人俱乐部

20 世纪 50 年代至 60 年代初，城区设有县总工会、铁路、211 厂（后改名3517 厂）三个工人俱乐部。内设灯光球场、演出厅、阅览室、活动室，成为广大工人市民工余休息，开展文化体育活动的场所。60 年代初，这三个俱乐部经常举办各种形式的文体活动，如篮球比赛、文艺演出、棋类比赛、拔河、灯会、猜谜语等。1963 年，我曾在总工会工人俱乐部看过由岳阳一中红旗文工团演出的话剧《年青的一代》。还曾在 211 工厂俱乐部观看过全县文艺会演。当然，看

3517 厂工人俱乐部

得最多的还是篮球赛。那时，每年都要举办全县职工篮球赛，一打就是几个月。

最令我难以忘怀的还是县总工会的工人俱乐部。该俱乐部设金家岭巷原乾明寺旧址上，离我家近，我上学放学都要经过那里。俱乐部如有电影或球赛，就会贴出告示。放学回家后，我提前把作业做完，吃完晚饭便往俱乐部跑。当时，电影是要买票的，球赛则是免票。

我最喜欢看的还是篮球比赛，每看到有队员打出好球时，无不为之击节叫好。当时，岳阳有几支打得较好的球队，如商业、铁路、211 厂等。后来，华北铁路局某处迁来岳阳，他们球队的队员都是北方大汉，身材高大，成为球场上的一支生力军，历届联赛的冠军就在这几支队中多次易手。而那些球打得好的队员，如商业队 11 号王平、铁路队 7 号陈友才，受到广大球迷与观众的称赞，更是我们这些篮球少年心中的明星。受他们影响，我也迷上了篮球。那时，为了打球，我将攒下的零花钱，托人去广州买了一个胶皮篮球。

电影院

20 世纪 60 年代初，城区建有巴陵、群乐、百香园三所剧院，一所电影院及三所放映电影的俱乐部。尤其是建设电影院，更是广大市民娱乐休闲享受艺术盛宴的殿堂。

1951 年，县里因缺乏大型室内会议场所，乃于原乾明寺西面的县文庙旧址，修建一礼堂，取名岳阳县人民政府大礼堂，可容纳 800 余人。礼堂外则有一足球场大小平地，用作大型群众集会。1953 年 3 月 5 日，革命导师斯大林逝世后，岳阳各界就在此举行隆重的追悼大会。后因县电影放映队缺乏放映场所，县政府便将礼堂作为专门的放映场，改名为建设电影院。"文化大革命"时又改名为东方红电影院。平时放电影，需要时用作会场。

70 年代后期，因其大门改对天岳山街，遂更名为天岳山电影院，但至今 70 岁以上的老人们仍习惯称其为大礼堂。相较而言，在一切艺术中，电影是最形象直观的艺术。工余饭后能看一场电影，真是莫大的享受。而且电影票不贵，首轮片一角五分，二轮片一角，三轮片五分，学生票三分。正因为如此，看电影的人远多于看戏剧的人，尤其是青少年更是喜欢观看。

放映的影片既有国产片，也有外国片，如社会主义兄弟国家的影片，以苏联影片较多，也有美、英、法、印及其他国家的影片。类别则有故事片、戏曲片、歌剧片、纪录片等。总之，反映古今中外的都有，当然还是以反映工农兵生活及革命斗争主旋律的影片为主。一般下午放映一场，晚上放映两场。每逢节假日，则增加放映场次。尤其是春节期间，从初一至初十，自上午 8 时至晚上 12 时，每天放映七场，场场爆满。整个广场上，看电影的、游玩的、摆摊的，熙熙攘攘，人流不息。有时，外地来的马戏与杂技团也在此搭篷演出，更

1953 年，岳阳县民兵代表大会在县政府大礼堂举行

增添了节日的喜庆气氛。

那时我最喜欢看反映革命战争题材的影片，电影《上甘岭》看了七次，《铁道游击队》看了四次。特别是电影《上甘岭》《洪湖赤卫队》《红珊瑚》等，插曲优美、抒情且健康向上，影片播映后，立即传遍大江南北，深受广大人民群众喜爱，至今这些歌曲仍激励鼓舞着我。

邓建龙，1949 年生。岳阳市岳阳楼区政协原文史委员会主任。

我来岳阳的第一天

◎ 毛世佳

1964年国务院决定将岳阳从湘潭专区划出来，单独成立岳阳专区。同时从湘潭抽调了部分人员来到岳阳，我父亲便是其中一员。8月底我跟随父亲一同来到位于竹荫街的盐业公司。

当时我才10岁多。小朋友自然熟，到岳阳的第一天便与同院子的孩子们混熟了。大家玩得正开心，忽然有王科明跑来说："街河口有一条大鱼，好大好大。"边说边张开手臂比画着。

初来乍到的我不知道街河口在何方，更没见过他说的那种大鱼。好奇的我邀他们同去见识见识。

出大门就是竹荫街，当时是岳阳的城市中心，邮电

1931年修建的竹荫街盐仓库

1969 年在竹荫街盐仓院内合影

局、岳阳饭店、百货大楼、南货商场都坐落在这里。

8 月的阳光照得人汗流浃背，我们几个一般大小的男孩全然不顾，兴高采烈在熙熙攘攘的人群中边说边蹦蹦跳跳。马路上装载着各种货物的板车川流不息，偶尔有一两台汽车驰过。

很快就到了洞庭湖边，湖水在阳光照耀下波光粼粼。正值汛期，湖水到了街河口的坡边。对于我这个只见过湘江的小伢子来说，一望无边的洞庭湖是那么的宽广神奇。

一条大船快速从湖面经过，似箭般划过湖面激起层层水波，停泊在岸边的小船随着水波轻轻起伏。水波轻轻地拍打着湖岸，发出有节奏的声响。

一叶小舟在湖中慢慢经过，一位中年大叔立在船中央，一手一桨，身子微微前倾，随着手臂不停地前后运动，小船逆流而上。

另一位汉子手中握着渔网，目光盯着水面，忽然他轻轻地转动了身体，抬起手臂向空中一挥，渔网从他手中飞出，在空中张开成一张大网，落入水中。小船在他撒网时轻轻地晃了晃，很快就平稳下来。等待了一二分钟，他开始轻轻收动网绳，渔网慢慢地露出水面，网中的鱼在网内乱窜，搅起朵朵浪花。只见他双手用力迅速提起渔网快速放入船舱。

"快看！"

张黑皮拉了拉我，顺着他手指的方向，我们看到不远处树荫下围着很多人，跑近后从人群中钻了进去，只见两条长板凳上放着一块大门板，一条近三米长的大鱼躺在上面，头尾都露出门板，圆圆的鱼身足有一米的直径，两个灯泡似的眼睛镶在鱼头上。

四周站满了人，对着大鱼指指点点，不时有人发出啧啧声，谈笑声此起彼伏。孩子们在人群中钻来钻去，从鱼头看到鱼尾，好不热闹。

从人们的谈说中得知，这条大鱼似乎是在长江中被一条小渔船下锚时击中，几经挣扎也没能摆脱尖锐的大铁锚，小船被鱼拖着时急时缓，忽左忽右，经过一夜的拖曳，来到岳阳后大鱼终于筋疲力尽被拉上岸来。

"我们去扔石头吧，看谁扔得远。"不知谁说了一句。

"好啊，谁怕谁啊。"大家边说边跑到湖边。纷纷扔起了小石头，你扔一个我扔一个，口中振振有词，谁也不服谁。

我拾起一块瓦片顺着水面扔出，只见瓦片在水面漂了四五次才沉下水去。小伙伴们见状又都玩起了打水漂。

我们高兴地玩得忘记了时间，不知不觉太阳渐渐变成了红色，把湖对岸的天空映得通红。一条长长的云似彩带悬挂在空中，不久在它的一端渐渐形成一个好似龙头的形状，就好像一条巨龙悬在天空。还有几朵云也不时变幻着各种形态，美不胜收。不一会太阳一下就落入湖水中不见了踪影。

这时我们才想起了回家。街河口本就不宽的马路两旁已被人们架起各种竹板，摆上竹铺，仅留下窄窄的通道。有人在向马路上泼冷水，更有爷爷奶奶手持蒲扇摇晃着，或坐或立在自家的竹铺前。我们在窄窄的过道中穿行，还不时故意用力踏着积水，击得水花四溅，引得老爷爷、老奶奶的阵阵笑骂，并扬起手中的蒲扇轻轻地拍打在小顽童的背上。小伙伴们一边做着怪脸，一边嬉笑着朝家跑去。

直到今天我再也没见过，也没听说这样大的不知名的大鱼在洞庭湖出现过。

这就是我来岳阳的第一天，难忘的一天。

毛世佳，1953 年生。岳阳洞庭苎麻纺织厂退休职工。

我在茶巷子的童年时光

◎ 唐岳平

在茶巷子爹爹家的童年时光，除了玩就是玩，没有一般女童的文静乖巧，好奇尚异，一个人都能玩得风生水起，不亦乐乎。茶巷子里的每一个犄角旮旯都是我的乐园。

喜欢香云纱，喜欢红木家具，喜欢厨艺，喜欢田园风光，喜欢古旧风物等等，都源于 20 世纪六七十年代在茶巷子的童年印迹。

胡爹起先做鱼生意，后在五里牌供销社工作。我笔下的胡爹、爹爹，其实是我的外公外婆，这是老城里细伢崽对祖辈的喊法。

我是爹爹带大的，记忆中的爹爹永远穿得干干净净、精精致致，头发绾在脑后也是一丝不苟，年轻时的姣好犹存。夏天，她总是穿着玄色香云纱的老式斜襟衫，香云纱阔腿裤下一双缠放脚，识文断字，贤良淑德，养育有四男三女，四代同堂。

爹爹的香云纱与精致萌芽了我一生对风物美好的痴心与痴情。最好奇的是爹爹的香云纱，轻薄通透，细软爽滑，乌润油亮，不用肥皂皂角洗，不用揉搓就干净了，走路时会"沙沙"作响。曾问过爹爹这衣服上是刷了什么东西？老逗我说是刷了油漆。有次，趁爹爹去汴河园塘里洗衣服之际，偷偷去翻她的红木大立橱与樟木箱，闻着樟木箱子散发的古朴幽香，找到了爹爹的香云纱，那衣与皮肤接触一刹那间，冰冰凉凉，爽呆了，听到了"沙沙"声，往衣服上试了一捧水，也浸不湿，一抹就干了，奇妙无以言表，美好深入骨髓。

胡爹姓宋，宋家家境谈不上富裕，却也还殷实。听母亲说：爹爹生了九胎，两胎夭折了，我姐姐只比小姨妈差几岁。爹爹养育完儿女接着就又开始带孙儿了，茶巷子老宅就是一个托儿所，我父母工作非常忙，父亲是孤儿，所以，我是全托。爹爹既是中国传统典型平凡的家庭妇女，更是一个默默奉献的伟大母亲与爹爹。记忆中爹爹温和少言，从未高声说过话，内心强大，不怒自威，让这样一个大家庭非常和睦，从未发生过鸡飞狗跳之事。

宋家老宅位于茶巷子中段的北面。在麻石板老街和青砖老屋中，宋家大堂屋高大宽敞，迎门的大隔板上的壁画，总是随着时代的变化而变化，记忆最深的是有大红太阳、向日葵的那幅彩画。

三间大内室上面是连通的阁楼，由几个大圆木柱承重，木板材质好且厚实，沿大堂边没加围栏与扶手，如果隔一下是完全可住人的。爹爹不准小孩子们上去。

有次，我克制不住好奇爬上阁楼，上面放有好多粗粗的圆木头。后来，从大人们的聊天中，知道了是从渭洞乡下买来为几个舅舅结婚打家具准备的。当看到两个黑森森的大棺材时，我吓得魂飞魄散，屁滚尿流，再也不敢上去了。

在大堂后的厢房里，我眼见着三个舅舅一个个在这房里热热闹闹地结了婚又一个个搬走了，这屋几乎一直就闲置着。

两间厢房各有后门通后院，后院高台下又一大块平地过去，就是汴河园几家菜农的屋场了。

后院里种有枣树和湖滨梨子树，每年打枣子时是又开心又兴奋又害怕，枣树上有种叫刺蛾的绿色虫子蜇人，被蜇了好久才能消肿消痛，树大果实多，大大小小的家人与隔壁左右街坊都能尝到鲜。

老宅隔着麻石板的街对面，是杨娭毑家，只有一个独姑娘，梳着两条长长

茶巷子

的辫子，夏天喜欢穿一条在老街很打眼的布拉吉连衣裙，小巧玲珑，模样还行，与我的两个舅舅年龄相仿。

杨娭毑家东边是周娭毑家。杨家西边是一个杂院，住有几户人家。杂院旁就是巴陵戏园子，戏园子旁边就是陶家花园。

街坊们的家门几乎整天大敞四开的，对面这几户人家隔街相望，我家大堂屋就是饭堂，坐在自家饭桌上往外看，对街每天不同的吃饭人尽收眼底。

爹爹老宅西边是一小门小户人家，门总是关着，里面难听到什么动静，偶尔进去探究了几次，暗暗的两间长屋子，里面陈设好简单，有个好老的娭毑，不好玩。

爹爹家事烦琐，难得与街坊们交集串门，也从不像一般家庭妇女一样茶余饭后说三道四。不到垂髫的我，只晓得爹爹与隔壁孤苦的街坊四爹爹很要好，善良的爹爹很是关照四爹爹。

四爹爹与爹爹性情模样上有很多相似之处，只是比爹爹发髻上多了一支银簪。四爹爹小巧静好，肤白裹足，弓鞋一步三摇，弱柳扶风，像扭秧歌般。有一个难得见到的叫黑子的养子。

四爹爹见人总是敛手屏足，与我爹爹要好也不敢张扬。有次她趁我在后院枣树梨树下与小伢子玩耍时，在围墙外轻轻唤我，递上一碗五香兰花豆要我给爹爹。

小小的我，对四爹爹的"三寸金莲"颇感神秘，看着四爹爹一点点地弄掉脚上层层的裹脚布，露出畸形的、脚跟和脚底结了厚厚老茧的双脚。这时，四爹爹总是不好意思地轻声斥我："丑，脏。平平，你有啥好稀罕的？""小脚一

老街旧景

双，泪水一缸"是对缠足痛苦的最好表述。可悲的旧时女子身体深受裹脚陋习的残害，我幼小的心里生生替四爹爹难受。

玩得最多的是东边的街坊，有一间大堂屋前后8间房。这家堂屋右边的房子最大，住着方娭毑与家人，到现在我都记得她的模样与穿着。她不同一般普通市井老人，穿着讲究精致，面料是绸缎、香云纱、阴丹士林、塔夫绸之类的细布料，手腕上有玉镯子，大耳垂上有金耳环，虽然是绾着那种老人的巴巴头，刘海却是烫卷过的，皮肤细腻白净，安静少语，雍容富贵的样子。

方娭毑家临街堂屋厢房门从未见开过，进出从后院与堂屋中间的房里进去，难得见到其他家人。方娭毑在时我不敢进去，趁和气的小叔叔在时，偷偷进去瞄了几次大房：静静的，光线暗暗的，临街的两间厢房与堂屋其他房子不同，是光亮的黑砖铺地。一房老式红木家具，有一雕了龙凤戏珠等喜庆吉祥图案且带长踏板的大床。一套高背椅与茶几，还有一些瓷花瓶、鸡毛掸子、梳妆台之类的东西，干净整洁，古香古色，屋子有种神秘气息，没有烟火气。

小时候玩得最多的地方是戏园子与后面毗邻的汴河园。戏园里有一个通竹荫街的盐仓防空洞，有其他小孩玩时才敢进去玩。更多的是在戏园子里捡糖纸，曾积攒了几本漂亮糖纸呢！偶尔晚上，趁看门人不留神之际溜进去玩看热闹。

汴河园也是我童年的乐园。那里茂盛鲜嫩的蔬菜把土地遮得严严实实，大白菜绿油油，西红柿打着嘟噜，辣椒红得像火，黄瓜绿得要滴下来。有一天我在那遇到了一个小伙伴，她是附近菜农的女儿素文。后来我经常去找她玩，帮她剁猪食，猪食是从素文家屋前水塘里捞来的碧绿碧绿的水葫芦。素文带我去菜园里四处玩，看菜农播种、浇水、除草和搭架，最喜欢那里一架幽蓝幽蓝、鲜丽娇媚的喇叭花。

夏天的晚上，下午五六点，爹爹就开始在门口泼水降温，摆上两张睡得红红的老竹床，整个巷子的人几乎都在外乘凉聊天。那时的茶巷子可真是热闹极了，来看戏人的叫喊声，门口的叫卖声，巴陵戏的闹台锣鼓声，直至戏完客散。

大部分乘凉人也陆续回屋了，我也睡眼蒙眬地被喊进屋里，躺到有爹爹蒲扇、艾蒿、蚊烟香的大床上。

在茶巷子卖水屋西边还有一条巷子，进去几步中间有一长溜小门小户人家，把大巷分成了东西两小巷，院巷相通，从东巷子里七弯八拐，可以拐到下观音阁。有次我在这条巷子里迷了路急得哭。前不久我去街河口玩，又到茶巷子看了看，50多年了，这巷子还在，还有人住呢！

童年时有关茶巷子的记忆不胜枚举：蓑衣萝卜、米豆腐、南正街的包面、黑橄榄、红生姜、周家的米发糕，旭日照相馆临街大橱窗里我豆蔻年华的上彩大照片，观音阁聋哑作坊里的漂亮哑巴等等。

历史车轮滚滚向前，时代变迁，古城渐行渐远。

唐岳平，女，20世纪60年代生。喜欢读书写字。

第一次进岳阳城

◎ 余三定

第一次进岳阳城，是 1974 年 12 月 16 日。

1973 年 1 月我在岳阳县月田区中学高中毕业，从当年上学期开始就在当时的月田区月田公社月田大队中洲学校教小学五年级数学。据我的日记记载，1974 年 12 月 16 日，星期一，天气：雨。"接公社教育组通知，我和本公社另外 4 位同志参加岳阳县小学教育革命经验交流会。今天上午 10 点搭班车，中午 1 点到达岳阳县城。此后在岳阳县城自由活动，到各处转悠、观赏。"

"我是第一次进岳阳县城，可谓是个地地道道的乡巴佬。对县城的一切我都感到陌生、新鲜。"

第二天（1974 年 12 月 17 日，星期二，天气是阴雨）的日记写道："今天，县小学教育革命经验交流会在黄沙街开幕。很不走运，由于昨晚我在城陵矶造纸厂姐夫那里住，今早从那里乘公交车赶到岳阳时误了点，没有赶上去黄沙街的火车（迟到 10 分钟），没有办法，很苦恼，只能在岳阳等了。"

"下午到岳阳楼游玩了很久，收获很多，感触不少，其中最深的一点是，我看到了，我国劳动人民历来就是勤劳、勇敢、聪明的。为这一点我感到非常自豪。"

接下去，12 月 18 日的日记，写了县小学教育革命经验交流会在渭洞区饶村

翰林街

公社向阳小学举行，12 月 19 日至 12 月 22 日在月田区的花苗公社举行，12 月 23 日离会。

在此需要说明的是，我日记里所说的岳阳县城就是今天的岳阳市中心城区。

对 1974 年 12 月 16 日和 12 月 17 日我这两天的日记略作分析，可以看出以下几点：一是我 12 月 16 日的日记中明确地写了"我是第一次进岳阳县城"，我查阅此前的日记，没有关于进岳阳县城的记录，说明这一点是很准确的。二是我写日记习惯于记录所经历事情的大概，一点也不生动，没有细节和场面的具体描写，所以没有记录当时岳阳城的具体状况和鲜活场景。三是记录了我第一次进城对岳阳县城的印象和感受："对县城的一切我都感到陌生、新鲜。"这种印象和感受虽然很真切，但颇为粗略。

12 月 17 日的日记记录我对岳阳楼的第一印象是："收获很多，感触不少，

老街景象

其中最深的一点是，我看到了，我国劳动人民历来就是勤劳、勇敢、聪明的。为这一点我感到非常自豪。"

这里的记录除了仍然比较粗略外，并没有从审美的角度去欣赏岳阳楼，而是偏重于从思想意义的角度去看待岳阳楼，这可能是我们那一代人当时的人格特点，因而留下了这种历史的印记。

除了日记的记录外，我第一次进岳阳城还有几件事至今印象深刻。

其一是，我们到达东茅岭汽车站（在现在的巴陵大桥与铁路交叉的东北方向）后，发现这个汽车站非常简陋，甚至可以说是破旧，地面坑坑洼洼，房子是非常陈旧的红砖房，出大门时发现两扇大门中有一扇是烂的。

其二是，12 月 16 日下午我去逛了当时叫解放路（现在叫竹荫街）的新华书店，那时的书店不是开架售书，我们只能站在柜台外隔着玻璃观察，看到了感兴趣的就要服务员拿给你。拿到书后你再翻阅，翻阅后如果想要就付钱买下，如果不想要就退给服务员。我当时要服务员先后拿了四五本书翻阅，最后买了其中两本有关西方哲学方面的书。感觉服务员的态度很好，拿书时一点也不怕麻烦，你翻阅后把不想要的书退还给他时，他也没有一点不高兴。

其三是，到了当时的巴陵面馆（位置大概在现在的鱼巷子牌坊对面）参观。整个巴陵面馆就是一个厅，三面都装了玻璃，坐在里面吃面的人被看得清清楚楚。因为听说巴陵面馆的面条很贵，我们不敢进去，就只能围着巴陵面馆的三面走了一轮，并在门口看了一会就离开了。

其四是，发现一个在乡下没有见过的有趣现象。在乡下时，自行车遇到人时隔好远就响铃子，于是步行者赶快让到路边让自行车过去。而在岳阳城里，我们见到自行车很少响铃子，遇到人时自行车就绕过人走。于是我回到家里时就给人说：在乡下是人让自行车，在岳阳城里是自行车让人。

余三定，1956 年生。湖南省文艺评论家协会名誉主席，岳阳市文联主席，湖南理工学院原院长。

难忘奇家岭

◎ 梅　实

　　我与奇家岭第一次见面是在 40 多年前。那是 1975 年 9 月 25 日，我从家乡挑起被窝行李，到当时的湖南师范学院岳阳分院报到。我所学的中文专业那时叫政文班，意为先学政治，后学中文，政文合一。

　　学校是 1970 年才开始划地兴建的。我这里用了一个"划"字，这是非常准确的，那时候建设需要用地，都是由当头头的用手一比画就定了。不像现在，哪怕是一寸土地也得花钱去征。学校老师一部分来自乾明寺那里的老岳阳师范，而老岳阳师范则改为了岳阳市三中。另一部分来自各县，选拔的都是骨干教师，还有一部分则是一些名牌大学毕业的高才生。

　　实话说，学校的师资力量很强。以我们班为例，给我们授课的老师，没有一个不是身怀绝技。离开母校几十年了，写到这里的时候，他们一个个都在我的脑海里浮现——

　　杨成恺老师。他是我们的科主任（当时还不叫系），他老人家是从老岳阳师范过来的，教过我们的文选课，为人敦厚，作风严谨，说话办事一丝不苟，很受我们敬重。但他的身体状况总是很差，药罐不离身。我们毕业不久，他带我们的师弟师妹们去毛田实习，不幸被手扶拖拉机从身上碾过，轧断七根肋骨。令人惊奇的是，几十年过去，当年学校老师中一些比他年龄小许多、身体棒许多的早去见马克思了，而他老人家却还一如既往地活着，我们曾笑他属于那种瘪嘴歪歪、千年不坏的一类。几年前在外面吃饭，偶遇杨老师的公子，才知老人家早些年过世了，活到了80多岁。

李元洛老师。我们刚进学校不久，就听说了他的大名。能成为他的学生，真是三生有幸。他不仅学识渊博，口才极佳，还能写一手非常漂亮的粉笔字。有时候，面对学生讲课，反手在黑板上书写，写得也非常漂亮，堪称一绝。元洛先生的品格更是让他的弟子们钦佩不已。他对我们每一个学生都非常真诚，也非常尊重。每次上课前，他都认认真真备课。他教的是文艺理论，那时候，正是"文化大革命"后期，教材很不规范，元洛先生自编教材，洋洋洒洒，深入浅出，让我们一个个十分享受。元洛先生是位大家，在我国，文学评论尤其是诗歌评论，有北谢南李之说。北谢指北大教授谢冕，南李自然就是元洛先生了。尽管先生的名气很大，但他特别平易近人，一点架子也没有。

杨子晴老师。上海人，毕业于华东师范学院，又黑又瘦，高度近视，我们的现代汉语老师。他讲的是一口上海口音很重的普通话，但他的课真是教得棒极了。为了说明现代汉语的重要，他说有专家从杨沫的《青春之歌》里找出了200多处语法错误。他还有一条优点就是没有一点架子，上课下课都与我们谈得来，我们在教室里喊他杨老师，出了教室就称子晴哥了。直到我们毕业，我们都没有见他恼怒过。子晴哥后来回了上海，再后来听说他去世了。

吴杰梅老师。与杨子晴老师是老乡，也是毕业于同一所大学，教我们写作。吴老师比我们大不了多少，教我们的时候，还没找男朋友。我们每两个星期就要写一篇作文，我是班长，又是班里的党支部书记，除了每堂课要喊起立、坐下，每次的作文都由我送到她住的房间里去。这样我发现她的房间还住了一位漂亮的女孩，听说她是外语系的老师。三年后，这位外语系的老师做了我的妻子。后来我才知道，我们真正的媒人就是吴杰梅老师。她曾多次对我妻子说，你要找对象，就要找他这样的男孩子。那时候，我还完全蒙在鼓里。

作者在"三嘴策岳阳"活动现场

教过我们作品赏析课的还有一位女老师，叫王宗平，长得又白又胖，一副雍容华贵、慈眉善目的样子。王老师讲课有个特点，那就是声情并茂，非常生动。记得我们的课文里有篇文章，题目叫《一块银圆》，属回忆阶级苦，痛诉民族恨之类。她在给我们上课的时候，带头诵读这篇文章，一边读，一边哭，同学们也一个个跟着哭。后来这事传到校领导那里，有一天，就集中了全校1000多名师生听她朗诵，一时间，礼堂台上台下哭声一片。

杨烈瀚老师。教我们政治经济学，先教资本主义部分，后教社会主义部分。对于这门课，我一点兴趣也没有。但我听课也认真，我这认真一半是对杨老师的尊重，一半是因为自己是一班之长，听课不能不认真。

当时的校革委副主任文家驹老先生也亲自给我们上过一段时间的古典文学课，说具体点是给我们讲《水浒传》和《红楼梦》等文学名著。文老是岳阳著名的教育家、学者，他在"文化大革命"前是岳阳师范的校长。我大姐1966年毕业于岳阳师范，说起文校长，总是一脸的敬仰。文老的确是位让莘莘学子深深爱戴与敬仰的学者。他给我们上课也挺有意思的，老人家坐在讲台上，什么资料也不带，一堂课下来，也不在黑板上留下任何痕迹，半睁着眼，声音不高也不太低，语调不急也不太慢，一个人就在那儿开讲。你向他提问，无论多么刁钻古怪，只要书本里写到过的，他都能对答如流，尤其是《红楼梦》里的诗词，有的他真能达到倒背如流的程度。

我们在校读书的时候，正值学校初创阶段，学习和生活条件之艰苦，现在的年青一代是想也想不到的。那时，我们的教室在现在的体育学院那里，后来拆了，建了礼堂，而我们吃饭的食堂则在现在办公楼这边。到了吃饭的时候，我们拿了碗和筷子，从教室到食堂一路小跑，最快也要七八分钟，女同学则往往要走十分钟以上。每人每月15块钱的生活费，8个人一桌，两菜一汤，早餐吃稀饭馒头，那稀饭的那个稀，可真让人啼笑皆非。有位曾在三年困难时期就读于湖南师范学院的老师说，那时湖南师范学院的稀饭是稀出了名的，以至有人作出顺口溜曰：走进食堂门，稀饭一大盆。盆里看见底，底上照见人。这位老师拿学校的稀饭与当年湖师大的稀饭做了一番比较，得出的结论是，那人影子比当年还要清晰得多。不怕您见笑，我们那时候就盼星期天到来，星期天一来，那些家里条件稍好一点的同学就会上街，而他们一上街，中午的饭菜我们分吃了，就可以饱餐一顿。

一日三餐的伙食那么差，我总是觉得肚子里会伸出一只手来要抓东西吃，有时晚上躺在床上，饥饿的感觉挥之不去，久久不能入眠。这时候，就盼大姐给我寄钱来。大姐和姐夫在甘肃嘉峪关工作，他们的工资都不高，但大姐对我很关心，我们兄弟姐妹六个，我在家里排行第四，在我印象中，大我10岁的大姐一直对我最好。我小的时候，用现在的科学解释一定是缺钙，快3岁了还不会走路，人家都说我是个瘫疤哩，大姐每天上学，就将我扛在她的肩上，我们那里叫打马股肩，她在学校上课，我就在地下爬着玩，她放学了，又一马股肩将我扛回家。

如今差不多半个世纪过去了，我还能清晰地记得骑在大姐肩上扯着她的头发颤悠颤悠地走路的情景。后来我长大了，也学会走路了，当然也不要大姐打马股肩了，可是我读书需要钱，我读书的钱大都是由大姐资助的。大姐寄了钱来，我会去奇家岭小商店，那是当时学校附近唯一的一家小铺面，里面有个唯一的营业员，是位中年妇女，服务态度蛮不错的，我在她那里打上二两烧酒，7

1999 年秋，作者（左）与李元洛先生在洞庭湖畔合影

角 5 分钱一斤的茴丝酒，然后称 3 两小花片，小花片又叫猪耳朵，灰面油炸的，咬起来嘣嘣响，我特别爱吃，晚上下自习后，肚子饿了，正好美美地享受一顿。

学校条件虽然艰苦，可那时的人就是那么单纯、那么知足。我们所接触的学校领导和老师，从没有听到过他们的牢骚与不满。一方面，他们无论在教室上课还是带领我们在野外劳作，总是与我们有说有笑，打得火热，像杨子晴老师，还常常与葛怀宇、梁必伟等人称兄道弟，装烟点火。另一方面，老师对学生的要求也是十分严格的，尤其在男女之间的交往方面，学校有铁的纪律，那就是，在校读书期间，不准谈恋爱，一旦发现谁敢越雷池半步，则严惩不贷。

我们在校期间，学校就曾开除过一位女同学。那位女同学学的不是和我们一个专业，校方曾在大会上宣布，说她与某某单位一名职工乱谈恋爱，为正校风，决定开除她的学籍。那时，我们私下里议论，就觉得这位女生太可惜了，好不容易进了大学门，现在居然又要回去，真不合算。同情归同情，我们谁也不敢站出来为这位女同学说话。学校对此大开杀戒的结果是，我们在这一方面更加小心翼翼，男女同学之间都不敢单独说话走路，生怕引起别人误会。

不怕您见笑，我那时虽然是 20 多岁的大男人一个，虽然也常有接近漂亮女孩的冲动，可在这方面真是懵懂得一塌糊涂。我在进大学前，曾在临湘文白公社雅团大队梨树生产队办点，到了春插农忙季节，生产队里召开全体社员大会，我在会上郑重宣布，从明天开始，无论男女老少劳力，都要出工，任何人不得请假。生产队长庆国叔插话说，小梅，是这样的，女同志有特殊情况的还是可以请假休息。我说，如今到了水煮鱼跳的时候，哪里还有那么多特殊情况？要特殊，以后再特殊去，我的话一说完，开会的人一阵讪笑，我还不知道哪里出了错。

就在奇家岭读书的时候，我也犯过一次低级错误。一次午饭过后，我和陆中刚、陈三定三人结伴来到我们班女生宿舍楼前，女同学饶云芳、谈清秀等人搬出了小凳子，让我们坐在寝室外边的地坪里说话，地坪里一排排的衣架上晾满了衣服，其中一件类似小孩穿的衣服引起了我的注意，因为那是用多条口罩缝制起来的。我问女同学，你们还有哪位带了小孩来了，看那件细伢子穿的上衣做得多精巧。女同学们没有正面回答我，一个个笑弯了腰。我们三人赶紧撤退，途中，见多识广的陆中刚批评我，你真蠢，那是女同学穿的内衣也不认得。过了好久，我才知道那玩意儿还有一个高雅的名字，叫文胸。

毕业后这么多年，每每想起在奇家岭读书几年的情景，心里总有那么一丝丝淡淡的甜味。在那么艰难的条件下，我们一边寻找机会，尽可能地多读一点书，丰富自己；一边自觉或不自觉地参加学校组织的一些活动，并尽可能在这些活动中寻找乐趣。

当时，学校图书馆的藏书仅有11万册，这些书大多是从原岳阳师范图书馆转过来的，内中还有不少属于数理化方面的书籍和"文化大革命"前的报刊资料，于我们文科学生无用。同学们就想办法找亲戚熟人借，借来一本好书，大家就互相传看传抄。现在我家里还珍藏着两本厚厚的手抄本，一本《唐诗三百首》，一本《成语故事》，就是那时在蜡烛光下抄出来的。

记得还有一回，一个同学不知从哪里借来了一本郭沫若的《百花齐放》，轮到我看的时候，对方逼他还得急，我只看了其中的几首就被他收回了，只好又去读同学的手抄本，不过我当时就觉得这本诗集意境不深而辞藻又过于华丽，只是读读而已。

湖南理工学院图书馆

　　我们毕业后的几十年里，学校已发生了巨大的变化，其中最明显的有两次，一次是 1990 年前后，母校 20 周年校庆，除了新建了教学楼、图书馆和不少宿舍，还特地在马路边建了校门，名曰希望门。另一次自然就是后来了，学校投入资金两个多亿征地 1400 多亩，新建了美丽、气派、现代、实用的南院。有一回，我陪几位作家朋友去中文系听李元洛先生讲课，转了好一阵才找到地方。诗人杨孟芳说，这真像刘姥姥进了大观园。

　　2017 年是我在湖南师范学院岳阳分院毕业 40 周年。再去奇家岭，天翻地覆了。学校改了几次名，现在叫湖南理工学院，简称狐（湖）狸（理）学院。我曾经非常熟悉的奇家岭，如今完全变样了，变得我不敢进去了。一届又一届莘莘学子，从全国各地，带着梦想而来，几年后又满怀希望离开，书写着各自多姿多彩的人生，真为他们高兴啊！

　　梅实，1953 年生。曾任岳阳市委政策研究室副主任，岳阳晚报社总编辑，岳阳市文化局党组书记、局长。中国作家协会会员，一级作家。

关于岳阳城的最初记忆

◎ 蒋正亚

我是所谓"东边乡里"人，关于巴陵城，最初的记忆是 12 岁，1976 年。

机帆船的马达响了，船板一阵战栗，3 岁的妹妹"哇"地哭出她的惊吓。伯伯坐在窄窄的木凳上，紧紧地搂着妹妹："莫哭，江猪崽会上来咬细伢崽的。"妹妹的哭声戛然而止，鼻子一缩一缩，像关了油门的马达。我紧扣着伯伯的手，12 岁的脚板一阵阵发麻。

母亲死了，我们要把妹妹送到河西的堂兄家去寄养。

一个浪打过来，又一个浪打过来，船像山村的汉子，被四个惹发了的妇女抬了手脚在田野里晃荡。12 岁的我胆怯掩不住好奇心，小心翼翼地问我的堂伯连兵："是不是江猪崽在拱船？"伯伯紧锁的眉头露出一丝笑意："船底有刀，江猪崽调不了皮。洞庭湖无风三尺浪，莫怕。"

这片一望无际的黄水，就是洞庭湖吗？我闷头闷脑，装出一副很懂事的样子，依稀记得母亲生前讲过的故事：

一个好吃懒做的人骗他的母亲："姆妈姆妈快看，天上起了鲤鱼斑，洞庭湖的鱼崽只管担。"母亲便杀了鸡给他吃。谁知他吃了鸡却不下湖，又编出理由："姆妈姆妈快看，天上起了鲤鱼鳞，洞庭湖里浸死人。"母亲连忙拽住儿子："去不得，去不得……"

茫茫洞庭

我就这样在只记得母亲的故事而不知世上还有一篇《岳阳楼记》的蒙昧中，踏入了曾经那么遥远的洞庭湖。可是，船的颠簸，像是摇篮的催眠，我竟然睡着了……

一声汽笛惊醒我无梦的睡眠，踩着跳板一闪一闪地下了船，妹妹坐在伯伯的肩头，我亦步亦趋紧紧相随。

记不清是因为买不起车票，还是本来就没有公路，伯伯领着我们走进了湖滩，拨开高高矮矮的芦苇，踩过深深浅浅的泥潭，步行20里，终于见到了我的河西哥哥和嫂嫂。

妹妹吮吸着从未尝过的甘蔗，被湖风吹过的小脸蛋红扑扑的漾着高兴。我坐在矮凳上似懂非懂地听着伯伯和哥嫂的交谈。"又是一个冇娘崽……"嫂嫂呜咽着叹一口气，我的哭声像笼子里放飞的鸟儿窜到了屋顶，堂兄大吼一声："哭，哭么子？我7岁的时候一个人来河西！"这一吼，把我吼成一个洞庭湖的男子汉。

"男子汉"有点言过其实，但穷人的孩子早当家，倒是千真万确。后来我不仅学会了上山挑水，送谷打米，种瓜种豆，而且学会了烧茶做饭，养猪喂鸡，缝补浆洗……关键是，我还要照看两个妹妹。

我和连兵伯是趁天未亮，偷偷摸摸走掉的。我很兴奋，因为兄嫂送了我一个收音机。我不知道，小妹妹醒来以后，发现睡在陌生的床上，不见了伯伯和哥哥，是如何胆怯而伤心地哭闹？

从君山到了岳阳，我被滞留在连兵伯搞副业的地方——岳阳瓷厂。要等到有熟人回乡，才能顺便把我带回。我和连兵伯每餐吃钵子饭，菜是5分钱一份的豆芽。

我终于知道了"搞副业"是什么意思。当时的农业方针是"农林牧副渔，全面发展"，农村有剩余劳动力，便去城里务工，可以争取到比种田更多的收入。蒋家里搞副业的单位，大体有岳阳造纸厂、水泥厂、氮肥厂、瓷厂。他们不懂工艺技术，只能从事辅助性的重体力劳动。有一年，庆三爷的儿子伦爷（辈分高），在纸厂捆扎芦苇，被钢绳挂出一颗眼珠，成为"只子"。工厂派车将他送回，赔偿、补助了几十块钱。

连兵伯他们白天去干活，我就在附近翻垃圾。这城里和乡里比，真有天壤之别，连垃圾堆里都尽是宝贝。宝贝太多，我只能捡拾我用得着的、急需用的、拿得动的，诸如作业本、卷笔刀、鞋带、清凉油盒、弹珠。我还捡到了一个"7"形的铁疙瘩，其实是一小截"角钢"。重是重了一点，但我以为这是在火塘边烤糍粑的绝佳工具，可以垫，可以支，掂量再三，一直没有舍弃。因为乡下烤糍粑用的"罐突"，一般是用泥巴烧制而成，两相对比，土洋自见。

有一回，我还捡到一块厚实的玻璃，透过这块玻璃，可以看到五颜六色的世界，在我最隐秘的内心世界里，我觉得这种彩虹一般的颜色是姆妈的灵魂。后来，这块玻璃莫名其妙地丢失，我才死心塌地地相信，我的姆妈真真切切地死了，永远也回不来了。

搞副业的人睡在一间大屋里，怕有三四十人吧？屋子中间隔了一个篾垫。

20 世纪 90 年代的岳阳城

一边有电灯，一边没电灯。我没事就在两边穿梭。某晚，在没有电灯的这一边，看见有灯光透过篾垫，在大人们的脸上、身上形成一个一个似有若无的时圆时扁的光斑。我试图捉住这些光斑，但怎么也捉不住。

我不知道，一间大屋为什么要隔这些篾垫。但这是我关于电灯的最初记忆。准确地说，在河西哥哥家，我第一次见识了电灯，留下的记忆只是：绳子一拉，电灯就亮；再一拉，电灯就熄。

第三天，我就被熟人领着，从东茅岭汽车站乘车，返回家乡。我带来的收音机以及我迫不及待地要与人分享的河西见闻、岳阳见闻，吸引了屋场里的男女老少，这个没有了姆妈的家里一时热闹起来。

蒋正亚，1964 年生。高级政工师。湖南作家协会会员，湖南文艺评论家协会会员。

一路向东

◎ 刘兆伯

我是妈妈的幺儿，妈是外婆的乖女。妈妈去看外公外婆，带我的时候多。当年从广兴洲去外婆家只能走水路——坐洋船，岳阳是必经之地。因此，我早早地与岳阳结缘。

岳阳是建在山上的城市。这并非第一记忆，只是我对岳阳的第一印象。将儿时的片段拼凑起来：下了船就是上坡，先是好长好长的跳板，铁的；后是好多好多级的台阶，石坎。大家拐着弯往上爬，抬头望，看不见城市，满眼尽是大人的臀部。好容易来到街上，街道也在爬坡。板车上落下的石子和我们作对，我们往上爬，它们向下滚。行人有意无意踢到的石子，我们要小心翼翼避让，既怕它碰伤，又怕不小心踩到。

船到岳阳，每次都是夕阳西下时，街上除了行人就是挑水的居民。自来水排队买，自己挑，是那时岳阳的一抹风景。挑水者非老即幼，晃晃悠悠，把石板街弄得湿漉漉的。妈妈紧紧抓住我的手，也许是怕我摔倒，也许是怕我走丢。她小心翼翼，还时不时警告我：

"走路看路，别望天！"

入夜，妈妈拽着我到了亲戚家，具体地址已记不清了。只记得每次去的亲戚都一样，不是舅舅家，就是舅妈家，只是地方不一样。我还记得的就有好几

河西来的伢崽，由北门渡口走进岳阳城

处，似乎我家的舅舅遍岳阳。吃饭时舅妈说我们是客，住楼上。上楼才知道楼上并不客气，脚下一踩一软，嘎嘎响；屋顶矮矮的，靠窗的地方，大人直不起腰来。第二天离开时，舅妈笑眯眯地摸着我的头说，小河西佬，下次再来玩哟。她怎么说我是河西佬？我不明白，也没问，倒是迫不及待地谈了自己的感受：舅妈的堂屋这么小？妈妈说，在城里，自己的屋这算大的。

　　再小，怎么住人？我心里疑惑，还是没有问。我习惯于自己找答案。

　　一转眼，时光到了1969年年初，我家来了个知青，男女老少都叫他小王。小王知道我妈常去岳阳，便邀请我妈去他家做客。妈妈答应得很爽快，但两次路过岳阳，两次都没去，说是事情有点急。小王爸妈更急，叮嘱小王，下次来，你陪着。次年秋，机会来了，小王向队长告假，陪着我妈一起启程，这次也没少了我这个拖油瓶。到小王家已是掌灯时分，小王妈妈热情得无以复加，边让座边敬茶，嘴里千恩万谢说不停，到头来还搓着双手致歉：听我家老二说，你们家房子大，不像我们，一间屋子住一大家子人。

至此，我才细看，一间房，三张床，留了个空，供开门用。房里无桌亦无椅，宾主一律床上坐。第二天发现饭桌还是一张，只是平时藏在两头沉的书桌下。桌子虽小，倒还精致，不用问，就知道是量身定制的。王妈快言快语，说明天是国庆节，隔壁主人走了，一间房空着，正好借来安顿我们母子。

次日早上，我们起身告辞，王家集体挽留。王妈说，怎么的也得吃顿饭再走，昨晚只吃了一碗面。殊不知，让我妈印象最深的恰恰是那碗面，好久好久不能释怀。那年月，馆子的面只有两种，一种有码子，一种没码子。有码子的叫肉丝面，每份一角八分钱，二两粮；没码子的就是清水煮挂面，九分钱，钱可以少，粮票不能少，广兴洲叫光头面，岳阳叫得文雅些——经济面。头天晚上，小王说路上没吃饱，他妈便不由分说，拉着我们上岳阳饭店，掏出一块钱，对售票员说："三碗三鲜面。"所谓三鲜面，正如我妈一再向邻里描述的一样，码子里有木耳、笋子，还有猪肝，一碗要三角钱。得意之情溢于言表，另一层意思是说，主人客气、大方。队里的其他知青不以为然：他爸是高干，每月工资 80 多块钱。

盛情难却，妈妈答应留下来。小王全家立刻行动起来，爸爸和面，妹妹择菜、剁肉，小王站在旁边听使唤，毕竟只是个不到 18 岁的懵懂男孩。王妈妈陪着妈妈聊天：我和老王也是农村的，随解放军一路南下，从山西到了岳阳，组织让停下来，我们才结婚生子。两儿一女，比你少一个崽。老王是一局之长，工资高点，要接济老家的亲戚，他家的，我家的，家里并没有多少余钱，也没有什么家产，不能和你们比，那么大的房子。我在楼下的书店上班，为了方便我，老王只好自己多跑路，一家五口住的这间房子还是公家的。偶尔做顿饭，只能在走廊上凑合，平时我们都吃食堂。昨晚过了饭点，家里又没有菜，只好请你们吃面。我们是北方人，不会做菜，中午只能吃饺子。

王妈妈说话像放连珠炮，好像事先拟了提纲，话里话外围绕一个主题展开——消除隔阂，拉近距离。我妈听懂了，说你我都姓李，以后就以姊妹相称。"这话说到了我的心坎上。"王妈妈立马附和道。就这样，我多了个姨妈。

离开姨妈家，我感觉最大的收获不是三鲜面，也不是饺子，而是解开了曾经的疑惑，原来房子再小也有办法住人。从此我知道了，办法总比困难多。

1982 年，我大学毕业后分配到西安工作，原以为岳阳城只是我往返家乡的驿站，没想到，过了四年，我竟然成了岳阳市民。30 多年，原来觉得很漫长，现在体会宛如弹指间。就在这弹指间，我老了，退休了，也可以以岳阳人自居了。年轻时习惯向前看，没兴趣回头看；现在正好相反，更喜欢回顾以往。

我回到岳阳的第一个住所在市三中，一不小心以教师家属身份钻进了文化圈。房子不咋地，但朝向正，坐北朝南。闲来无事，一个人在家里发呆，我才突然弄明白，当年的舅妈为何叫我河西佬。并非儿时的我不辨东西，而是长江欺骗了我。大家都唱"滚滚长江东逝水"，可长江在广兴洲偏偏向南流；门前去岳阳的汽车也向南跑，所以我印象中，岳阳应该在南边。

人啊，遇事不必太较真。就像西安的朋友问及寒舍，我说 30 多平方米。他们说，城小房子大。很明显，其间有惋惜也有羡慕，但我不去细想。反正就是一个筒子间，从前到后，客厅、卧室、厨房依次排开。除卧室小点外，厨房前厅还过得去。一色的杉木家具，装饰板贴面，全是贮木场的真材实料和做工。前厅摆了大立柜、五斗柜、书桌和长沙发后，还能容得下一家人吃饭，比起当年的高干，我的婚房好上了天。虽说不是楼房，但红砖红瓦，遮风挡雨不成问题，只是内饰稍显简单，白纸糊壁，水泥抹地。

一年后，我搬到了比东茅岭更东边的迎宾路——杨树塘居民区。那时的迎宾路，堪称岳阳第一路。吸引我搬家的当然不是环境，而是三室一厅一卫一厨的房子，面积比三中足足翻了一番。房子大了，妈妈也乐意每年跟我们一起住一段时间。隔了没几年，我问妈妈，是不是到小王家走一走？他家现在也迁到了迎宾路，上个坡，斜对面就是。妈妈说，想是想去看看，一来怕劳吵人家；

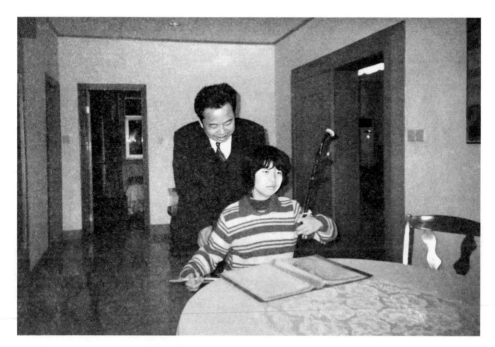

作者住五里牌时教女儿练琴

二来怕影响人家的口粮。口粮，在计划经济年代，在城里确实是个大问题，即便没有客人，定量也不一定够吃。所以小王每次回河西，除了鸡与蛋，只稀罕大米与糍粑。

后来又传来单位腾出空房的消息，虽说旧点，但改造后的面积要多几个平方。经不住这几平方米的诱惑，我继续东迁，到了五里牌。我妈总结说，单位的院子，环境确实好很多。三室两厅一厨两卫，面积130平方米。这是房改后的单位自建房，300多个同事竞争两栋楼，若论资排辈，想在名册上找我，只能倒过来翻。幸好单位抬举，把我当知识分子对待，还为我"量身定制"了一个规矩，高级工程师与局领导一起走绿色通道，不在工龄上与别人论短长。

时间一晃六七年，单位又在王家河边建起了新电园小区。房子错落有致，高低层次分明，钟楼凌空而立，湖水潺潺喷泉，人车分流，桂花飘香，优点道不尽。我拖着广州来的亲戚到里面转了一圈，他啧啧称赞，说广东省委的院子也没有这么气派，一栋房子就一个单元，间距还这么远。入住后，偶尔打的回家，说去新电园，司机一脸茫然，好说歹说才明白，"哦，你要去八字门"。说者无心，听者有意。我打心底里自嘲，闹了半天，原来我由市民变成了八字门村的"村民"。不知是我木讷，还是工作使然，我分管农电多年，成天在县城乡下打转转，完全没有感知城市的变化。直到有一天领导找我谈话，说是上面有规定，年纪大了可以少管闲事，当个协理员。此刻，我这个"歇里员"（协理员）才有空闲，学着孔明站在楼上观风景，发现自己又变回了城里人。往东看，高楼林立望不到边；近处的王家河、珍珠山已建成公园；医院学校商铺已经把我包围。

很可惜，这一切妈妈已不能欣赏了。

刘兆伯，20 世纪 60 年代生。驻岳央企退休。

我的搬家史

◎李 露

从童年到现在，我搬家不少于 10 次。

能记事时，我已住在岳阳楼对面一个名叫向家井的小巷子里。巷子不深，从巷口到巷子尽头有 30 多米，东面与北面有围墙将巷子与 3517 厂和一中分隔开来。我家便在巷子最靠围墙的地方，东面与 3517 厂毗邻，北面与一中交界，分别与围墙相距不到一米。

听妈妈说，我家最早的房子在岳阳楼西门河（湖）坡下，因为涨大水冲垮护坡，房子被淹，于是爸爸和姑父一起选了向家井重新做房，两家连在一起。因砖瓦不够，除了临 3517 厂的侧面与后面是砖瓦，我家前门与临姑父家的那两个面都是木板搭建的。日子久了，门前的木板经风吹日晒，底部便慢慢开始腐朽。后来，家里养了几只鸡，爸妈就在木板缺口下面的地上刨了一个小坑。早上，鸡们从这个坑爬到外面去觅食玩耍，黄昏时候，又从这个坑挤进屋子里休息。门前还有一块长条麻石板，高约 10 厘米，石板与土壤的缝隙中有蚂蚁窝，经常有蚂蚁来来回回走之字形的线路。我有时恶作剧地在那条石板上沥米汤，烫死了不少蚂蚁，还兴致勃勃地和小伙伴一起讨论还有哪些漏网之"蚁"。现在想来，小时候确实顽劣，根本不懂应"扫地勿伤蝼蚁命，爱惜飞蛾纱罩灯"。

临 3517 厂的那面墙上有个小窗子，比一张 A3 的纸大不了多少，上面悬着

1973 年，作者 4 岁时在老屋前留影

一块用废弃木板拼成的窗户板子，平时用一根拇指粗细的长棍子将木板撑起，让房间透点亮光进来，夜晚或刮风下雨的时候就放下来，聊以遮挡一下。其实，窗子离地只有大约两米高，身子灵活一点的人踩着围墙就可以翻进来，根本遮挡不了什么。好在那时人人都穷，因而也鲜有小偷光顾。不过，也曾遇到过比我家更穷的。

记得某个夜半时分，我蒙眬中听得窗子啪啪作响，睁眼一看，妈妈正紧张地搂着我瑟瑟发抖。那时我不过六七岁，可看到妈妈害怕，便大喝一声："哪个！"声音虽然童稚，可在寂静的夜晚中也很有震慑力。只听得"砰"的一声，挂在窗子上的木板重重地打在墙上，然后听到有人跳下围墙，急促远去的脚步声。我看看妈妈，她已经吓得要哭了。那时候，爸爸在乡下工作，哥哥住在外公外婆家，妈妈带着我和妹妹住向家井。妈妈生性胆小，而我从小胆大包天，于是自觉充当了妈妈的守护神。

多少年后，妈妈每每说起这事，就感慨地说："幸好我露露胆子大，不然我真的有蛮怕。"我就哂笑她："这么大个人，还要小娃娃保护。"此时，爸爸就嘿嘿地笑，我知道那是在表扬我的勇敢。

进初中时，妈妈单位分了两间连在一起的办公室给她，爸爸也从乡下调回市里。妹妹从小体弱多病，屡屡住院，所以家里欠了不少债，妈妈把向家井的房子卖掉还债，举家搬进了街河口的单位三层楼的办公楼中。这是一栋水泥砖瓦的房子，很结实，再也不怕风吹日晒，房子墙壁刷得很白，采光也好，最重要的是办公楼每层都有自来水。这下妈妈可高兴了，住向家井时，我们要提着桶子端着盆子走好远到洞庭湖边洗衣服。妈妈常说，如果有自来水，她就天天洗衣服。爸爸笑话她："这下你可以如愿以偿了。"

我家住办公楼的二楼。这一层办公楼住了两家人，分别在楼层的东西两端，瘦瘦的邓伯和胖胖的年婶比我们来得早，选了朝向好的东边，我们则住西头。三楼是办公室，一楼是蔬菜批发部。妈妈特别喜欢这里，因为抬脚就可以上班。邓伯家人口比我们多，有六个孩子，四个男孩两个女孩。厨房在办公楼的走廊里，两家都是用废旧办公桌搭了一个简易灶台做饭。

记得有一次我正在切菜，哥哥跑来逗我，逗来逗去把我惹急了，我提着菜刀就跟着他追，吓得他一溜烟就躲到年婶身后去了。老人家都重男轻女，看到我如此凶神恶煞，年婶也不管谁对谁错，立马就像正义使者一般，一把将哥哥拢在身后，宽大的身躯将哥哥遮得严严实实，并呵斥我说："哪有姑娘家拿刀追着人赶的，这还得了？"哥哥得意地从年婶身后伸出头来，对我做鬼脸。我气急败坏，却又无可奈何。

日子就在这逗逗打打中过去两年。我们搬到街河口的第三年，妈妈单位紧挨着办公楼又建了一栋有天井的住房，我们和年婶家都搬进新房，两家依然都住三楼，依然一个在东一个在西，只是换了方向。年婶和邓伯资格老，分了采光好且房间多的西边，我们虽住了东边，却因紧挨办公楼，四间房子倒有三间阴暗，不过也有个好处，就是可以从我家阳台爬到老办公楼的楼顶上去，无形中拓展了许多空间。

我在办公楼的顶上种了好多花，废旧的脸盆、用烂了的小水缸、捡来的搪瓷钵都做了花盆。花盆廉价，花却灿烂得让人心动。太阳花、茉莉花、水竹、仙人掌，各式各样，姹紫嫣红，那是贫瘠生活中最亮的颜色。有时候，我爬上办公楼顶，坐在上面，看洞庭湖上的太阳东升，夕阳西下；看街河口的人来人往，红尘烟火。在日复一日的喧闹与沉寂中，我们从童年走到了少年。

1987年，作者在观音阁老屋院子留影

高中时，爸爸单位也分了房，于是搬家过去。房子在观音阁的观音井边，我们住在一楼，阳台就在路边，没有装防盗网，随便哪个人都可以爬进来。记得表弟幼时很调皮，常常从阳台翻进来敲门，等我们去开门时，他又跳出去跑到院子里敲后门。在观音阁住了好多年，除了有一年除夕前夜，一竹篙的咸鱼腊肉晾在阳台被偷过一次，除此之外，算是安全。我很怀念那时的人心淳朴，可以夜不闭户。

在这个一楼，我一直住到结婚生子。儿子大约半岁时，我在院子的另一栋房子的三楼有了属于自己的第一套住房，这大概算是首次独立安家了。儿子在观音阁长到3岁多时，单位再次分房，我很幸运分到了离工作单位更近的五里牌宿舍。这是我成家后第一次搬家。在五里牌住了不到一年，爱人从广东调回岳阳，我去广东和他一起将衣物等东西打包运回来，算是第二次搬家。

为方便他的工作，我们第三次搬家到他所在部队的一套不到40平方米的小房子里，磕磕碰碰过了两年多。后来部队为安置干部，在部队院内新建住房，我们又第四次搬家。这套房子是我住过的第一套面积超过100平方米的房子，也是最坚固的房子，一般的钉子根本钉不进墙壁，必须用水泥钉。毕竟是部队建房，质量可靠，据说可以防八级地震。

后来，儿子读初中，学校离我单位比较近，于是在单位小区买了商品房，也更方便自己上下班。当时选了个顶楼，虽然楼层比较高，但好在我们年轻腿脚好，倒是不在乎。并且每间房都通风采光，亮堂得很。我最喜欢这房子的一点，是冬天的时候，阳光可以照进家里来，让寒冷的日子多了温暖。

儿子进高中后，为陪读，我们又在学校旁租房子住，搬来搬去也有两次。一直到儿子去读大学，我们才重新搬回自己的家，总算结束了动荡的搬家生涯。

掐指一算，到我40多岁时，搬家次数竟有十一二次之多，平均四年就搬家一次。

有天闲来无事，我分析了一下自己的搬家史，发现竟然和岳

20世纪80年代，作者（右一）全家福

阳的城市中心的移动方向契合程度很高。从岳阳楼到街河口，从观音阁到五里牌，从花板桥到南湖大道（尽管是陪读房，也住了两年多），我的搬家线路，简直就是岳阳城市发展线路，这让我不免有些骄傲。

记得曾经读到一篇文章，说某人从住进老屋就没搬过家，到了退休时硬是买了一套新房搬过去。明明新买的住房在地段、面积与结构上都不如老屋，连房价都比不得老屋高，可是男主人说，这辈子不搬一次家，总感觉自己没做过一件大事。现在搬家了，人生才算圆满。

这个关于圆满的诠释，我很喜欢。

李露，女，1969年生。喜爱美食、运动和文学写作。

蘑菇亭的青春

◎ 杨　英

为什么我要说蘑菇亭的青春呢？在我印象中，蘑菇亭是和我的青春息息相关的。青春有多美，蘑菇亭就有多美，我的记忆也就有多美！

蘑菇亭

1982年9月，巴陵大桥建成通车。那个时候我还在麻纺厂读初一，学校组织我们去巴陵大桥参加通车仪式。记得那天，我们统一着装（儿时的标配）：穿的是白色衬衫，蓝色裤子，白色网鞋，戴着鲜艳的红领巾，涂着比猴子屁股还红的腮红，点着一颗美人痣，手里拿着彩带，一边走一边跳一边高喊"欢迎，欢迎！"感觉全市的人都聚集在此，欢呼的，看热闹的，摩肩接踵，整个岳阳城都沸腾了。自此岳阳新老城区连成一片。

巴陵大桥和桥头西侧的蘑菇亭公园

1984年，蘑菇亭公园在巴陵大桥西头落成，据说占地面积近20000平方米，造价300万元。

蘑菇亭承载了岳阳几代人的记忆。那个时候的我胆小、怯弱，生活在麻纺厂，平日里难得上个街，父母也不敢轻易让我独自出门。蘑菇亭是什么时候建成的，外面的世界如何精彩，我都没目睹。但巴陵大桥通车，我是参加了游行的，是从麻纺厂一直走到大街上去的。沿路的风景是我来不及欣赏的，但刻在我童年的记忆中，我发誓我要走出麻纺厂，去看看外面的世界。

1985年，我面临着读高中还是读技校的选择。当时的麻纺厂是个铁饭碗，多少人梦寐以求的好单位，技校毕业能顺利分配在本厂是父母帮我订下的目标，而我心心念念想继续升高中进城读书。这样我就可以近距离接触城里的一切，真正走进城里。我想去看看巴陵大桥，看看巴陵大桥下穿过的火车，看看巴陵大桥旁的蘑菇亭，那可是当时岳阳市内唯一的免费公园。

因为眼睛近视的缘故，我在技校体检中无情地被刷下来，在父母的懊恼中我总算进了市三中学习。从麻纺厂坐车到南正街需要八分钱的车票，为了节省开支，我和二姐会选择步行，沿磷肥厂货运铁路一直走到巴陵大桥下，绕道去三中。有时候，我会多绕个圈，路过蘑菇亭。中午时分我也会和同学结伴溜到蘑菇亭，假装看看书。

高三那年，紧张的题海战术，让身心疲惫。我们偷偷逃课，坐在蘑菇亭散散心，让绷紧的神经得到短暂的舒缓。那个时候的蘑菇亭可是年轻人的乐园，是恋人约会的好场所，也是拍照的好地方。

作者（后排中）与闺蜜们的青春留影

蘑菇亭，顾名思义，蘑菇形态的亭子，大胆采用了彩色，这让看惯了黑灰蓝颜色的我们眼前一亮，对色彩的热爱，对蘑菇造型的喜欢，蘑菇亭一下子就成了岳阳市民游玩观光的公园。我常常想起那首儿歌："采蘑菇的小姑娘，背着一个大竹筐。"我们就是那采蘑菇的小姑娘，游戏于蘑菇亭里。

像伞状的一个个大蘑菇错落有致地分散在蘑菇亭公园的正中心，幽静的长廊，绿色笼罩的爬藤植物，一汪清澈的池水，水池里自由自在游弋的观赏鱼，水花四溅的喷泉，宽阔整洁的广场，随意招揽生意的照相师傅，吸引着大家前去打卡。我们许多青春靓丽的照片都是在蘑菇亭留下的。当时，临近毕业，正值彩照盛行，看腻了黑白照的我们为了跟风，常常三五成群相邀来到蘑菇亭合影留念，或是单独照一张当作毕业照赠送，我们班仅有的几位女生在蘑菇亭留下了宝贵的合影。毕业后，我们各奔东西。

我终又回到了麻纺厂，按照父母给我规划设计的路线，成为一名"麻二代"，开始了按部就班的生活。感觉就像梦一般，一切又归于原点。我在麻纺厂认识了新的朋友，并在交往中，确定了恋爱关系。青春萌动的年龄，看什么都是美好，尽管父母千般阻挠，万般反对，我是"不撞南墙不回头"，铁了心将爱情进行到底。

麻纺厂巴掌大的地方，每次约个会都会遇见熟人，父母更是盯梢跟踪，棒打鸳鸯，时不时在我耳边敲警钟念紧箍咒。而且我们走到哪都有"密探"告知行踪。为了甩掉尾线，我和男友像地下工作者一样，与父母周旋，机智地在麻纺厂小区展开了游击战，东躲西藏，让父母失去目标。后来我们干脆转移战线，逃离麻纺厂，直接到蘑菇亭接头。

蘑菇亭的彩色喷泉，蘑菇亭的霓虹夜景，让我暂时忘却了烦恼，陶醉于蘑菇亭的夜色阑珊中。阳光甚好的日子我们也会来到蘑菇亭，站在巴陵大桥上，倚靠栏杆，看一节节火车从桥下呼啸穿过。微风掀开我们的衣襟，撩起我们的头发，吹散我们的情话，悸动的心好像也尾随着列车的远处荡漾着。近在咫尺的蘑菇亭散发着迷人的光晕，让人一时恍如飘在云端。静态的蘑菇亭与急驶的火车，就这样重叠在脑海里。

想起那段与父母抗争的经历，我还是有点后悔，觉得自己对不起父母，有违他们的心愿。毕竟为人父母都是为了子女的未来着想，他们阅历丰富，走过的桥可比我走过的路都长呀，而我一意孤行，不听劝阻。好在后来云开雾散，父母网开一面，默许了我们的恋爱，我们终于结婚了。

花前月下的蘑菇亭见证着我们长达四年的恋爱。蘑菇亭也成了岳阳年轻人爱情的伊甸园，成双成对的恋人在此许下爱情誓言，定下白头偕老的盟约，长长的路慢慢地走。以后的日子里，每次路过蘑菇亭，我都会驻足凝视，默默地祝福有情人终成眷属！

再后来，喷泉被拆去，水池被填平，蘑菇亭变成了老年人娱乐的场所，打牌、跳舞、闲坐、聊天的比比皆是，最吸引人的该是自编自导自演的演唱会吧，有大家喜爱的花鼓戏、黄梅小调、巴陵老戏，看热闹的常常里三层外三层围了个水泄不通。

城市越来越美，花园式公园像雨后春笋遍及岳阳各个地方，蘑菇亭不再是年轻人的天地，那又有什么关系呢？青春是美好的，爱情是甜蜜的，蘑菇亭的记忆是难忘的。在最美的年华，与蘑菇亭结缘，友情、爱情，我都曾拥有过。

杨英，女，20 世纪 60 年代生。写作爱好者。

当然是螺蛳岛啦

◎ 符　烨

　　南湖的东北角，有一座四面环水的小岛，人们习惯称为螺丝岛。现在岛上建有岳阳图书馆和岳阳美术馆，这些都是岳阳城的文化地标。

　　当我写完散文《温情之地》一文后，修改时，突然一怔：到底是螺丝岛还是螺蛳岛？只可能是螺蛳呀。副刊编辑可不能带头写错别字。于是，我将文中所有的"螺丝岛"全部改成"螺蛳岛"。但又有一些模糊的影像裹挟着"螺丝岛"字样在我脑海里闪回、掠过。

　　问度娘，它明确地告诉我是螺丝岛。隐约记得上岛后的桥头立有一块石碑，换上运动鞋，开起"11路车"就往岛上跑。20分钟后，黑色的石碑上三个脸盆大的字"螺丝岛"撞入我眼帘。我仍然不甘心，回家后便在文中丢了个坨——"到底是'螺丝'还是'螺蛳'？"打电话问了几个人，都说不出个所以然……

　　《温情之地》公众号发出来以后，和岳阳几个文化人聚餐，大家一致认为是"螺蛳岛"没商量，但没有谁能够说出个确凿的理由。问对文史和地域文化特别爱好、关注的刘燕林，她是土生土长的岳阳街上妹子，她说她小时候住南正街，那时候螺丝岛属于乡下的角角弯弯，没听说过。她认为：肯定是可以吃的那个"螺蛳"，"螺丝"毫无含义。

　　有一天在单位附近遇到著名作家、岳阳文化名人梅实先生，跟他说起是

螺蛳岛远眺

"螺蛳岛"还是"螺丝岛"一事，梅先生说："螺蛳岛应该是田里那个螺蛳的蛳，而不是那个丝，这是无可争议的。我会向戴剑反映这个事情的。"过了几天，梅实先生在微信上给我留言说，"螺丝岛"三个字是省文联主席、省书协主席鄂福初先生写的，市美术馆的戴剑馆长已经准备郑重其事地请鄂主席重写这三个字，你耐心等待咯，会改过来的。

犹豫了几天，决定就"螺丝岛"还是"螺蛳岛"写篇文章，我不是为了哗众取宠，找存在感，年轻时候就极不喜好这些，15岁读高二时就被班主任兼语文老师界定为"散淡的人"，不会老都老了，用我们益阳俗话说再来个"冷水里头发热气"。我虽然是外乡人，但在岳阳工作生活了30多年，并且仍将继续，岳阳是我的第二故乡。加上我好歹也勉强算个文化人，这也算是些微体现一下我的文化担当吧。

以前，可能谁也料不到，螺丝岛这个岳阳城的边角余料会成为著名的文化地标吧，所以写其名字时有些随意。我在《温情之地》一文中写道："管他呢，名字只是个符号。"

后来，我又好几次跑岛上，渐渐觉得自己的这句话有点轻率。以"符霞客"多年背包旅游的经验以及对旅游业的一些思考，我认为小巧精致、文化浓郁的螺丝岛会越来越"红"，成为为岳阳旅游留住游客的一个重要景点。我相信自己这方面比较"毒"的眼力。2015年和2017年我分别背包游了三河古镇、青岩古镇，这两座古镇当时都在争取晋升为5A景区，游览后我下结论说它们肯定能成，另外三个也想进阶的4A景区我认为十有八九不行，结果它们果然梦想落空。而螺丝岛，我预测其旅游前景一片灿烂。

这些天里，在岛上我就看到了一拨拨操吴侬软语或岭南粤语的游客以及说普通话的大大小小的学子们。这跟"螺蛳"与"螺丝"有什么关系吗？有！这两个词从字面看说不出哪个更好听更有意义，但若从民俗学和堪舆学的文化意味上来说，后者则完全没有文化了，这里就不展开说了，我读书虽杂，但对这两个方面，连"略知一二"都算不上。

可我说了不算，且世上无绝对。我认为极大概率是"蛳"，让我引经据典找依据，真还无处可引。但所有人都认为，这个岛的名字应该是象形而来的。中国很多地名都由此取就，比如象鼻山、舟山岛、坡子街。想来是某一天，有人从此地过身，觉得还没有名字的此岛看上去像个螺蛳，便给它取名"螺蛳岛"。可这只是我的想象，写诗，可以由着我想，我说"天上的云是狗是马，是榴莲是五粮液是葡萄酒"，没有人能奈何我，可写这类文章，打个不很恰当的比喻，就像刑警破案，他们说谁是犯罪嫌疑人得有铁证，决不能"我认为""我感觉"。

这不是我一个人能够完成的作业，得求教、求助。我在微信上给"沛公"留言："沛公您好！有个问题想向您请教。我觉得'螺蛳岛'肯定是这三个字，

螺蛳岛一角

但找不到证据，不知您知道不，或者您那儿有地方志记载有关情况没。"沛公回信说他在外面，晚上回家再帮我查资料。

我还想到了向黄正兵先生求助。黄先生说过他陪刘衍清老师采访时，认识当年"五七渔场"的工作人员，螺丝岛当年不就归渔场管吗？黄先生是《岳阳日报》副刊的热心读者，经常在文后一点评就是上百字，这回他也非常认真、负责，到了当年的老场长郭东初郭爹的家里，80 岁的郭爹说：他一九七几年在螺丝岛上待过几年，当时写的就是两个绞丝加一横的"丝"，我文化低，搞不清楚，当年的副场长欧阳亚醒比较有文化，经常记日记，问问他或许知道。

看了黄先生发来的两段视频后，我电话采访了欧爹，82 岁的欧爹告诉我，一九七几年他们上岛时，螺丝岛四面环水，后来他们肩挑手推修了一条几十米长的堤与岸上连起来了，螺丝岛写的是丝绸的丝。我问欧爹：您认为这个地名是怎么来的？欧爹回答我：应该是说它样子像个螺蛳吧。但螺蛳的蛳写起来麻烦，可能是图"聊别"（岳阳方言，简单的意思）就写成了丝。

第二天，沛公在微信上留言，说他查了康熙、乾隆、光绪《巴陵县志》，都记载"方钝墓在万由桥"，未说具体位置。查民国九年沙陂方氏族谱，上有方钝墓图，上书为"螺形"，应该是地似螺或地生螺之意。既然如此，就不可能是"螺丝"。

"沛公"朱培高先生还分析说，在南津港筑堤前，螺丝岛的水位要低许多，人们眼中的这个岛就是一座山，形状更加像螺蛳，便被称为"螺形山"，同龟山的叫法是一样的。后来"螺形山"演变为更为通俗的"螺蛳山"，随着南湖水位的提高，人们就称"螺蛳岛"了。无论怎样，都不应该是"螺丝岛"。

第二天下午，燕林给我发来了明代方氏族谱上所绘的尚书墓所在的螺形山图。后来，我采访了方氏后人方鸿先生。方先生虽未曾谋面，但我并不陌生，前不久我还在副刊版面编发了他获得一等奖的一首七律。方先生告诉我，刘燕林一声让他论证"螺蛳岛"，他便发动全族的人翻箱倒柜查族谱。方先生说，十多年前，有个族人带着孩子去螺丝岛寻找方尚书墓，看到有石人石马泡在菜地的臭水里，墓堆没有了，应该是"破四旧"的干的。还发现几个石人脑袋、石马脑袋浸在南湖水中，再过几年去看，只看到一个大坑，什么都没有了，那些石头脑袋不知道是被人偷走了还是怎么的。最后，方先生说希望将"丝"字快点改过来。我说，这个就不归我管了。

有意思的是，《岳阳日报》副刊的铁杆读者罗忠良先生、"细水长流"李细田老师还提出了这样的建议：若将"螺丝岛"称作"尚书岛"会更有传承价值。也有道理呀。

几个月没有上岛，今年早春二月的一天下午去散步时，猛然发现，岛上所有的"螺丝"都换成了"螺蛳"，不由得一阵窃喜。至此，这件事有了一个很圆满的结局。

符烨，女，20 世纪 60 年代生。《岳阳日报》副刊部原主任，主任编辑。

我的岳州地图

◎ 张峥嵘

我初中毕业的那一年，在春风公社（现在的麻塘镇）家属院里一心等待高中通知书。突然接到父亲的通知：来了一个国营指标是汩纺，你得去考试。

去岳阳那时我们还叫上岳州，唯一一趟火车，上午9点多。除了抱在手上时记得父亲曾在一条街的供销社上过班，那里有最好吃的面条，再就一无所知了。多年后，知道这条街叫塔前街，那个吃面的地方叫岳阳饭店。从父亲说下这句话开始，我与岳阳结下了不解之缘，并用自己一生的岁月丈量了整个岳州城的东西南北中。

一笔画下一条线

1981年8月，我的脚步踏在岳阳城西。

招工考试在鱼巷子里的一个三楼，现在不记得是岳阳县什么单位了。这次汩纺招工分各县及化工单位总共有700多人。我们岳阳县有78个指标，参加考试有几百人，大多数是应届高中毕业生。

拿起试卷，我头脑一片茫然，这些题目我不认识它，它不认识我。千难万难寻找到彼此熟悉的，我认认真真解答，工工整整写下名字。作文题为：早晨在贸易市场。说良心话，17 岁只到过岳阳街上走马观花过两回，自家的菜都是自家种，根本搞坨不清贸易市场它是一个什么物事。坐在鱼巷子的楼上，窗下就是吆喝着的鱼市场，我用文字描绘眼皮底下那个叫声最响的卖鱼老太太的形象。几百应届高中生考试，我一个刚初中毕业的家伙居然考了第三十名，父亲非常高兴，觉得我争气。我也高兴，觉得没有丢脸，心中对考试时窗下老太太的叫声充满感激。

两个月后，我接到通知，再上岳州城办手续。

办手续比较复杂，那个时候还不需要身份证，我带着公社的介绍信、毕业证和户口本到了岳阳县城。沿着观音阁那个长长的坡上去，感觉到县政府办公楼甚是威严，吓得 1.65 米的身高都矮了几分。

办事人员长得还算索丽（岳阳方言，漂亮的意思），冷着一张刷白的脸，声音不大，冻死人："叫什么名字？"

"张峥嵘。"

"自己写吧"，一张表格丢过来，我研究了半天把表填完，又收到另一张表，体检。岳阳城不大，对于陌生的我，非常辽阔，体检在哪？怎么去？不敢问，索丽女人在接待后面的人。我默默地等待，看那人办完手续，必定也要体检的，亦步亦趋跟着。跟到了县人民医院，抬头一看，居然到了唯一熟悉的地方，每次搭车的火车站就在前面。一下心中底气大增。我进了门卫室，大爷一看是我，亲切地问："你怎么一个人来了，是身体不好吗？"我细细地说："爷爷，是招工体检。"

大爷是四川人，老两口是医院正式工，退休后就留在医院守门卫。妹妹有次住院，因没带够生活用品，母亲去门卫大爷那里借，一来二去就熟悉了。老两口对人特别好，结婚后直到中年未生一儿半女，就把四川乡下的侄子过继过来，顶了他的职进了医院上班。后来，侄子上班后，就没怎么理大爷大娘了。两口子刚开始有些生气，也不恨继子，笑着说："都是命呢。"母亲当即落泪，

作者在洞麻车间留影

后来时常带点乡下特产与干鱼给大爷。陌生人反倒成了亲戚般。我的体检顺利完成，午餐也在门卫的小四方桌上解决了。

半个月后，正式前往汨纺，提前一天到达岳阳集合。我们一群70多个十几岁的年轻人住进岳阳县委招待所。晚上10点，服务员准时过来熄灯，可好多房子里仍是叽叽喳喳。到了晚上11点，我们一个个被摇醒，每人交3元住宿费。第二天早上，岳阳楼到街河口中间一个老码头，一群年轻男女，提着大包小包，沿着麻石坡路走向洞庭湖。每个身影，影影绰绰，雾一阵浓一阵淡，灰灰蓝蓝，浓浓的一团时，伸手什么也摸不着。

我望着湖边浪中一来一去的小木船，有了一种豪迈也有了一种气概，有好奇有忐忑，不得不说有初次离开家的迫切与暗喜，还有痛失读书机会告别教室的深深沮丧。

二笔画下出色彩

再画岳阳城图，是四年后。

1985 年 12 月，我进入岳阳城北。

受亚洲最大的苎麻纺织印染厂的诱惑，像百慕大三角洲的神秘，莫名其妙就吸进去了。调动时父亲劝我再等等，他曾经的下属后财政局的领导承诺，帮我想办法找个好些的事业单位。想想好朋友都已在那里，等，这个字，太无底，遂任性地"争取"去了洞麻。

我左手提着棉被，右手提着桶子，桶里一扒拉的生活用品，走进了洞庭苎麻纺织印染厂。我与汨纺的告别，是新中国年轻人中最早的"断舍离"。锅碗瓢盆全部送人，书与日记全部烧毁，有些无物一身轻，洗净尘埃迈向新纪元的场景。后来，无数次想起我的日记，都是怀念，毕竟那段正在读《春风》杂志社的文学函授班，天天满脑袋天马行空的幻想和不着边际的文字。

次年洞麻召开全厂职工大会，庆祝"五一"国际劳动节，同时热烈庆祝全线进入正式生产。厂长何静怡提出了"信誉第一，用户至上，励精图治，奋勇开拓"的办厂宗旨和"文明、勤奋、求实、效率"的厂风要求。后来《湖南日报》刊登了洞麻投产成功的生产照片，标志着开启了洞庭苎麻纺织印染厂的里程碑。

这刻我见到了偶像级厂长何静怡。她讲话的声音婉转而温和，却是群心激昂，纺城一派朝气蓬勃。生活区的欢歌笑语，生产区的热火朝天，曾经荒无人烟的沼泽地，崛起了一座欣欣向荣的纺城，一个女人的魅力成了神话。

洞麻像一座小城，水电不要钱，医疗免费，住房免费。粮站、商店、邮政局、菜市场、学校应有尽有。尤其是影剧院，上午为上中班的放，下午为上晚班的放，晚上为下早班的放，羡煞了不知多少人。

厂长何静怡让我印象越来越深刻，雅致而冷峻，开万人大会，无语胜千言，不言自威，让人信服。不但让男人信服，还让几千各具风流谁都不服谁的女人信服。带领几千人，将一个贷款自建厂打造成了湖南省最大创外汇企业。我们的口袋也就相对丰盈，我们那段的日子非常有色彩，我画出的每笔都像彩虹。

三笔画出定经纬

这次调回岳阳时，外面的世界竟发生巨大变化。

岳阳县到了荣家湾，岳阳县成了岳阳市，像神经错乱一样好久都没弄清楚哪归哪。政府大院到了炮台山，从东茅岭过炮台山到五里牌这个叫郊区的地方都瞬息繁华起来。10路车从南岳坡直达洞麻，为我见最爱的洞庭湖创造了方便。同时惊奇地发现，南岳坡也发生了翻天覆地的变化。岳阳县委招待所没在那里了，那里成了烟草局。有了一个反弹琵琶的雕塑，有一座面朝洞庭湖豪华的影院，有了一个特别有文艺范的外文书店。

这个时候，我爱上了离北门渡口不远的制药一厂。那里生产一种很多人觉得味道怪怪的而我独爱的龟苓膏。有位同学在那里上班，常常骑单车给我带过来一袋，解我一周的馋。直到现在我也没弄清楚，这是他买的还是厂里可以随便拿。为了答谢他，我将女同事介绍给了他。结婚不久，化工单位子弟大返潮，他的老婆我的女同事回了长炼，我的同学很快又成了单身。这个时候，龟苓膏也停产了。多年后，制药一厂与化肥厂推成了一地碎石，成就了金茂开发的蓝图。

我的脚对岳阳的绘制越来越多，这张地图似乎有了经纬，却永远在变，所有的线无限地重复，无限在延伸。

庙前街、好吃村烧烤的香郁辛辣，烧烤的味道胜过十几岁少年叛逆的火爆。喝几扎岳阳楼啤酒，一路连滚带爬回厂。不久，巴陵大桥挺起来了，拉通了京广铁路东西两边。从乡下来的孩子，站在桥上，惊奇地看火车："哇，快看啊，快看啊，火车来了，好长好长哟。"

作者（右）采访岳阳市公安局老局长张大尧

后来的几年，烧烤吃完就有了更时尚玩法，一路吆喝着去五里牌的东方快车蹦迪。岳阳楼啤酒的泡沫在旋转的灯光中七彩斑斓。青春无虑，生活没烦恼。只是没想到，在汹涌的市场经济大潮涌来时，不久后被挤出局的还有洞麻及洞麻的我。国企改制，洞麻在改制中消失，我在改制中开始画岳阳新的地图。

2007年12月，我已在岳阳之南成了一名新闻工作者。

是月底，多年未遇的大冰灾开始。与冰灾同样不可思议的是，我跨界进入新闻行业，似乎有点天方夜谭。

报社在南湖，我从城市的边缘进入了核心区域。

冰灾的时间有点长，公交车停运后，我每天早上天未明便一步一滑，花近一小时走到火车站，再坐车前往报社。我除了每天在《视界》杂志帮老总写广告稿，再就是写专栏性的大江南北岳阳人，写岳阳草根，写所见所闻到深夜。我们写的我们编，作者投的稿子也是我们编，我管办公室一堆杂事，我管发稿费出纳，紧张而疲劳。非常珍惜，深深地锻炼着我为生活忍辱负重的意志。再忙，写，一直未停，真心感谢那段岁月经历的职场拼搏。

我最爱的事就是与同事欧阳琳每隔一段时间去杨树塘树下吃一锅臭鳜鱼，再到国际大厦对面的友谊市场逛街。有时中午也是一人提瓶啤酒，买几根鸭脖子，钻进金鹗山公园永远阴冷的林荫深处，望着阳光下斑驳的树影，看一位瘦高的老大爷冬天赤膊跑步。这样经常去金鹗山，就认得了孔子书院、文昌阁，于是，它们变成了文字登上了《岳阳日报》。

横空出世的还有我的第一本书《话像》。在报社后面的印务中心，我每天去改稿、看设计、校对，从窗口可以看到我在《岳阳日报》周末特刊的二楼办公桌，还有窗前的谭紫与黄梅两位同事。阳光很好，楼墙浅黄，树影婆娑，第一次说出岁月静好之词。

此时的我，脚步画出的岳阳地图，其足迹已是遍布岳阳城，熟知到自己成了一张地图。报社搬迁了，搬到了城东新城国家级经济技术开发区。

有着2500多年悠久历史的国家历史文化名城岳阳，我只经历了最近40多年的沧桑巨变，这有限的见闻，多么微不足道。但这是它某一个时段，是我一个人的记录，是我用脚与心画出的岳阳地图。这张图，也是我的人生掠影，这是多么重要啊。

张峥嵘，女，20世纪60年代生。曾任《洞庭之声报》《岳阳晚报》记者。湖南省作家协会会员。

下　编

人间有味，灯火可亲

有关月爹的温暖回忆

◎ 刘正南

在岳阳，大凡六七十岁的人，只要提起"月爹"这个名字，没有人不称赞的。月爹真的是一位德高望重、平易近人的好领导。

月爹，即原中共岳阳地委书记、省顾问委员会委员张月桂。他老家在山西五台山，1949 年随军南下留岳阳县。历任区长、区政委、县委组织部部长、县长、县委书记、地委副书记、地委书记等职。

月爹深入基层，联系群众，关心群众疾苦，体贴下属，爱护同志。他的一举一动深受干部群众尊重和爱戴。几十年来一直工作在岳阳，每年防汛抢险，他都在一线坐镇指挥，积累了丰富的抗洪抢险经验。1998 年特大洪水期间，他不顾八十高龄，冒着炎天酷暑与市委领导一道，深入防洪抢险一线，给下面领导提建议，给基层壮胆撑腰。湖区群众说，大水来，月爹到。经验多，措施力。保平安，无一失。

年逾古稀的我，每当想起自己的成长，总是念念不忘敬爱的老首长、慈父般的长者张月桂同志。

1954 年岳阳县遭百年大洪水，张月桂担任岳阳县广兴洲建设大垸三堡子堤防委员会负责人，指挥河西防汛抢险。我那时是共青团员，民办小学教师，积极投入那场战斗。溃垸后与另一同志各驾一只小船，把浸泡在洪水中的灾民一

1949 年秋，党中央决定从晋察鲁豫解放区抽调一批干部随军南下。图为进入岳阳地区的张月桂（右一）等南下干部合影

船船转移到安全区。这些小小举动，赢得了张月桂同志的好评，受到了指挥部的表彰。经过防汛和生产救灾后，我被转为国家教师，不久又调许家牌区里当了文教助理。

　　1954 年大水后，冬季，省委、省政府发布了整治洞庭湖的命令。这年出现历史上罕见的大冰冻，整个洞庭湖已经冻结，河水断流。人们可以从岳阳楼下步行往来于河（湖）东河（湖）西之间。月桂同志时任岳阳县委组织部部长，担任整治东洞庭湖指挥部政委。指挥部设在建设垸新口子——茅司铺。我亦有幸参加了这项伟大工程。

　　月桂同志经常深入工地检查质量，深入工棚了解民工生活，吃得怎样？盖的冷不冷？群众都亲切地叫他月爹。他带的一名质检员叫时胜彪（也是南下干部，第一个手持冲锋枪进入岳阳城关）。时胜彪铁面无私，他一手拿着钢钎，一手拿着喇叭筒。将钢钎插入刚夯过的新土，然后灌水试验。如果水在钎眼里很快渗完，他喇叭一叫，你得赶快返工重来。所以，各工地对质量不敢马虎半点。

冬修结束后，我在黄洞乡金盆初级农业社办社。春插之后，人们产生松懈、自满情绪，想休息一下。在区里碰头会上我汇报了这种思

20 世纪 80 年代初，正在读报的原岳阳地委书记张月桂

想。区扩大会上，区领导在总结时批评了这种松懈情绪，点了金盆社的名。这下恼怒了老社长，老社长当即在会上与我顶撞，弄得我十分尴尬，下不了台。正在这里检查工作的月桂同志看在眼里，放在心上。

等大会一散，月爹同我下到金盆社。当晚，月爹、老社长和我，三人开了一个交心通气会。在月爹的启发下，老社长与我之间的疙瘩很快解开。晚上睡在一床，月爹语重心长地教育我如何注意工作方法，我感到一种父亲疼爱孩子般的温暖。

次日早饭后我送月爹到五六里远的殷家铺子，他一个人又去广兴洲区里。看着他远去的身影，我的眼睛湿润了。

1959 年月爹已是岳阳县县长，住在郭亮街县委机关。这年七八月岳阳遭遇大旱，各地抗旱十分紧张，也出现了许多脱离实际的抗旱措施。为了解真实情况，月爹带着我提着简单的衣物，两人步行，从麻塘出发，经荣家湾、新墙、公田，然后往熊市到篛口。一个星期，走访了近百名基层干部和老农，了解灾情寻找抗旱办法。

每到一处，月爹不知疲倦地工作，午饭后他不休息，去找基层干部座谈，

作者采访中

不时在小本上记着。有时盘着腿坐在床沿或竹铺上，夹着一根香烟，深深地思考着问题。月爹的记性特别好，凡是同他座谈过或工作过的基层干部，第二次见到，一般他都能叫得出姓名。

这次从抗旱前线归来，月爹掌握了一手资料，县委开了一次"充分利用一切提水工具，苦干实干，战胜旱魔夺丰收"的电话会议，制止了那些只搞形式，不讲实效的浮夸作风。

40多年来，我的每个进步，都离不开党的培养教育。值得我称道、敬佩、永世不忘的领导是张月桂老书记。

退休后我与月爹经常往来，特别是逢年过节、他的生日我总要去他家看望二老，为他们照几张照片，留下岁月的痕迹。月爹一生俭朴，他家仍像过去一样，没有一件豪华家具，睡的老式架子床，坐的木沙发，看的小彩电。

月爹的老伴徐姝驰，比月爹小两岁，南下以后一直未参加工作，一心在家挑起主妇重担，抚养四个儿女，照顾月爹生活起居，地道的贤妻良母。两老结婚60多年来，从未红过一次脸，夫妻相濡以沫，和睦相处。八年前老伴因患脑血栓，偏瘫卧床不起，月爹为她喂药、喂饭，耐烦细心周到，直到老伴去世。

月爹88岁高龄时还耳聪目明。忆过去绘声绘色，谈往事滔滔不绝。我和老领导在一起交谈往昔，似乎又回到了当年的岁月。

刘正南，1934年生。岳阳市农业局退休干部。湖南省摄影家协会会员。

怀念吴晓霞老校长

◎ 朱先泽

  岳阳市第一中学吴晓霞校长有个好习惯，早晚爱巡视校园。老师们常在这时找他解决困难，反映情况。他对我说过："不在学校我就心慌。"

  他也喜欢每天站在校门口，迎接学生入校。

  红旗文工团也是吴校长常去的地方。他对胡约生老师多次强调，学校要办得有声有色，学生能歌善舞才有朝气。他说："贺龙元帅带兵非常重视篮球比赛和歌咏比赛，这样战士们既锻炼了身体又陶冶了情操，战斗力自然就提高啦！"

  他在教学管理中，平时听课一般不打招呼，老师开讲后，他自带板凳不声不响地坐到教室后头。他说："平日的教学比那个什么公开课、示范课、观摩课，真实得多、重要得多。教课不是演戏，老师要教会学生动手结网捕鱼，不是看热闹一阵子，拍手叫好就能了事的。""要把掉队的蚂蚁带上路，扶上树；鸡毛也能飞上天！"他在会上不止一次地笑着说："梅兰芳每次演戏登台前，都要吊嗓子、走场子、念台词呢。《霸王别姬》《贵妃醉酒》，他每次演出都会温故知新啊，不是炒冷饭，是创新，所以不厌烦，观众也有新鲜感，看了几次还想看。"

  我在一中求学时，他教过我班一年的政治课。"文化大革命"后复出，他教过初一的英语课。他说："深入课堂上讲台，调查研究了，我才有发言权。"吴校长为儿子取名"八钱"，斤量很轻，意在提醒自己和亲人，莫把个人看得太

岳阳一中首任校长吴晓霞

重，莫忘本。

他的外甥女中考，进一中差分。姐妹求他通融，老母也求他要帮这一次忙，他硬是不答应。他说："倘若是别人，我也许就算了。我要做榜样，为自家亲人开后门，这个校长今后如何当啊！"

"文化大革命"后，吴校长复出，对当年在运动中错误批斗过他的人，不计前嫌。后来还推荐一位曾在批斗会上对他动过手的青年教师当了学校主要领导。

听胡约生老师说，吴校长曾十分宽慰地谈起这件事。"与人为善，谅解他人，就是宽容自己。人才难得！"在"文化大革命"后知识分子平反中，他对罗若良老师说："搞极左的责任不能全部推给大环境。主要负责人应当按政策尽快落实平反的善后工作，为党分忧，为党聚才。共产党人做错了事，要主动承担责任，不可一股脑推到上级身上去。"吴校长还利用校庆机会，把在"文化大革命"运动中受过委屈甚至被冤屈的老师都请到学校吃了"团圆饭"，冰释前嫌，化解了许多同志内心的隐痛。多年不见的老师们白发苍苍，老泪横流，有的还相拥而泣呢！

赵砲老师是北京俄语学院的学生，毕业前夕被划成右派分子分配到岳阳一中教俄语。由于他保留自己对"大跃进"的批评看法，对被划成右派不满，在岳阳一中又被划为极右分子，并被从教师队伍中除名，判劳动教养。平反后，挂名岳阳市教育局，没有住处。当时吴晓霞校长已经升任岳阳市政协主席，市政协正要从竹荫街往炮台山迁，吴老欣然让出自己在老政协院子里的房子，为

20 世纪 70 年代末岳阳一中学生在做课间操

赵老师解决了住房问题。

赵砲老师多次对我说："吴校长搬新家前，让我住进他在政协的房子，许多人感到惊讶，我也受宠若惊。吴校长当时长叹道，在'文化大革命'浩劫之后，我才亲身感受到了被冤屈者的痛苦。任何时候，整人、迫害人、唯我独尊，都是不道德的！"

吴校长 1919 年出生，1993 年 4 月去世。岳阳市一中的教职员工，经常提及他的严以律己，宽以待人，以身作则，勤俭办校。他是一面镜子，对比之下，让我们今天多少人感到汗颜。

朱先泽，20 世纪 40 年代生。岳阳市一中中学语文高级教师退休。岳阳市作家协会会员。

从抗战女兵到乡村教师

◎ 王志龙

　　1921 年腊月十五，我母亲彭粹华出生在岳阳县甘田乡横铺村易家园一户殷实人家。几代人的辛勤劳作和省吃俭用，积累了比较丰厚的家产，乡下城里都是前后几进的大宅院。母亲晚年回忆说，祖父的堂号取名"本仁堂"，源自《论语》中"仁者爱人"的语意。每当灾荒年成，家里面开仓济贫，赈灾的粥一定是插得起筷子，意思是熬的粥特别浓稠，竹筷子插下去都能竖起来。

　　母亲的家庭也是书香门第，祖上有前清功名，她的父亲留苏，两位伯伯、叔叔留学日本广岛大学，还有一位叔叔也是师范毕业，三位姑妈都是大中专文化，可见其祖父是一位十分重视教育，且男女平等意识很强的开明绅士。1939 年这位德高望重的老乡绅去世后，周恩来、叶挺送了祭幛，民国名士于右任先生亲书挽联："立行湘水碧，遗德楚山高。"其墓碑亦是黄埔军校副校长、国民党高级将领，后任中国国民党革命委员会主席、中华人民共和国中央人民政府副主席、全国人大常务委员会副委员长、全国政协副主席的李济深先生亲题。

　　母亲的父亲，也就是我的外公彭泽湘，系岳阳县最早的中共党员。1919 年 6 月考入北京俄文法政专门学校。1921 年 7 月参加中国人民赴俄赈灾代表团，年末，在苏联经共产国际东方部主任维经斯基介绍进入莫斯科东方劳动者共产主义大学学习，与任弼时、萧劲光等同窗。1922 年 12 月，经中共旅莫支部书记罗亦农和瞿秋白介绍加入中国共产党。1924
年秋回国后，出任中共湖北区委书记。1925
年 8 月，改任中共豫陕区委宣传部部长兼军
事特派员，直属中共北方区委书记李大钊
领导。1926 年 9 月，再次出任中共鄂区区
委（即湖北省委）书记，并任北伐前线的国
民革命军第八军前敌总指挥部政治部主任。
1927 年大革命失败后，外公彭泽湘重返苏
联入共产国际直辖列宁学院学习。1928 年 7
月在莫斯科参加中共六大。此时他不仅招致
蒋介石反动派的通缉，家里属于他的那一份
田产房屋也被当时的国民政府没收。从此以
后，外公成为舍小家为大家的职业革命者，

20 世纪 50 年代，作者母亲任
乡村教师的留影

特别是北平和平解放中，为争取傅作义起义作出了贡献，受到毛泽东赞扬（见
中共党史人物研究会编《中共党史人物传》第 81 卷，中央文献出版社 2002 年
版）。外公完全无暇顾及子女们的培养教育，母亲的生活、学习费用也主要都是
大家庭长辈们的资助。

曾外祖父岳阳城里的家在油榨岭，是一个前后有两栋楼房的大院。前两年
我陪母亲故地重游，她清楚记得当年大门右边是陈家，挨着是大盐仓，再下去
是岭南小学。左边有一个小土地庙；对面是船老板沈仙娘子家、裁缝店、胡家，
再往前面就是玉湖滨照相馆，解放后改为妇幼保健站（也是我的出生地，出生
后我在那住了两个月，1961 年大饥荒，里面的食物供应比外面好）。她还说门前
有一条麻石台阶砌成的小巷通往河（湖）坡下。说起来母亲的记忆力可谓惊人，
年过百岁了，八九十年前岳阳的街街巷巷她记得清清楚楚。

年幼时母亲在城里岭南小学读完初小后，到外婆家临湘县东冲易家，随大

1957年，作者的外公彭泽湘和港生、嘉陵两位姨妈合影

舅易文耕（后任临湘县中校长）在寺岭合盘观高小就读，每天由四舅驮着上学，六年级时外婆才过来陪读。

小学毕业后，母亲考入教会学校贞信女中。全班35位同学，她的年龄比较小。80多年过去了，她仍记得海爱义（美籍）、华小姐（美籍）、李佩鸥、张志斌、冯胖子（生活管理员）等师长，记得田蕴玉、胡德进、胡德修、彭泽澍、郭文秀、邓宝云、柳翠眉（后去延安）、张美英、李多丽、易佩敏、马冰洁等近30位同学的名字。她还能一字不错地唱出《贞信校歌》："岳阳地处大湖边，风气得之先。女学谁为始，吾校著祖鞭……"

1938年7月，日军的飞机轰炸岳阳，在芦席湾丢炸弹后，学校被迫迁往华容注滋口。家人舍不得让母亲随校转移，尽管还差一个学期毕业，也只得辍学，和家人逃难到乡下。后来易家园老的大屋又被鬼子炸毁，国恨家仇一直深深地刻在母亲心头。至今她还能准确地唱出十多首抗战歌曲，其中最爱唱的是："日本鬼子你莫怪，我的大刀本来快。你不来，我不宰，我的大刀都饿坏。你来了，把你宰，试试我的大刀快不快。快不快，快不快！"

辍学在家的母亲还是想继续读书。1942年秋季，伯外公彭泽涛送她到设在武冈县竹篙塘的国立十一中。

山一程，水一程，途经衡阳、邵阳等地辗转前往，千里迢迢历尽艰辛。一天遇上日军轰炸，飞机在高空中俯冲扫射，吓得他们连忙伏在田塍下，一动也不敢动。国立十一中首任校长杨宙康（伯外公的姻亲）、继任校长李际间，筚路蓝缕，标榜忠义，提倡不做假事、不讲假话的教风学风。还有高中部主任廖铺（莘耕）、初中部主任阮湘（曾任岳阳县县长），教师彭汉涛等，都是国之教育的栋梁。这些先生不是伯外公的同学便是他的故交。李际间、阮湘还是1934年11月福建事变中外公彭泽湘的革命战友。但母亲并没有依赖这些关系，在同学中有任何特殊化，而是严格要求自己，一心向学。在有家难归，有国难投的流亡中，对于莘莘学子来说，读书才是唯一出路。尽管她初中未毕业，但作为沦陷区去的学生，学校无条件接收入学。

当时学校不收学费，也不收伙食费，给每个学生发几尺毛蓝布，自己缝制校服。虽然艰苦，但师生们都乐观向上，弦歌不辍。而且生活上也都是互相照顾关心。国立十一中学生、我母亲的远房亲戚廖平波后来回忆说："1944年8月，我患了一场大病，在学校医务室住院。粹华姐天天来看我。每天中午，用茶杯煮一个鸡蛋送到病床边来。我也不知道她从哪里弄来的，也不知道她在哪里煮熟的……这样调理了一两个星期，我居然能出院了。出院不久，学校开始逃难大转移，翻过雪峰山到龙潭。如果不是粹华姐悉心照料，使我身体恢复得快，那就只有留在竹篙塘向阎王爷报到了。"

特别值得一提的是，国立十一中的教学质量在全省名列前茅，学生人文素养尤其值得称道。直到现在不仅背诵《岳阳楼记》是母亲的拿手戏，连许多唐诗、古文她都稔熟于心。前些年她听闻我参加中国范仲淹研究会年会，脱口就说，《古文观止》中有一篇范公写的《严先生祠堂记》，文中称赞"以节高之"的严光（字子陵），"云山苍苍，江水泱泱；先生之风，山高水长"。做人当如严

2022 年 6 月，作者 101 岁的母亲彭粹华

子陵呢。

1944 年 9 月，日军占领衡阳，湘西危急。学校转移到溆浦县龙潭镇，借当地的祠堂、庙宇办学。高三一期未读完，经同学杜韶华、李拱秀介绍，母亲加入国民政府军政部沅陵第二被服厂任文化教官，享受中尉待遇，成为"一寸山河一寸血，十万青年十万军"的一员。后随厂辗转武汉、南海等地。是至今仍健在的不到 3000 人的抗战老兵之一，荣获中共中央、国务院、中央军委颁发的"中国人民抗日战争胜利 70 周年纪念章"。每当节日，都会受到来自社会各界关爱抗战老兵志愿者的亲切慰问。

解放后，母亲先后在四川省泸州市 255 厂、蓝田"五反"工作大队、四川省第二工农干校工作。1957 年回原籍岳阳，先是在洞庭路完小任教，次年经县师资训练班培训后，调入新成立的岳阳县四中（后改名为甘田中学），任教数学、英语等学科。她的课堂教学深受学生欢迎，班主任工作尽职尽责，曾被评为甲等优秀教师。特别是每当新学期开学的时候，母亲经常跋山涉水去山村辍学的孩子家劝学，并且经常为困难学生资助学费。那时母亲的工资是每月 59 元，同为教师的父亲月工资 78 元，这在乡村教师中薪酬是比较高的，因而也算还有余力帮助他人。

有一次母亲周末走访学生家庭，适逢山洪暴发，无法过河，她只得从离地 30 多米高、宽仅三四尺、长一两百米的渡槽天桥上战战兢兢爬过去。去年夏天，她当年的学生、岳阳县一位获得劳动模范称号的环卫工人带着他的孙女来看望我母亲，他十分感激地说，如果那时不是彭老师翻山越岭上门做他父母的工作，他肯定完成不了初中学业。临走时，母亲给了他孙女一个 200 元的红包买学习用品。

她就是这样，恪尽职守，有教无类，任劳任怨，把平凡的一生献给了党和人民的教育事业，至 1980 年退休。

我父亲王中和也是国立十一中的毕业生，后考入湖南大学法律系，大二时投笔从戎，1949 年 8 月参加华中军政大学湖南分校，后

时为革命军人的作者父亲王中和

分配至广州军区防化兵部队，成为一位革命军人，在部队立功受奖。1958 年转业回原籍也在岳阳县四中任教。父亲去世后，母亲撰写的墓联就是朴实无华的两句话："保家卫国立功，教书育人尽瘁。"

在我的心目中，母亲心地善良，生活俭朴，开朗豁达，淡泊名利，敬业乐群，关心他人，乐善好施，无欲无求。古人云：爱出者爱返，福往者福来。大概这就是她健康长寿的一个重要原因吧。如今她已是期颐之年的百岁老人，不仅生活完全自理，思维清晰，记忆力强，每天还坚持看中央电视台新闻联播和四频道的《海峡两岸》及国际时事节目，既关注国家大事，又关心民生问题。她祈望山河无恙，人间皆安，祝愿伟大的祖国更加繁荣昌盛，祝福我们的人民生活幸福美好。

王志龙，1961 年生。中学物理高级教师。岳阳市政协文教卫体和文史委员会原主任。湖南省散文学会、湖南省文艺评论家协会会员。

一副挽联，百年风雨

◎ 谭解文

岳阳县筻口镇栗木庄的一位亲友，曾将我父亲生前所撰的一副挽联传抄给我。兹录如下：

黄埔传佳话，弟杰兄贤，国共本同根，缘何萁豆相煎，书就丹心血史；

故园发慨吟，姑慈媳孝，晨昏时泣泪，底事炎寒苦守，梦随明月松岗。

我父亲是 1999 年去世的，这副挽联应该是他此前几年的作品。挽悼的逝者是这个黄姓村子的一家四人，与我家有着至亲关系。四人中最早一位辞世于 1927 年，距今已快 100 年了。父亲的挽联，将先后去世的这几位亲友曲折的人生，作了真实精粹的概括，抒写了老人家诚挚哀痛的心情。吟诵着这副挽联，一个家族近百年来风云变幻的历史，像一幅幅画卷，在我眼前展现开来。

上联所说"弟杰兄贤"中的弟弟，是我父亲的姑父，名叫黄承先。黄承先是中共早期党员，曾任黄埔军校政治部教官，是为革命英勇牺牲的烈士。"弟杰兄贤"中的兄长黄继香，黄埔军校三期毕业生。黄承先既是他的亲弟弟，又曾是他黄埔军校的老师。

下联中所说的"姑慈媳孝"二人，其中的"姑"（古时媳妇称婆婆为姑），是黄承先烈士的遗孀，也是我父亲的姑母；而其中的"媳"又是我母亲的亲姐姐，我的姨母。我的姨父黄萃柏并不是姑祖母亲生，他原是黄继香的儿子。黄承先牺牲后，黄继香把儿子黄萃柏过继给了自己的弟弟。

黄承先烈士遗像

黄承先，1925年加入中国共产党，积极组织参与广州学生运动，任进步刊物《农声》杂志主编，受党派遣担任过黄埔军校政治部教官和广州农民运动讲习所教员。1926年，黄承先投笔从戎，任国民革命军第二军政治部秘书，随军北伐。1927年大革命失败后被国民党逮捕，遭受酷刑，他坚贞不屈，牺牲于狱中。

我解放后才出生，当然没有见到过这位1927年牺牲的先烈。但我小时候经常随母亲去姑祖母家，每次进她家里，都能看到一个穿着西装、英俊帅气的年轻人照片，挂在堂屋中显眼的地方。母亲告诉我，这就是姑祖父，他1927年被国民党反动派杀害，是英勇牺牲的革命烈士。母亲还告诉我，这个照片是省人民政府为革命烈士特地烧制的瓷像。不仅特制了瓷像，在岳阳楼公园烈士纪念碑上还刻有姑祖父的名字。这不禁使我对姑祖父产生了一种深深的敬意。照片上那个风度翩翩、双目炯炯有神的形象，从此永远留在了我的记忆里。

这种敬意也自然而然地转移到作为革命烈士遗属的我的姑祖母身上。姑祖母叫谭玉瑛，在我的印象中，她高挑个子，略显清瘦，头发梳着一个向后挽着的髻，很精明利索的样子。

在我长大一点成为中学生以后，有时也独自去她们家。每次去，姑祖母和姨母总要张罗着为我找点吃的，花生、红枣、红薯片什么的。有一次，姑祖母把珍藏着的姑祖父写给她的书信，从箱子底下翻出来给我看。那是一叠已经泛黄的印着竖格条纹的信纸，用毛笔写着秀丽刚健的字。信有几十封之多，我记忆最深的，是他反复嘱咐姑祖母要学文化，要读书。姑祖母听从了丈夫的意见，结婚以后又去读了私塾，后来还去女子学校读了两年书，成为一个粗通文墨的女性。当姑祖父第一次看到妻子亲笔给他写的信后，他难以抑制自己的兴奋之情，在回信中连声夸赞。

姑祖母还给我讲过一些她与黄承先的往事。黄承先结婚是以他父亲病重为由被骗回家的。作为国立广东大学农学院的高才生，黄承先一开始反对这场包办婚事。但当他看到了这位美丽的妻子后，谭玉瑛的聪慧、贤淑让他产生了好感，在相处中逐渐萌生了对她的爱情。新婚蜜月只有几天，黄承先就告别妻子，匆匆返回了广州。

再一次回家，是一年多以后。这一次黄承先在家住了一个多月。那是乙丑年，公历 1925 年，当时湖南正逢大旱。黄承先每天田头地里、各个村子跑，与农民也与绅士们交谈。他还亲自参加劳动，与家里人一起车水抗旱。

姑祖母带着深沉的感情回忆着有关丈夫的这些往事，不厌其烦地跟我叙说其中的一些细节。虽然当时的我还只十二三岁，少不更事，但姑祖母却似乎把我当成了一个知心朋友，倾诉着她对丈夫的无限思念。

我现在推测，黄承先那一年回家，应该不只是单纯的探亲。从他后来在广东的《农声》杂志上发表《湖南空前之浩劫》《农民运动专刊刊首语》《中央联席会议与农民运动》等文章中，从他参加广东省第二次农民运动代表大会的筹备，还担任毛泽东主持的广州农民运动讲习所教员的这些工作中，都可以判断，他的回乡，还有了解农民的现状、调查农村状况的重要任务。

姑祖父黄承先这次回家是他与妻子最长的一次相聚，但没想到也是他与妻子的诀别。

黄承先牺牲时，他的二哥黄继香正在北伐前线，消息不通，无法营救。数

黄承先烈士画作《墨荷》

月以后，他才得到弟弟惨死于狱中的消息，而杀害他弟弟的，正是他现在效忠的国民政府。他满腔悲愤，却又无可奈何。黄继香与弟弟虽分属两党，但在他看来，他们都在为实行孙中山的遗愿而奋斗，都在为打倒军阀，打倒列强而努力，现在为什么要"萁豆相煎"，挥刀相向？

1931 年，黄继香所属部队调往江西"剿共"，他想起了被国民党杀害的弟弟，决意不参加与共产党的内战，于是以眼伤为由请长假回家。抗日战争爆发后，黄继香又请缨上阵，重返部队，英勇作战，战斗中腿骨被打断。他回家养伤没有闲着，又拉起部队在家乡一带与日本人作战。抗战胜利后，他的部队最先进入岳阳城，他还担任了几个月的岳阳县代理县长。当内战将要爆发之际，他再一次辞官回家，坚持了此生不与共产党为敌的立场。

1949 年初，全国即将解放之际，黄继香的表弟、时任中共福建省委候补委员兼闽浙赣军区参谋长的刘润世潜回岳阳，组织力量迎接解放军进军湖南。黄继香给予刘润世工作以大力支持，不仅把自己的家作为刘润世的联络点，还支持自己的二儿子黄谷秋加入共产党，参加了湖南迎解工作。刘润世在长沙策动湖南和平起义时，黄继香的大儿子，时任国民党长沙警察局局长的黄萃柏保护了他，并对当时地下的中共湖南省委周礼等人暗中给予了关照帮助。

黄翠柏，我的姨父，中央警官大学毕业，官至少将，后来追随程潜参加了湖南和平起义，是程潜与中共和谈的代表之一。解放以后，黄继香黄翠柏父子作为起义人员参加了土改工作。但好景不长，1952 年镇反运动开始后，黄继香、黄萃柏先后被逮捕，分别关押于湖南郴州和宁夏的监狱中。黄继香在狱中拒不承认自己是国民党反动军官。他对审问他的人说："我是国民党军官，但我不是反动军官。北伐我伤了一只眼，抗战我伤了一条腿。我的弟弟和一个儿子都是共产党，我没有打过共产党，我是同情支持共产党的。"黄继香 1958 年病逝于狱中。1978 年，黄继香后人收到了湖南省人民法院的平反通知书。通知书认定，撤销"岳阳县人民法庭一九五二年三月十五日刑特字第二十九号刑事判决书"，"对黄继香按起义人员政策对待"。他的儿子黄萃柏 1973 年释放，1978 年平反。之后，作为国民党起义人员，他被聘为湖南省政府参事室参事。

我第一次见到姨父黄萃柏是 1979 年，当时我正在湖南师院读书，从长沙到湘潭去看望他。那时他已经平反，住在他的大儿子、我的表哥黄省三的家里。已经 70 多岁的姨父，身体硬朗，思维清晰。他听说我学中文，很高兴，把他近期写过的诗给我看，其中有他写给蒋纬国的一首七律。当年姨父在西安时，曾与蒋纬国关系较好，在省参事室领导的支持下，他去信给蒋纬国，鼓励他以民族大义为重，为早日实现祖国和平统一做工作。现将这首诗转录如下：

> 炎黄裔胄五千年，几度兴亡断复连。
> 并肩御侮兴邦国，同室操戈辱祖先。
> 形势迫人人自迫，潮流难挡挡亦难。
> 俯顺舆情臻一统，天涯骨肉早团圆。

我到湖南理工学院工作后，姨父黄萃柏来我家住过两天，我们有过深入的交谈。他告诉我，他最痛心的是他的妻子、我的姨母在"文化大革命"时期被迫害致死。他曾对我这样说：你姨母是我一生中最对不起的人，也是我最思念、最伤心的人。

下面要谈到我的姨母，也就是我父亲挽联中所说的"姑慈媳孝"中的媳妇。她名叫彭茨贞，是我母亲彭静贞的姐姐。姨父黄萃柏被关押后，姨母与她的婆婆谭玉瑛生活在一起。姑祖父黄承先1927年牺牲时，姑祖母谭玉瑛还只有二十六七岁。她把继子黄萃柏作为自己的儿子，直到她去世，寡居40多年。这个家庭中的媳妇、我的姨母彭茨贞，作为反革命分子家属，其遭遇更是可想而知。姨父黄萃柏被逮捕关押后20多年里音讯全无，生死不明。她有两个儿子，都是中学教师，一个在湘潭工作，一个在醴陵工作。但因为丈夫的问题，她无法随儿子一起居住，只能在家里接受贫下中农的监督改造。"文化大革命"前，她与婆婆谭玉瑛生活在一起。在这个家庭里，婆婆是革命烈士家属，媳妇是反革命分子家属，分属两大对立阵营的两个女人，相依为命地生活在一起，形成了一种奇特的家庭结构现象。

我有一次去她们家，正好碰到婆媳两人脸上都挂着泪痕。我年小，且不明就里，自然不好多问，以为是她们吵架了。现在看来，也许是她们谈起姑祖父和姨父，伤心而落泪的。父亲挽联中所说的"晨昏时泣泪，底事炎寒苦守，梦随明月松岗"，正是姑祖母和姨母当时的真实写照。

姑祖母谭玉瑛在世时，还可以偶尔地利用自己烈士家属的光环，为儿媳妇做一些遮蔽保护。1968年姑祖母病逝以后，姨母更大的厄运开始了。造反派数次到她家里抄家，逼她交出金银财物。她拿不出，就把她双手吊起来殴打。1972年底，当她听说农村又要开始搞清算运动，她担心再一次遭受酷刑，决定自尽。为了不留下自杀的名声，影响两个儿子，她故意早晨在水塘边晒了一点萝卜菜叶，晚上又在塘边放了一只菜篮，然后投水自尽了，给人留下的是失足落水的疑案。姨母就这样结束了她的一生，那是 1972 年的冬天，她刚过 58 岁。

1973 年，姨父黄萃柏被释放，这距姨母去世不到一年。1978 年，姨父平反错案，入省参事室任参事，离姨母死也只有 5 年多一点。我有时想，已经忍受了 20 多年的相思之苦，受了那样多磨难的姨母，为什么不再坚持一段时日呢？古人说，红颜薄命，我的姨母就是那样的薄命红颜吗？

2006 年，姨父黄萃柏走完了他曲折的人生道路，他活到了 90 岁高龄。按照他的遗愿，他与姨母合葬在一起。湖南省政府参事室在他的追悼会悼词中写道："黄萃柏同志在民族危亡之际，多次出生入死，战斗在抗日战争的最前沿；在解放战争的关键时刻，又毅然离开国民党反动派，坚定地站在人民一边。特别是解放战争期间，积极为我党提供情报，掩护党的地下工作，全力营救被国民党关押的共产党人，为中华民族的解放事业，为湖南的和平解放作出了贡献。"

还是回到父亲的挽联上来吧。20 世纪 90 年代初，姨父和他的兄弟姊妹的后人，为这几位逝者——黄承先夫妇，黄继香夫妇，还有我的姨母等人重修了陵墓，举行了吊唁仪式。我的父亲作为他们的至亲，应邀参加了这次活动并写下了这副挽联。这副挽联，概括了黄家几代人的悲欢离合、曲折人生。

黄家一家人走过的艰难的人生之路，他们所付出的牺牲，在一定程度上也折射出百年来我们民族、我们人民艰难曲折的历史进程。无论是黄家后代，还是我们这些亲属，都是炎黄子孙，我们要不忘历史，更要着眼未来，为实现中华民族的振兴贡献自己的力量。这正是黄承先烈士这一批共产党人为之流血牺牲的初心和理想，也是已去世的黄家前辈先贤们的共同愿望与期盼。

谭解文，1949 年生。湖南理工学院中文系原系主任、教授。

我母亲是"农讲所"的女学员

◎ 傅云霞

我亲爱的母亲，与我相依相伴了 60 年。当我进入花甲时，她却离我而去。30 年过去，母亲的音容笑貌时常出现在夜梦中。她讲述的那些故事，深深印在我的脑海里。如今我已 90 岁高龄，一朝拂去尘埃，往事便历历在目。

结缘天主教堂

1956 年，我从岳阳县步仙桥区凤凰台完小调到 211 军需工厂职工子弟学校任教导主任。

那年我才 23 岁，扎着小辫，穿着母亲缝制的土布列宁装，别人一看就是一个乡下来的妹子。

50 岁的母亲和 10 岁的弟弟随我进城。弟弟在该校插班读三年级。一家三口租住天主教堂下面的民房。

后来我听母亲说，这是她第三次与天主教堂为邻了，那里有她很多故事让她怀念。

她说，这座教堂建于 1906 年，是西班牙传教士安熙光在黄土岭北坡买了 10 亩地建立起来的，有办公房和住宅，并开办了育婴堂。1915 年神父风德高在附近陆续建了西医诊所、孤儿院、乾益男校和坤贞女校，共有8栋建筑。后来，乾益、坤贞合并为崇贞小学。

我所在的学校就是当时的崇贞小学旧址。

母亲说，她20岁时就在天主堂坡下的县女校缝纫班学习。

农运讲习所的女学员

母亲名叫许璞，1906年出生在岳阳县东乡黄岸市邹鲁山。外公许旦平是晚清秀才、开明绅士。他为当地著名连云完小慷慨捐田作为学田，一生致力于家乡教育。外公思想开明，不满封建旧习，他反对我外婆给我母亲缠脚。外公还说，将来女子也可以参政，为国出力。母亲20岁时，外公送她进城入读岳阳县女子中学。母亲以后积极投入革命运动，即是因为外公的教育和思想影响。

母亲回忆，县女子中学就在天主教堂东边，鲁肃坟北边，开始叫洞庭女学。1913年岳阳陶钊、彭承念等日本留学归来的几名志同道合者，与湖南修业学校师范部联合办起湖南修业学校岳阳班，这是县女子中学的前身。五四运动后，才更名为县立女中。

母亲在校学习刻苦，成绩优秀，特别是缝纫手艺人人称道。在以后艰难生活中母亲靠缝纫绝活补贴了家用，解决了不少经济困难。她老人家晚年几乎手不离针线，86岁还亲手为重外

作者母亲摄于岳阳楼前

孙缝制了一件小棉袄，这件小棉袄成为母亲留给家人最后的念想。

1926年8月北伐军攻克岳阳。母亲和同学们参加岳阳数万军民提灯游行大会，庆祝北伐胜利。后来在老师李沐英、陶桓馥的带领下，她们走上街头演话剧，作演说，宣传进步思想。北伐军的到来让外国教会纷纷逃离，天主教堂也人去楼空。

1927年4月中旬，中共岳阳地委在天主堂的崇贞小学开办农民运动讲习所，书记刘士奇担任所长。我母亲和同学胡德恒积极参加，成为农讲所的女学员。

马日事变发生，讲习所提前结业，母亲与胡德恒、符伯颜三人以特派员身份委派到黄沙街地区领导当地农民运动。后来白色恐怖笼罩三湘大地，农民运动转入低潮，母亲不得已回到黄岸乡邹鲁山，一度在小学任教。

母亲的回忆见证了当时这段历史。1980年及1987年，湖南省委党史办公室、岳阳市政协文史委员会先后派员来我家，请母亲回忆当年在农运讲习所学习的情形。母亲的传奇经历和口述历史，为丰富岳阳地方党史提供了宝贵历史资料，我为母亲感到自豪。

深入敌穴只身救夫

1931年母亲返校继续完成学业，这时她已经26岁了，在那时绝对是个大龄女青年。次年经人介绍，她与我父亲结婚，嫁入饶村傅家。母亲就在傅家祠堂教书。后来，傅家老人告诉我：你现在教书教得好，搭帮你妈妈怀着你还在教书。

抗日战争之前，父亲在山东济南等地方政府任职。1938年11月11日，日军占领岳阳，从此数年父母亲天各一方。

每个寒暑假，母亲守在家里等学校的聘书。收到聘书就高兴，她带着幼小的我，先后辗转永美（饶村）、义联（渭洞）、黄岸（月田）等乡任教。没有收

1939年作者6岁照（岳阳荣华照相馆摄于朱公桥）

到聘书，母亲就在家喂猪种菜，替人做针线活以维持生计。

我记得母亲教书时，还参与县妇救会的抗日宣传活动。有一天，母亲作为地方妇救会代表去朱公桥（岳阳沦陷后国民党县政府转移至此）开会。我哭喊着要妈妈、要妈妈，母亲只好牵着、背着我，步行七八里路到朱公桥。恰好荣华照相馆的师傅在县政府照相，就给6岁的我照了一张。

1943年，父亲想念家人，化装成私塾先生逃离济南辗转回岳阳，在临湘五里牌被日本兵查获，关押到岳阳县城监狱。一位在伪县政府任要职的老熟人将我父亲保释出来。我父亲租住在乾明寺印山巷，但受到软禁不许离城。

父亲终日挂牵妻女，茶饭不思，身体日渐消瘦。邻居殷娭毑见状，建议他"想办法把太太接过来伺候您，这样可以减少日伪军对您的戒备，然后找机会逃出城"。父亲听从了，向伪政府申请接母亲进城照顾他身体。得到准许后殷娭毑便去饶村接来了我母亲。

那时日伪统治下的岳阳县城戒备森严，逃出城要冒生命危险。伪县政府的教育科长听说母亲是教书的，要安排她去日伪小学任教。我母亲婉言谢绝："我是专程来照顾傅先生的，不能出去工作啊。"父母亲在家等待机会逃出虎口。

殷娭毑说，有一个好机会可以利用，盟军飞机来轰炸时，日本人会拉警报，让居民出城躲避，这是逃跑的良机。这样父母跟着居民躲了两次飞机，借机摸清了逃跑路线。

第三次飞机来时警报一响，父母混在慌乱的人群中拼命跑，跑出了日本哨兵的监视。谁知日本哨兵还是发现了，便鸣枪追赶。那时母亲怀有身孕，实在跑不动了，两人跳进一口水塘，藏在塘边一棵大树兜下。日军追过来找不到人，对着水塘放了几枪才退回。寒冬腊月，一路逃命又被水浸泡，母亲回家便流产了。

那次侥幸逃过一劫，搭帮一位好心的路人。他将我父母护送到塅塘傅的族长家里，族长即刻派人给我家送信。

家里立即安排两顶轿子去塅塘傅将我父母接回。"至今我还记得轿子进村，鞭炮迎接的场面。"母亲说。母亲冒着生命危险只身救夫的事迹一时传为佳话。

穿越敌占区千里投亲

父亲逃出敌穴在老家休整数月，经好友周用吾推荐，赴湘西城步县任职。后至邵阳专署（设新化县）任职。

一年后母亲又作出了一件让人震惊的事情。她带着 12 岁的我千里投奔父亲，从岳阳饶村出发，途经汨罗、湘阴、益阳、汉寿、安化，三次遭遇日军，母亲胆大心细，有勇有谋，沉着应对，带着我闯过了一关又一关，历时近两个月，终于平安到达新化。

到新化后母亲因为长途跋涉，担惊受怕，一下病倒了，卧床数月。1945 年 8 月 15 日，日本天皇以广播形式发布《终战诏书》，日本无条件投降。新化县城鞭炮连天。母亲兴奋得从床上爬起来，让我扶她到街上观看这一盛况。母亲搂着我泪流满面。这天起，她的病竟然奇迹般好了。

1946 年我们随父亲工作变动迁往宜章，父亲在县府任职，母亲担任译电员，我也利用暑假两个月当临时雇员，抄写公文。这年中秋前两天，39 岁的母亲生下了弟弟。父亲给取名章虎，号宜秋，合起来是这个虎头虎脑的男娃秋天生于宜章。

迎接新世界

1947 年父亲辞去宜章公职，挈妇将雏回到岳阳。我转入贞信女中读寄宿。父母和弟弟回到饶村乡下。

父亲的老朋友李毅仁担任岳阳县县长时，特邀父亲来县府协助他。父亲挨不过人情面子，就带着妻儿来到县城，于是我们一家四口借住在县城天主教堂的海三爹家里，这是母亲第二次走进天主教堂。

1949 年春，李毅仁辞去县长，父亲也于是提出辞呈。可是母亲不同意，打算留城迎接解放，并请来我的叔外公做丈夫的思想工作。叔外公叫许新猷，刚接任岳阳县长兼保安团长，他正秘密接触地下党，准备投诚起义。叔外公亲自到天主堂我家里，与父亲倾心交谈，劝他不要回乡，一起迎接岳阳和平解放。

父亲是个迂腐的读书人，去心已决，听不进母亲和叔外公的忠告。我听见叔外公语重心长地说："培之啊，识时务者为俊杰呀！"父亲还是坚持己见回到老家。那时我刚考上省立十一中，母亲以陪我读书为由，带着我和弟弟继续住在天主堂海三爹家里。

1949 年 7 月 20 日，叔外公许新猷率县府全体军政人员在马壕迎接解放军入城，岳阳和平解放。不久，父亲的挚友周鳌山、周用吾兄弟俩给我父亲来信，邀他来长沙，到省文史馆工作。父亲仍然没开窍，他说不愿继续从政，甘当私塾先生。

1949 年下半年母亲受聘于大峰乡中心校。1950 年寒假县里组织全县小学教师去县城集中培训，母亲也在培训名单中。谁知母亲悄悄请示领导，把她的名额让给了我。母亲说："新中国建设需要年轻人，还是你去吧！"

1950 年大年初一，刚满 17 岁的我穿上母亲赶做的新衣赴县城参加集训。集训过后，1950 年上学期，我开始接过母亲的教鞭执教于家乡小学。

当年暑假，母亲悄悄给我塞几个钱，让我进城找叔外公。叔外公许新猷正在家里写自传，他让我帮他誊稿，还跟我谈未来发展。叔外公建议我先把省立十一中读完，他给我出学费。

刚解放的岳阳城，一派欣欣向荣景象，到处招人招生。我报考了湖南一师，考取了；报考湘潭地区文工团，又被录取。我年轻的心蓬蓬勃勃，三个好机会，不知选哪个？于是兴冲冲回家跟父母商量。

母亲特别开心，她主张我去湖南一师读书。而父亲不同意。父亲说，身处乱世女孩子外出不放心。母亲说，现在不是乱世，是一个历史上从未出现的新世界！父亲又说，自己私塾教不成了，家里没一项经济来源。要是云霞继续留在村小学教书，一家人的生活问题就解决了。闻此，我只得留下。

1950年下学期领导安排我去饶村李家冲小学教书。然而，我人在山村，心已飞向天外，一会儿飞到长沙坐在湖南一师教室里听课；一会儿飞到湘潭，与文工团队友排演节目；一会儿飞到省立十一中，坐在教室里望岳阳楼盔顶。我闷闷不乐，精神恍惚，无法教书。

母亲只好收拾行李，带着我和弟弟一同上任。母亲走上讲台代我上课，代了整整一学期，这是母亲新中国成立后第二次教书。母亲教书很有水平，她教过的学生还记得她。

1951年寒假，全区（饶村、渭洞、公田、甘田划为第十二区）教师组织了文工团，我参演话剧《柴山恨》，还演歌剧《兄妹开荒》。区文工团到各村巡回演出，教唱革命歌曲，宣传党的政策，发动群众土改。一个寒假过去，我走出抑郁迷雾，性格变得开朗，重新走上讲台。从此，我接过母亲的教鞭，开始了40余年的人民教师生涯。

1994年我敬爱的母亲溘然仙逝，安眠于家乡饶村。母亲一生有苦难、有奋斗、有传奇，她是一位平凡而伟大的中国母亲。

傅云霞，女，1933年生。岳阳市二中退休教师。

我的舅爷爷阮湘

◎ 李连芳

我记忆中第一次见舅爷爷阮湘，是4岁，在岳阳楼。

某天，时雨叔背上我，跟在县府做事的老爹第一次进城，我好生高兴，不住地问时雨叔那个"城"是什么样？时雨叔不耐烦地说，到了你就知道了，不过你得拜宝塔。进得城，我睁大眼睛"看"这座城，只觉得所谓城不就是人多吗！到了时雨叔说的那个最热闹的南正街，只见除满街的人外就是两边密匝匝的、挂满黑底金字的招牌，时雨叔说好金碧辉煌啊！他指指点点念着什么毛华盛绸缎铺、周德馨酱园、严万顺药号，我一点儿也听不懂。

我们急匆匆来到一座大屋前，这屋高大，四角向上翘，尖顶帽子状屋顶，大红漆柱黄绿瓦。时雨叔说，这是什么岳阳楼。我从未见过这样奇怪的屋。

时雨叔抱上我跟爹急匆匆上到三楼，只见一位老人坐在那儿，身穿长袍，闭眼，手拿木棍在木鱼上敲着，口中念念有词。忽见矮胖的舅爹阮湘一个箭步上来把我抱住，笑着说：康华孙（是他给起的名，说是健康中华），你来看岳阳楼，舅爹好想你哟！紧接着阮湘舅爹将我交给时雨叔，他同爹两人紧挨，咬着耳朵小声说着什么。

我被时雨叔抱下楼，看着楼下前边那个我从未见过的大水塘里走动的东西。时雨叔说是湖，不是塘，叫洞庭湖，那走动的东西叫船。我睁大眼睛看着，不住地问时雨叔这个那个为什么，缠着他一个个说给我听。

阮湘（1889—1947）

好一阵舅爹和爹才下来，他们还在咬着耳朵说着话，我很奇怪，他们为什么老咬耳朵呢？当我们向楼外走去时，在岳郡联中读书的个子高大的四哥向我们走来，他一个箭步上来，将我抱住，举过头顶，我喊着：高！高！每次四哥回家，我总要他抱我高高举过头顶，很快四哥将我交给时雨叔。

舅爹、爹爹和四哥他们三人紧靠在一起，又在咬着耳朵。

我向时雨叔喊着追上去。当我和时雨叔靠近舅爹他们时，只见四哥的手臂不住地挥动着，很生气的样子，说着我听不懂的什么华北已放不下一张安静的书桌，他要投笔从戎。

后来我才知道，那次他们带我进城，是为他们密谋什么打掩护。不久四哥与同学凭一腔爱国热情走上了抗日前线，加入了七七事变中英勇抗日的国军二十九军。1944 年 12 月，四哥在贵州独山抗日阻击战中英勇牺牲。时年不足17 岁。75 年后我才赴独山凭吊四哥英灵。在烈士墓地，我跪拜，呼唤着四哥的名字，向四哥倾诉并告慰他：今日岳阳楼、岳州城，不，是全中国早从积贫积弱中站起来了，富起来了，强起来了。昔日日军持枪在岳阳楼号叫，中国人不得入内的日子，早已一去不复返了。

1938 年 10 月，舅爷爷他们在岳阳楼不住地咬耳朵，原来是在密谋与平江新四军联合组建抗日义勇军大计，后因种种原因未能成功。

第二次见舅爹阮湘，是半年后，在我奶奶家。

"你是留过洋的人，见多识广。贾贾（姐姐）是个妇道人家，可我知道，害

1939 年的岳阳楼

人之心不可有，防人之心不可无啊！你要小心哟！"

1938 年 12 月，岳阳县原县长阮湘被人以武力夺取县长职位后，来到他姐姐家，也就是岳阳篁口仙安村我奶奶家。阮湘向他的大姐、我的奶奶略略讲了他没当县长的情况，我奶奶十分担心弟弟阮湘的安全。

阮湘对姐姐一笑，说："自有贵人庇佑！"这个贵人其实是指地下共产党，但阮湘不能明确告知姐姐贵人是何许人。姐姐看弟弟阮湘如此轻松洒脱，也就放心了。

阮湘生于光绪十五年（1889），比他的大姐小了整整 13 岁，可以说，阮湘是大姐带大的，阮湘跟大姐关系十分亲密。大姐 14 岁就像母亲一样抚养自己，带着 1 岁的自己，直至自己七八岁开蒙读书，以致大姐晚婚。后来大姐嫁给李郁文（我爷爷），爷爷李郁文除农作外还经营多种作坊，成了当地财主，每年请长工短工数人，姐姐也成了李家上下独掌大权的当家女主人。

阮湘 1906 年考入巴陵公学，1910 年考入上海中国公学，后又考取官费留学日本东京帝国大学。五四运动爆发，他回国参加运动，为《北京五四宣言》六个起草人之一。1922 年任商务印书馆编辑，参与编写《万库全书》，著有《殖民论》一书。做过文化产业，在高校、省府、军队都担任过高级职务。1929 年任福建学院教务长。其间加入中国国民党临时行动委员会（中国农工民主党前身），参与了震惊中外的抗日反蒋福建事变，在中华共和国人民革命政府里，阮湘任闽海省副省长。福建事变失败后，蒋介石抓捕参与福建事变的要人包括岳阳人彭泽湘、阮湘、李际间等。阮湘远走日本避难。

七七事变后，抗日战争全面爆发，蒋介石取消通缉令，阮湘回国抗日。1938年阮湘出任岳阳县县长，力主国共合作，在县府要职中安排中共党员数人。对中共领导的抗日活动或默许或公开支持。

阮湘当县长时还有一次联系共产党的绝密行动。为筹建抗日武装，阮湘曾与新四军平江通讯处联络，实际上是他想参与新四军，派他的亲外孙李正亚就是我的三哥去平江新四军通讯处联络。三哥李正亚高中文化，身强力壮，武功十分了得，阮湘再三叮嘱三哥牢记联络暗语（只能心记），三哥便踏上了去平江的路途。

那时到平江全靠两只脚。三哥经半月颠簸，弄得心力不支，又路遇窃贼，更是沮丧万分。晚上借酒浇愁，喝了很多酒，将联络暗语忘得一干二净，与新四军联络失败。

《岳阳百年大事记》载：1938年11月，岳阳县成立"岳阳民众抗日自卫团"，此部队系原县长阮湘在中共代表协助下建立起来的。后自卫队的20多个中队缩编为9个中队，经多次整训，战斗力较强。阮湘为了抗日，将在中共帮助下千辛万苦建立起来的武装队伍交出去。

卸任岳阳县县长后，阮湘协助大姐的儿子李享吾（即家父）按省府要求妥善转运黄秀桥国家粮库中的粮食。家父时任岳阳县黄秀桥国家粮库主任。阮湘与家父火速有赏征集百名青壮年劳力，日夜连轴转，以水、陆接力方式，在日军建驻点前按时将国粮分散运转到安全地区。忙乱中我五叔（李用吾，后更名李用斌，台湾荣民总医院少将主任）将全县征粮册簿落下。省府电令：如不将册簿抢回将有杀头之罪。为此是我家五叔带上族人时雨叔等昼伏夜行，一次次躲过日军封锁线将几麻袋全县账册抢回。

20世纪40年代的岳阳楼

阮湘还要帮他大姐，也就是我奶奶处理好家务事。日本侵略军已占领岳阳城，盘踞在新墙河之北。我爷爷奶奶家在新墙河之南。阮湘再次来到我爷爷奶奶家。在门口，与挑着一担猪粪的长工李利仁打了个照面。利仁心想：县长又来了，定有要事。

"弟媳（阮湘夫人）也去武冈山里吗？"我奶奶与老弟一见面就问。"去。""也好，有个照应。""不单是照应，她还可以做先生。""她识文断字，这样我就放心了。"姐弟俩说着话。弟说："大姐，我有话要与您说。"

于是阮湘以舅佬名义召开了家庭会（我爷爷李郁文此时已作古）。我爷爷奶奶育有五子三女。长子爱吾早年入黄埔军校，因故回乡做乡里诉讼师，主管家政。二子钟吾主管杂、酒、烟、染布等作坊。老三享吾（我父亲）是县府职员，老四丙吾主管农务，老五用吾也是县职员。全家上下大小合家吃饭32人。

阮湘着重讲了两点：一是现在日本人来了，时不时要跑兵逃命，你们一家子老小 30 多人，如何跑？他对奶奶说："我的意见是，快刀斩乱麻，急速分家，各带老小跑兵。田土只怕有人敢种了。到东边山里如湖竹洞、柘港洞暂时避避。跑兵最终都会回来的，中国人会赢的。"

其间，阮湘多次面向他的大外甥问："爱吾！你说呢？"大伯父答："听从舅爷安排。"

紧接着阮湘转向他大姐说，"长工们是不是每个人补一担谷。"那时包括先生开工钱都是谷。奶奶马上从座位上站起来说："长工们我从冇亏待过他们，除年、月、日工钱外，每年五、八、腊另给赏钱。比如去年利仁生了娃，在杀冬至猪时还多给他五斤猪肉一坛酒。""姐！我晓得您从不亏待长工们，但现在是国难时期，更应多体谅一下他们。"

做完了这些，阮湘才与夫人等一行去武冈县竹篙塘。阮湘受邀就任国立十一中学初中部主任。

1945 年 4 月，王震将军南下时，曾派密使带上他致家父李享吾亲笔信来找家父，与家父密谈，或许王震想通过家父联系上阮湘。我大姐在门外放哨。后时局变化，家父去世，大姐将王震将军致家父的信塞在老屋壁缝中。此屋被他人拆去，该信不知所踪。

据国立十一中的学生回忆，我的舅爷爷阮湘在学校里一如既往地同情和支持共产党的地下活动。当校方得知国民党特务要对学校的地下党员采取行动，阮湘与校长李际间一起出面与对方周旋，同时暗地通知和帮助有关师生安全转移。

舅爷爷阮湘 1947 年 2 月病故于岳阳县坪桥河。死后身无余蓄，全赖同事朋友和学生筹钱安葬。舅爷爷阮湘青年热血、中年正气、晚年清贫，遗憾的是他没有看到共产党领导建立的新中国。

李连芳，1935 年生。岳阳市气象局退休干部。

父亲的藏书

◎ 秦见来

父亲的书多，校内外小有名气。1957年我家从长沙搬到岳阳，行李不多，书却有几板车。学校的木匠师傅在家中墙上钉了一排书架，勉强摆了一大半书，剩下的便放在他办公室两个书柜里。

父亲惜书，除了线装书，不管是硬皮还是软皮，都包上封皮，用毛笔在侧面写上书名。包书方法特别，封皮和书不易分开。我和妹妹的课本，他也包好。别的同学的书，不到半学期，前后封面已经掉了，而我们的书，用一学期后还是好的。

父亲无不良嗜好，工资除家用，剩下全买书。本地没有，便到外地邮购。他给人写信，无论是谁，均用毛笔，以示尊重。外地书店回信大部分写的钢笔字，但北京荣宝斋回信也是一手漂亮的小楷，从信的格式和措辞可见，当年荣宝斋确是一个藏龙卧虎之地。

有些书学校和当地图书馆是找不到的，故来借书的师生和朋友不少。绝大多数是君子，有借有还。偶尔也有一两个人借了不还，家父从来不去要，以免使人难堪。家里除了书，再无值钱之物，故他常自嘲，将来这些书是给我女儿陪嫁的。

读书是家父每日必事。晚上万籁俱寂之时，好的佳作常曼声长吟。咏诗曲

作者父亲在读报

调，音高随诗词意境而起伏，节奏随作者情怀而变化，感人之处，极慢极轻。因住房不多，我和他同居一室。入睡前，静听父亲的怀古咏叹调，是我逐渐认识人生真谛的启蒙。他看过的书，多有眉批，若书有错处，常改之。学生和晚辈来信，如有文字错误，必回信指出，近似腐儒。曾因他挑了人民日报社论的几个文法错误，"文化大革命"中被学生上纲上线，成了反党的一条罪状。

父亲文学根底深厚，除诗词外，从无作品，盖因运动不断，胆小怕事之故。古典诗词不同于通俗文学，要有根底，讲究格律、意境，以言桑寓柳，咏风嘲月而寄托情怀。他和省内外文人墨客常有唱和，有几个老先生曾是南社成员。

1966年开始的"文化大革命"，让父亲这些心爱的藏书，领略了运动的熊熊烈火。父亲也因学识和名望被打成反动学术权威。他对我说，我们这样的小地方，哪来的学术权威？真是太抬举我了。他的幽默，没有几天成了无言的苦痛。

一天傍晚，外面喧哗起来，一队红卫兵到所谓的"黑帮分子"家里抄家。来我家的是我曾见过的几个刚进岳阳师范不久的学生。他们先把所有的线装书

作者父亲的藏书

拿下架，然后是古典文学、心理学、教育学等，就连《辞海》也不放过。父亲实在忍无可忍，指着《辞海》和几本字典说，这些可不是反党反社会主义的毒草。他又翻开一本英文杂志，上面恰有毛主席的照片。他对学生说，你们是否要把这本也拿走，那几个学生没有办法，只得放下。

待他们离去，父亲望着空空的书架和地上几堆残留的书，一句话也没说。我和妹妹亦不敢吭声，一本一本地把地上的书放回书架。那些家伙烧掉的不只是书，是父亲大半生的心血，是他精神寄托的支柱，是三千年的遗风余韵，当然也包括学生自己的良知。

事隔半年，学校把几乎所有的老师赶到农场去劳动。有天我路过父亲的办公室，见门锁被弄坏，几个大柜全部打开，父亲的线装书撒了一地。这些书是父亲九年前从长沙搬来时，有些是抗战胜利后在旧书摊上买的，有收藏价值。因家中太挤，才放到这里，为此躲过烧书劫难。那时学校已没有什么人，大概几个学生蟊贼，见书起心，把他们认为好的书偷走了。估计他们打开线装书也读不通一句，就随手一扔。见此情景，我喊了几个朋友把剩下的书搬回家了。父亲从农场回来后，把剩下的书点了一下，还好，有价值的书还在，被偷的是市面上能买到的。

邻居盛老师与我家要好，她有个姓蒋的老乡，比我大六七岁，"文化大革命"前老高中生。大概是属于成分不好，不予录取之类，在市内一家军工厂当工人。工余常来盛老师家。小伙子温文尔雅，谈吐不凡，有时来我家和父亲闲聊。父亲曾对我说，小伙子书读得扎实，可惜不能继续深造。时间久了，来往多了，彼此也多了一些信任。

1974年批林批孔运动，来势汹汹。知识分子们早已被历届运动搞得风声鹤唳，草木皆兵。父亲和我担心会再来一次抄家，于是我帮他将诗稿用油布包了，埋在门前的女贞树下。剩下的书可没地方藏，家里亲戚又远，我在工厂又无宿舍，左思右想，找小蒋帮忙是个办法。我跟他一说，小蒋满口答应，搬着一大箱线装书走了。尔后，父亲调到岳阳一中工作，盛老师也到长沙去了，见到小蒋的机会少了。偶尔碰见小蒋，问他那些书是否给他带来麻烦，他说没事。

1976年毛主席逝世后，我找到小蒋想把书要回来。他告诉我，非常抱歉，同事汇报，领导把书没收了。我怀疑他说谎。运动高潮时，同事没有向领导汇报，运动过去两年了，大部分人的革命斗志都消沉了，还会有人管？我把此事和自己的想法告诉了父亲，并说，您下次到省城开会是否跟盛老师说说，也许她能把书要回来。父亲沉思一下："可能小蒋说的是真话。人算不如天算，没有必要去麻烦盛老师了。"

父亲已作古多年，每次想起他，必浮现那些同他一起颠沛流离的藏书。那些书饱含着他的心血、忧郁、欢乐，甚至他的灵魂。那些化作青烟的，想必早已与父亲重逢。还留在别人手头的，也希望能使它们的新主人变得智慧，特别是他们的人性能得到升华。

我离开家乡之前，把父亲所遗留的书都搬到我妹妹家。总算实现了父亲的诺言：书是给我女儿做陪嫁的。

秦见来，1950年生。闲暇时喜欢读古典文学作品。

回望岳阳大戏院的灿烂星空

◎ 陈湘源

  岳阳大戏院，是巴湘班新、老岳舞台 1952 年合并的，定剧种名为巴陵戏后，新组建的岳阳巴陵戏剧团的演出场所，也是我与巴陵戏结缘的福地。自 1949 年至 1966 年的 17 年间，这里活跃着巴陵戏的众多艺术精英，上演了一批优秀剧目，开创了巴陵戏在中华人民共和国成立后的辉煌。

  岳阳大戏院是 1949 年初，以李治安牵头，邀集吴令仪等合股将茶巷子的一新茶园改建而成。戏院设内外场，一般演内场，炎热季节演外场。是年 7 月，辗转湘西北 20 余年的岳舞台重回故里落脚此处。岳阳人称巴陵戏为大戏，花鼓戏为小戏，加之"岳阳商办岳舞台"曾名岳阳大戏院，遂定名"岳阳大戏院"。

  新中国成立后，岳阳大戏院即为巴陵戏剧团的基本剧场。1956 年转为地方国营，1957 年更名岳阳剧场。当时舞台窄小，戏房简陋，剧团青年演员还是"滚台板子"（散戏后在舞台上开铺）。县人民政府为了改善剧团的工作和生活环境，拨款对该院进行大修。于是，剧院规模扩大，舞台条件改善，东侧修了演员宿舍，西边建了总务室、厨房、浴室，面貌焕然一新。

  我祖籍湘阴，1947 年随父母迁居岳阳城南先锋路。1954 年父亲与外祖父双双身患重病，家中值钱的家什变卖殆尽。一家人在城里没了生计，只得到白水村租地种菜糊口，我即辍学挑水泼菜。1956 年初复学，9 月考入洞庭路完小读

1960 年，岳阳巴陵戏剧团演职员合影

五年一期，恰巧岳阳巴陵戏剧团招生。本想去考，无奈学校宣布：谁去考便开除他的学籍。直到 12 月 31 日学校元旦放假，鉴于家庭生活实在困难，还是冒险前往大戏院问讯，谁知招生已毕。幸遇热心肠的万立永大哥，要我唱了几支歌、翻了几个筋斗（侧身翻），便连忙去向领导反映。其实台下领导早看到了，当即敲定：同意！便要我回家准备铺盖，明天随他们一起去训练班所在地黄沙湾。我两脚不沾灰地跑回家报喜，全家人乐不可支。

1957 年元旦，我背着母亲给我准备的家里最好的一套铺盖，随剧团领导一道，到设在岳阳教会学校旧址的巴陵戏剧团小演员训练班报到，第二天便参加开学典礼。人生如戏，戏如人生。12 岁的我，就这样戏剧性地开启了艺术人生。

小演员训练班是新中国成立后巴陵戏办的第一个科班。专业老师三人，两位出身于清光绪年间科班，都是呱呱叫的傲角。

许升云（1887—1962），永升平科班出身，工小生，人称"活周瑜"，年轻时即将《黄鹤楼》中周瑜上场的四句唱词丰富成32句，以成套北路板式演唱，深获时誉。1959年撰《巴陵戏的"内八功"和周瑜戏》辑入《表演艺术经验谈》出版。民国三年岳阳商会请他为"岳阳商办岳舞台"组班，民国八年起任岳舞台起师（即班主），是巴陵戏薪火相传的功臣。

胡永发（1882—1966），11岁进永和科班学戏，工大花兼三花，是岳舞台的挂牌红角。能司鼓，擅武乐。他功底深厚，双颊肌肉能自由抖动，眼珠转动快，肩胛灵活，头颈功、矮桩功配合默契。《打饼》中三花脸武大郎的矮桩功人称一绝，《雁门摘印》中大花脸潘洪的凶狠表演计人不寒而栗。1952年，两老以《打严嵩》参加湖南省首届戏曲汇演，双双获奖。

武功教师李来福，是位传奇人物。自幼孤苦伶仃，连姓名都不知道。十三四岁就为红十字会当挑夫，人们叫他"十字军"。16岁学杂技，不久进岳舞台当武功演员，因翻筋斗台板断裂，摔坏左腿，无钱治疗。腿溃烂时，奇痒难耐，只得弄来一条小狗舔伤止痒。班友叫小狗"来福"。于是，他以天下最多的"李姓"为姓，借着为他解除痛苦的小狗"来福"的名字为名，才有了如今的大号。因腿长期溃烂恐危及生命而锯掉。1927年应聘国庆科班当武功教师，后随科班转入岳舞台兼检场，直到1978年逝世。50年间，靠一条腿支撑，凭借过人臂力，为巴陵戏培育了几代武功演员。无论雨雪风霜，每天清晨都拄着拐杖在岳阳剧场宿舍楼的楼上楼下呼喊："年轻人快起来呀，奔前程啦！"

夏夜，三位老师在月光下纳凉，同学们便依偎在他们身旁，听讲巴陵戏的历史掌故。许老师说，巴湘班信奉的祖师爷是太白金星。师父熊集凤是道光年间集庆科班的高才生，一人能教一科班，时人称道"无集凤师的弟子不成班子"。同治、光绪年间"巴湘十八班""巴湘十三块牌"何等红火，高峰期唱戏的有上千人。胡老师说起"胡大花怒打铁罗汉"，更是绘声绘色，听完才知道讲的是他自己的故事：为惩罚赖戏金欺侮戏班的地主老财，他"三板拳"便将助纣为虐的打手"铁罗汉"的左眼抠掉。正义是伸张了，自己却落下右手终身颤抖的毛病，端着一杯酒要抖掉一半。

1958年训练班从黄沙湾搬到城郊东茅岭，扩建成岳阳县文艺学校，设巴陵戏、岳阳花鼓戏两个班，学生增至60人。剧团随之增派老师：生行冯仙岩，旦行易春生，净行冯福祥、熊金奎，都是民国年间的当红好佬。

1952年，《打严嵩》剧照。胡永发（左）饰严嵩，许升云（右）饰邹应龙

冯仙岩老师小生、旦、大花脸，行行皆能。23岁即为凤舞台的台柱。观众赠匾"形神入妙""武艺超群"，成为挂牌弟子。他的两位师父客死江西，是他用半生积蓄捧灵归葬故里。他掌管并续编《巴湘艺人死亡录》，每年为前辈烧钱化纸。1960年蒙冤下放。1979年落实政策后，既任教省艺校巴陵戏科专心授艺，又竭力为编纂《巴陵戏志》提供大量资料。1983年教学录像演出，他已76岁高龄，仍天天拄着拐杖亲临现场指导、示范。

易桂红，11岁入春台科班学戏，工正旦，12岁即负时誉。唱做俱佳，尤以做工戏见长，《失子惊疯》《夜梦冠带》皆其拿手戏。曾为春台、岳舞台等班挂牌名角，六合公岳舞台领班之一。潘云霞是他的入室弟子。

冯福祥，8岁从名净"盖天古佛"雷元金学艺，工二净。饱学强记，对巴陵戏脸谱研究颇深，1959年湖南人民出版社出版的《湖南地方戏曲脸谱选集》选载的48张巴陵戏脸谱，就是他绘制的，现已入录《湖湘文库》。女儿冯小云亦巴陵戏艺术骨干。

熊金奎出身于艺人世家，自幼与兄长随永和科班出身的父亲熊永泰学艺，工大花兼二净。后参师李普义学二目头，成为净行全能、唱做俱佳的挑梁台柱。晚年还记录了将要失传的《假棺材》剧本和独具特色的唱腔〔西二黄〕。

1961年元月，岳阳巴陵戏剧团在岳阳剧场再次举办"抢救挖掘传统艺术暨拜师大会演出周"，上述老师多已年近古稀。年届八旬的胡永发等老师也欣然登台献艺。胡老师饰《雁门摘印》的潘仁美，出场瞪眼亮相揸脸，令人不寒而栗。许老师饰《赶斋泼粥》的吕蒙正，表演细腻生动，山道雪地滑行时"抛鞋接鞋"绝技不减当年。易桂红演的《失子惊疯》《打灶分家》，圆瞪疯眼让人毛骨悚然；表现纤弱少妇艰难汲水，台下观众竟失声叫喊："你提不起就歇下。"

拜师会上，先是李筱凤、孙艳华、周扬声等带头下跪拜以上前辈为师，继而我们这一代青年依次跪拜李筱凤等这辈中年师父。薪火相传，井然有序。

1955年到1961年的7年，是巴陵戏首度辉煌的高峰期。这一时期，巴陵戏有《九子鞭》《夜梦冠带》《打差算粮》《白罗衫》《何腾蛟》《昭君出塞》《审刺客》《崔子弑齐》等8个戏，分别在湘鄂两省会演中获奖。前3个戏取得轰动效应，被兄弟剧种学习移植。《何腾蛟》获奖后即定为新中国成立十周年湖南省献礼剧目，成果列入省展览馆展示。献礼剧目还有整理的传统戏《鱼腹山》。这9个戏皆是巴陵戏品牌剧目。

这些成绩的取得，李筱凤功劳首著。9个戏中有7个戏是李老师创作、改编、整理、导演的，其中3个获剧本奖并出版发行。创作的《昭君出塞》〔巴陵高腔〕获音乐奖，表演获一等演员奖；1956年李筱凤参加全国戏曲演员讲习会后，即任湖南省戏曲演员讲习会教导处成员、主讲教师，是巴陵戏唯一进入

1953 年，岳阳县文艺学校巴陵戏班师生合影

《中国戏曲曲艺词典》的演员。他不仅技艺全面、成就突出，年轻时观众即赠"声雅神传"贺匾，被誉为巴陵戏的一代宗师。

在这批省上会演获得演员奖、演奏奖的，还有胡永发、潘云霞、江汉民、朱岳福、周扬声、高小玲。虽未获奖，但在岳阳大戏院演出的名演员，还有孙艳华、许云姣、丁艳香、李玉仙、胡银仙、丁艳龙、汤益秋、汤仲秋、汤绪秋、杨岳红、杨岳武、刘立炎，他们多出生于 1920 年至 1935 年，都是巴陵戏在岳阳大戏院演出时的挂牌子弟。

何谓"挂牌子弟"？清代及民国时期，指深受观众欢迎且获赠"匾额"的名伶，他们在演出时便将赠匾悬挂于"白虎堂"（戏台中央），所以称之为"挂牌子弟"。有挂牌子弟的戏班，演出戏价高于一般班社，挂牌子弟的薪俸也高于一般艺人。如前述冯仙岩、李筱凤老师，就享有这种优厚待遇。民国至1963年，戏班在城镇演出都要在交通路口贴海报，戏院门前也挂有一块用立德粉写在长方形黑板上的"水牌"，上面写着某剧团今天演出什么戏，由某某主演。就如当今的广告。有很多观众看戏，就是冲着某个主演去买票的，名角能提高上座率，所以能上海报、水牌叫座的角色都称为"挂牌子弟"。

潘云霞、江汉民、汤绪秋、杨岳红、杨岳武、刘立炎，是1956年前后从大戏院分到湖北通城去的挂牌子弟。

潘云霞，13岁学戏，师承皮永义、易桂红，工正旦兼闺门。他是在巴陵戏女艺人争妍斗艳的时代，脱颖而出独领风骚的男旦名宿。为演好年轻女性，他生活中处处留心观察、潜心琢磨，表演细腻生动，嗓音清丽，唱腔圆润，既继承了巴陵戏闺门旦唱腔文秀雅丽的特点，又大量借鉴京、汉等剧种的花腔、子腔，使演唱技法丰富多变。1956年饰《夜梦冠带》的崔氏参加湖北省戏曲会演，获演员一等奖，并为董必武副主席作专场演出。梅兰芳、陈伯华看过他的戏后，十分赞赏。陈伯华曾命爱徒李金凤向他学艺半年。由于他授艺成绩显著，1960年荣获湖北省红旗教师嘉奖令，并出席全国文教群英会，人称"小梅兰芳"。

江汉民，少年时与潘云霞同在新市街同声园习艺，师承李筱凤，工老生兼司鼓。1953年到湖北通城，后任通城巴陵戏剧团团长。1956年获湖北省首届戏曲会演伴奏二等奖，并当选为通城县人大代表。

刘立炎，1937年进岳舞台拜苏来保为师学生角，后改三花，参师胡永发。蟒袍戏工架稳健，官衣、折子戏幽默诙谐，得名师真传。虽读书不多，却能过目不忘，能编剧说戏。1939年，年仅15岁即在沙市参加抗日募捐义演。1951年创作《只有一条路》《台湾血泪》，后来又创作历史剧《杨幺寨》，参与《九子鞭》《审刺客》的改编。

杨岳武，出身国庆科班，后入岳舞台，工小生。脚手身法好，抬腿便悬到耳侧配合双手"开山字"，人称"三只神手"。1963年，年过半百的他参加武汉

20 世纪 50 年代，湖南人民出版社出版的巴陵戏剧本

市展览演出《辕门射戟》的吕布，脚不仅能悬到耳边，而且能用脚尖舞弄戟枪，绝技震惊了京、汉剧名家，三大京剧武生之一的高盛麟叹曰："巴陵戏还有这号功夫！"

杨岳红，与杨岳武同科同班，工正旦兼老旦，师承易桂红，唱做俱佳。1941 年创建新岳舞台，是战争年代活动于本土时间最长的班社，为巴陵戏薪火相传作出了贡献。1956 年后为通城巴陵戏剧团挂牌子弟。

朱岳福，1927 年进国庆科班学艺，后入岳舞台，工二目头兼三花，师承胡永发。1956 年饰演《九子鞭》的海舟，获省会演演员三等奖。他戏路宽广，表演诙谐。晚年任教于省艺校巴陵戏科。其子朱显栋能演能导，亦为巴陵戏艺术骨干。

丁艳香出身梨园世家，1933 年随被尊称为"戏夫子"的父亲丁爱田习艺。后师承易桂红，工正旦兼闺门。嗓音清脆、明亮、圆润、高昂，人称"金嗓子"。唱腔甜美、韵味浓郁，特别是［慢三眼］唱得婉转动听；表演稳重，名噪湘西北30多年，为"丁派"艺术创始人。曾与丈夫李筱凤研究创作的"南转北"唱腔，被誉为"一家腔"。1960年随夫任教湘潭专区戏校。1979年任教于省艺校，培育高小玲、李正红成为巴陵戏的佼佼者。

"汤氏三雄"是观众对岳阳县荆州乡的汤益秋、汤仲秋、汤绪秋兄弟的盛赞。益秋师自幼入中心园学戏，师承万太玉，工二净。边音嘹亮，响遏行云，本行的戏无一不精。1983年教学演出，他以62岁高龄饰演《盘貂》的关羽、《打龙棚》《三春围城》的赵匡胤。仲秋师承万太玉、徐扬生，工大花。嗓子极好，本音、炸音、虎音全能，唱功老到，严而有威。表演粗犷中见细腻，面部肌肉掣动自由，所饰张飞、薛刚、姚刚，性格鲜明，表演各具特色。56岁在教学录像中演《打龙棚》的郑子明，赢得满堂彩。汤绪秋亦是自幼随兄入园学艺，先学三花，后工三生。他嗓音高亢嘹亮，擅演皇帽唱功戏。现在手机的微信群里，还在转发他灌制的唱片《崔子弑齐》崔杼的唱段，那激越悠扬的声音仍回荡在人们的耳边。

许云姣出身孤苦，幸被许升云老师收养，5岁进班，6岁学戏，工小生。不久改行从彭栋材、易桂红学旦角。由于练功刻苦，技艺出众，观众赠"9岁小神童"匾额，是第一代女艺人中的旦角魁首。尤其长于杀伐戏和泼辣戏。传统武功"绞麻花""抛钢叉""梭扑虎"等样样皆能，各种刀枪下场，身段刚劲凌厉、洗练。表演逼真传神，舍得下情，唱做兼佳。为巴陵戏旦行"许派"艺术创始人。

李玉仙，自幼同父亲李安生随岳舞台漂泊。8岁拜彭栋材学艺，9岁主演《铁弓缘》一炮走红。后又参师易桂红，转益多师。凡旦行的戏无一不精。表演惟妙惟肖，嗓音清亮甜润，唱腔吐字清晰，能准确地把字音的声调融入唱腔旋律之中，是位唱做俱佳的旦行名宿。她自幼即用心揣摩兄弟剧种的长处，吸收融化，使巴陵戏旦角唱腔更加流畅、圆润、动听。表演上兼收并蓄，自成风格，被尊为旦行"李派"的创始人。

丁艳龙，6 岁从师姚胜喜学三花、靠把，后工小生。虽识字不多，却好学不倦，加之戏路宽，肯钻研，常与妻子李玉仙共同琢磨，对《烤火落店》《桂枝写状》这些小夫妻对子戏，刻画得细致入微；而赵云、周瑜等风云人物，又演得英气逼人，塑造了许多鲜活的人物形象。特别是 1958 年演现代戏以来，他借鉴净行的化妆造型和表演，塑造的彭霸天、坐山雕、鸠山等角色，给观众留下了深刻的印象。

胡银仙，自幼随父生长于岳舞台。父亲胡仙霞工旦行，被汉剧名角牡丹花誉为"八贴"翘首，与苏来保、李安生并称"三鼎甲"。她 7 岁从彭栋材学旦角，登台即露锋芒。因变声期小嗓坏了而改习小生，拜师许升云，参师冯仙岩，深得名师真传。她文武兼工，尤以周瑜戏见长。在现代戏《洪湖赤卫队》中饰韩英，借鉴小生的表演技巧塑造英雄人物，柔中寓刚，深受观众好评。最叫座的是她与李玉仙合演的"时令戏"《白蛇传》《牛郎织女》，每年端午节乞巧节，城乡观众总要呼朋唤友去品尝他们的精彩表演。人们哪里知道，她俩都是岳舞台的艺人在湘西孤儿院收养的孤儿。

孙艳华，11 岁学汉剧，工小生兼贴旦，曾参加汉剧"抗敌宣传队"一、三、五队宣传抗日救亡。1948 年进巴陵戏班岳舞台，拜师任一新，学三生。她唱腔高亢圆润，清亮明丽，具有韵律美。表演上发挥其武功之长，文戏武唱，使人物塑造更加丰满。由于幼功深厚，嗓音极佳，又兼勤学苦钻，终于自成一派。自 1961 年以来授徒数十人，为"孙派"艺术传承和巴陵戏的发展作出了贡献。2015 年，岳阳市委组织部、市委宣传部联合授予丁艳华"德艺双馨巴陵戏表演艺术家"的称号。

周扬声是继李筱风之后巴陵戏的领军人物。他也是岳舞台艺人周太保收养的孤儿。6 岁学艺，8 岁登台，初习小生，继改蹻子，再学武小生，最后工靠把、老生。他尊重传统，勤学苦练，勇于探索，大胆创新。戏者细也，他善于在细节上下功夫，运用细腻的表演将人物性格凸显出来，成功地创造了李三保、陆文龙、孙悟空、何腾蛟、海舟、闵爵、白求恩等一个个鲜活的人物形象。为发展巴陵戏的武戏艺术，大量引进了京剧高难度的《雁荡山》《虹桥赠珠》等剧目，既使巴陵戏的武打艺术和"出手"技巧得到全面提高，又培养了大批青年演员。为演好现代戏，既带头体验生活，又组织青年到农村、军营锻炼。他甘当人梯，48 岁即主动让台，放手让青年演员担纲主演，自己跑龙套、当配角。他艺德崇高，几次临场受伤都坚持将戏演完。特别是 1962 年在益阳演出《虹桥赠珠》，他在翻"虎跳前扑"时台板断裂，致使左脚踝关节半脱位，他跛着一条腿，硬是将戏全部演完。请来的医生惊异地说："在这种情况下还能坚持演出，真是奇迹！"他未进过学堂门，文盲帽子还是上夜校摘掉的。就凭着刻苦自学，学一行精一行，既塑造了各种性格迥异的角色，又导演了大量的古装戏和现代戏，谱写了巴陵戏的当代华章。

（唐昕根据作者口述记录整理）

陈湘源，1944 年生。文博副研究馆员。曾任岳阳巴陵戏剧团团长。湖南省戏剧家协会、考古学会会员。岳阳市政协文史委员会特邀文史研究员。

巴湘"梅兰芳"

◎ 刘醒明

我曾有幸多次聆听著名戏曲表演艺术家潘云霞先生演唱巴陵戏，特别是潘先生那脍炙人口的拿手唱段《崔子弑齐》，那抑扬婉转的天籁之音曾经在我脑海里久久萦绕。

时间穿越到 1948 年夏。潘云霞先生随着领班杨岳红带的巴陵戏班子新岳舞台，来到岳阳城偏隅一方的城陵矶。由于找不到落脚之处，一筹莫展之际，潘先生只好慕名求助当地"文魁"刘树生。

时为本埠工商界名流的家父刘树生，久慕潘先生巴陵戏一代男旦的声望，当即慨然允诺并出面斡旋。这样，暂借当地天主堂破旧危房，又发动街邻挚友修缮危墙，用木板支脚为座，以砖砌土筑为台，戏班子方得勉强开锣演出，借以落脚谋生。

而且，家父克服自家困难，腾出一间主室请潘先生夫妇下榻。一小名叫"胖伢里"的青年演员，亦随同与我们弟兄仨搭通铺睡在堂屋，潘先生大为感动。

我家主室有三个大书柜，满置各类古今藏书。潘先生见到这么多书籍，大为惊讶。"胖伢里"也想启柜翻阅，潘先生见状急阻，命摆出香案，焚香礼拜后方许伸手。

家父闻知此事后，对敬惜字纸的潘先生更为敬重，称颂其为"梨园贤达"。

1983年,《夜梦冠带》定妆照（摄于便河园大队礼堂前）

潘先生仰慕经史，崇尚诗书，通晓众多忠义故事和戏曲典故。他常与家父谈古论今，探讨人生。其间，潘先生多次讲解巴陵大戏，如《梁红玉击鼓战金山》《穆桂英大破天门阵》《李信与红娘子》《樊梨花与薛丁山》《莲台收妃》《崔子弑齐》《夜梦冠带》《貂蝉拜月》等巾帼英雄、大家闺秀演绎的戏剧故事，讲者出神入化，我等亦听得津津有味，深受教益，常常舍不得离开。

汤益秋、汤仲秋、丁艳红和冯保生等著名演员，也都蜗居在城陵矶下街头天主堂的破旧舞台上。每天早上，他们吃完稀饭红薯后，都集中在剧场内，由潘先生带着练功吊嗓，从不间断。"戏子无嗓，台上无音""把子无功，纸糊灯笼"。这是潘先生常说的口头禅。

我们兄弟仨常常跟随前去观看，回家后即眉飞色舞地给父母描述在戏班里的见闻，父亲说："练功吊嗓，也跟你们读书习字一样，也要勤学苦练，才有长进！"

解放前夕的城陵矶，居民生活十分艰难，虽然很喜欢看戏，但大都无余钱购票，票房不丰，戏班入不敷出。

家父十分同情艺人，他老人家利用曾任同业公会理事长的声望，发起各个行业公会的朋友们募捐点戏。其点戏的规则是：凡点戏者点出的戏码，必先由街老们评判，胜者为"状元戏"，可首演三天，并在红纸上写出捐款者姓名，以颂扬其功德。一时间，捐者甚众，排名数月之久。

经过家父这一运作，剧场爆满，演员们个个精神抖擞，人人敬艺卖力。在那个百业凋零的艰难岁月，唯独天主堂土戏台上巴陵大戏异彩绽放，金戈震天，琴檀激荡。潘大师率领的新岳舞台在号称"小南京"的城陵矶镇上独领风骚。

记得头三天"状元戏"的开场戏为《天官赐福》。台上的演员戴上"天官"面具，为台下首座上有头有脸的业老们挂红赐福，并当场接收福包，皆大欢喜。

正戏《穆桂英大破天门阵》在激昂的锣鼓声中开幕。当潘大师饰演的巾帼英雄穆桂英登场亮相时，万响鞭炮齐鸣。舞台上男旦潘云霞那潇洒飘逸的身段，那凌厉刚健的把子功，活脱脱一位威风凛凛的千古女中豪杰！一个"三平转"接"鹞子翻身"揸翎子亮相，全场掌声雷动，经久不息。

幺锣谢幕时，"穆桂英"尚未卸妆就亲自下台请树爹题词留念，家父刘树生当即泼墨挥毫题诗一首：

> 不为家仇为国仇，巾帼豪举呈千秋。
> 愧他十万兜鍪士，眼看金符属女流。

驻城陵矶的连场演出，既使这个巴陵戏班子度过了解放前夕的困危时艰，也给战乱后的城陵矶带来了文化大餐，又为我家及当地巴陵大戏爱好者们普及了许多戏曲知识，令我终生难忘。

流行于湘鄂赣边区的巴陵戏，在新中国成立后，仅有岳阳、通城两县建团。曾是岳阳巴陵戏头牌人物之一的潘云霞先生，因种种原因，后来被调到通城县巴陵戏剧团扛鼎，从而为通城这个名不见经传的小地方，上演了一幕幕人们喜闻乐见的"粉墨春秋"。

1956年，潘云霞先生以《夜梦冠带》参加湖北省首届戏曲观摩会演，获演

潘云霞巴陵戏唱段唱片

员一等奖，一时名动江城。在全国皮簧剧种中，为巴陵戏带来了殊荣。梅兰芳、陈伯华等京、汉戏曲界名流对其表演十分称赞。

1959年，中国唱片厂灌制了《崔子弑齐》唱片录音。该剧是潘云霞先生的代表作之一，潘先生在剧中饰演王氏，由湖北省通城县巴陵戏剧团乐队配乐伴奏。在那个年代，一个小县城的艺人，能应邀在中国唱片公司灌制唱片，实为凤毛麟角。

潘先生的这些唱段，至今听来，其韵味尽显巴陵戏旦行唱腔之婉约；其嗓音有如梅荀之声亦不逊其美；其身世所勾起的往事令我扼腕叹息与不尽悲悯！老汉我与儿子刘忠能走上巴陵戏粉丝的圈子内，多仰仗了李筱凤、潘云霞、周扬声、刘立炎、孙艳华和丁艳龙等诸多大师的艺术熏陶。

可以毫不夸张地说，在喜爱潘先生的观众心目中，他所扮演的后妃仙姬形象，与京剧梅、程大家可同台媲美；其扮演的小家碧玉身姿，亦可与京剧荀、尚诸派并驾比肩。

故坊间有美誉曰：潘云霞先生乃巴湘"梅兰芳"也！

刘醒明，1937年生。岳阳市文化局退休干部。中国戏剧家协会会员。

秧歌舞动新天地

◎ 文岳新

案头这帧极其珍贵的照片，穿越了 70 余年，携带着厚重的历史沉淀，栩栩如生地映入我的眼帘。

1950 年元旦，洞庭湖畔，岳阳楼前，一群十七八岁二十出头的男女青年。飘动的绸带，舒展的旗帜，一张张活力四射的青春笑脸。欢庆人民胜利象征的延安新秧歌，舞步翩翩。

在新中国解放之初极为复杂的社会环境中，他们是解放区明朗天空下的税务战士，为保卫岳阳乃至湖南新生人民政权的财政税源，英勇战斗在第一线。

久久凝视着照片，画中的人物似乎渐渐立体了、鲜活了，泛黄的画面焕发出缤纷的五彩，"城陵矶税检站"的战旗飘扬起来，有如翻腾的红浪，映衬着照片中 C 位的男女主人公，将鲜为人知的故事娓娓道来。

一

1948 年，人民解放军与国民党军队在皖北的拉锯战日趋激烈。城市被敌我双方反复争夺，阜阳的太和省立中学，在战火中迁往东南 170 公里的淮南寿县。学校高三班的学生李坦，一位对北方解放区十分向往的热血青年，也随校转移

1950 年元旦，城陵矶税检站秧歌队在岳阳楼合影

来到寿县。

随着淮海战役打响，炮声隆隆，震撼着当时还处于国统区的寿县，老师学生已无心上课。某天李坦街头偶遇同学的父亲，太和的同乡付幻之。付的公开身份是国民党安徽省保安第三团军需主任，实则是中共寿县地下党县委书记。付邀李坦来到保安团，问他还想不想读书？然后悄悄地说："想读书，去解放区，开封有个中原大学，你联络 50 个同学，我介绍你们去，不收学费。"

李坦喜不自胜，立即回校秘密联络了几个可靠的同学，大家互相串联，很快就召集到了 50 余人。时值 12 月，天寒地冻，积雪盈尺，李坦揣着付幻之的介绍信，率大伙奔向解放区。连续六天艰苦跋涉，500 多里的征途，有意志薄弱者经受不住饥寒交加疲惫艰辛，中途开了小差，到达开封时只剩下了 30 人。

在开封受到解放军热情接待。1949 年 2 月 5 日，大年初八，同学们进入中原大学分班上课。全校师生万余人，艰苦的生活，餐餐高粱窝头小米粥。紧张的学习，课程有中国革命与中国共产党、怎样划分阶级、辩证唯物主义与历史唯物主义、中国近代百年史、大众哲学。看电影《白毛女》，演话剧《兄妹开荒》，讲民族恨、诉阶级苦。学习期间，李坦在全班第一个加入了新民主主义青年团。

4月中旬一天上午，全校在大操场紧急集合，校长潘梓年宣布："今天中原临时政府邓子恢副主席和第四野战军林彪司令员来看望同学们啦！"邓子恢勉励同学们要向工农兵学习，为广大劳动人民服务。然后林彪讲话："现在形势发展很快，不容我们在校学习了。毛主席命令四野打过长江去，解放全中国。待全国解放了，我们需要大批革命干部去接管旧政权，你们随军南下吧！"

学校于是立马组织南下干部工作团，分发服装和武器。同学们人人热血沸腾，个个欢呼雀跃，随四野汽车团日夜兼程向南挺进。李坦所在的工作团，于5月4日，接管了武汉市。中原大学校长潘梓年担任武汉军事管制委员会文教接管部部长，后任中南军政委员会文教委员会主任、教育部长。李坦分配在教育部工作。

随着解放区土改运动轰轰烈烈铺开，8月组织派李坦前往湖南。因粤汉铁路南津港桥被国民党炸毁，李坦一行40多人由武汉乘船来到长沙。湖南省委考虑形势发展的需要，决定武汉来的大部分同志去省税务局，李坦等几位分配到岳阳县税务局。

岳阳县税务局当时仅有8名干部，10月设股办公，李坦担任直接税股长，由武汉一同来到岳阳的马军担任间接税股长。从此李坦的一生，就深深扎根在了岳阳。

二

让我们回头再看看秧歌照中唯一的姑娘。清纯秀美，笑靥如花，齐耳的短发映衬出女儿的利落干练。一袭素裙，绸带飘逸，舞步轻盈，尽显芳华。这位姑娘名叫童一纯，祖籍岳阳五垸，名门望族之后。

一纯的父亲童南邦，光绪年间考取功名，异地为官。清朝末年，朝廷特旨简派新疆，执掌伊犁参赞大臣，官阶五品。左宗棠收复新疆至曾纪泽签订中俄《伊犁条约》之后，新疆军政合一、以军统政的军府管理体制进一步调整加强。将伊犁设为新疆"都会"，在距惠远老城不远处的伊犁河北岸重修将军府，总揽全疆军政事务。伊犁将军虽是全疆统领，但地方事务的管理，主要由参赞大臣定夺。时至晚清，参赞大臣的重要性已经高于伊犁将军。童南邦在疆为官期间，综理政务，辅佐军务，发展经济，安抚民生，促进民族团结，为新疆的安定作出了贡献。

1912年2月12日，隆裕太后下诏退位，标志着清朝的覆亡。童南邦携带年轻貌美的维吾尔族妻子绕道俄罗斯，迁回辗转一年有余，回到了阔别多年的岳阳。回到家乡的这位前朝遗老，在岳阳中山公园附近（现3517工厂范围）建造私邸，做了个隐居的"桃花源人"，吟诗挥毫，养儿育女，过上了闲淡的寓公日子。据传国家图书馆仍藏有童南邦诗集。此后维吾尔族妻子为比自己年长27岁的丈夫诞下了两儿三女。童一纯昵称六六，乃童老先生66岁时所生最小的女儿。

1949年7月20日，巴陵城晴空万里，洞庭湖波澜不惊。岳阳人民欢天喜地，锣鼓喧天，迎接解放军四野四十六军一五九师四七五团列队入城，岳阳和平解放。

在欢迎的人群中，贞信女中学生童一纯欢呼雀跃，兴奋不已，和闺蜜彭泽良同学决定投笔从戎，一同找到了部队要求报名参军，并与部队首长约好次日上午去领军装。一纯兴高采烈回家告诉妈妈，母亲拉着女儿的手，百感交集，让女儿带泽良在家陪妈妈住上一晚。第二天一早一纯和泽良兴冲冲来到部队驻地，不料部队拂晓前却已紧急开拔。两人心急火燎找到了县委组织部寻求帮助，组织部部长王三金一番安慰之后，安排她俩进入了干部培训班参加学习。

1952 年元旦，李坦、童一纯结婚照

三

岳阳刚解放时，一些地方土匪和国民党散兵游勇依然肆意妄为，作恶多端。尤其一些水上土匪倚仗复杂的水网掩护，盘踞在洞庭湖上，袭扰百姓，抢夺钱财，走私贩私，活动猖獗，对老百姓和新生的人民政权形成严重威胁。

1949 年 11 月，县人民政府决定在城陵矶中洋关，即海关楼建立税务所。李坦任所长，配备干部 6 人，手枪 1 把，步枪 4 支，并设检查站，专司武装检查洞庭湖与长江段过往的船只，依法查税，打击走私。

税务所的任务尽管是为国家征税，但在新中国成立之初复杂险峻的环境中，不啻是一场与敌对势力触目惊心的生与死的较量。

税所刚建不久就打了一场硬仗。12 月某日晚，税务所高学法向李坦报告："在街上看见了刘坤。"刘坤是城陵矶本地人，岳阳有名的惯匪，自封司令，无恶不作，解放后还经常冒充解放军祸害一方。

李坦马上召集全所开会，研究敌情，一定要活捉刘坤，并决定先诱捕城陵矶的伪保长万昌炎。抓到万后，李坦对万劈头就厉声呵斥："你通匪不报，立即枪决！"万不明底细，扑通一声跪下磕头，答应带路去捉刘坤。临出发时，几名同志有些胆怯，因为大家基本上都是没有战场历练，甚至从未打过枪的小青年。李坦鼓舞士气道："大家不要怕，我们要敢于斗争，敢于取胜，听我指挥。我打头阵，同志们随后紧跟着我，出发！"其实此时的李坦也没真正打过仗，更遑论指挥过战斗，全凭浑身的勇气和头脑的冷静。

万昌炎带路来到一家南货店，李坦指挥两人在马路对面用枪瞄准南货店大门，另外两人在两侧瞄准房顶。李坦用手枪顶着万保长的脊背，高学法拿着绳索随后。在南货店门口李坦命令万喊话："刘司令会客。"刘匪刚一跨出店门，李坦飞速侧身上前，用枪顶着刘的头高喊："举起手来！"高学法一个箭步冲上去，与李坦合力将刘摁在地上，其他四位同志也飞速跑过来，将刘捆了个结结实实，连夜押到了公安局。1951年刘坤被执行枪决。

城陵矶税务检查站抓捕刘匪和有力打击走私贩私的行动，引起了那些残余土匪们的极大仇视，欲置检查站于死地。1950年3月7日，城陵矶派出所接内线密报："今日会出事，大土匪胡坤准备晚上12点抢劫派出所的枪支，然后抢税务所税款，打死北方所长李坦。"李坦得知情报后，当机立断组织全所人员于当晚9时保护税款驾船来到长江对岸的白螺矶观音洲，第二天早晨再返回城陵矶税务所，挫败了土匪的阴谋，在保证税务所同志们生命安全的同时，也保护了国家税款的安全。

1951年3月5日，李坦再接密报："吴裕光和鲍光荣策谋今晚抢夺税务所的枪支和税款，杀共产党的干部。"吴裕光解放后名义上是"城陵矶工商联合会"的会长，实际上却是反动会道门"同善社"的坛主，鲍光荣是副坛主。李坦立即向城陵矶派出所通报敌情，派出所于所长当即率领全所干警火速行动，一举将吴、鲍二人逮捕，押送至县公安局。后来吴被判处死缓，鲍被判无期徒刑。

税检所在与敌人进行殊死斗争的同时，某些工作有时也得不到老百姓的理解，这就更需要冷静面对，妥善处理。1950 年 4 月 14 日，县茶叶公司在城陵矶桂花园设站收购茶叶，税务所派时世英同志前往征税。茶农们不理解，抗税不交，聚集了数百人，手握锄头、扁担将时团团围住。当时随军南下年仅 16 岁的时世英血气方刚，无所畏惧，跳到桌子上，拧开手榴弹后盖高举头顶，大声喝道："你们谁敢碰我，就叫手榴弹开花！"一时气氛骤然紧张。李坦获悉后，立刻打电话向县长罗西芳报告，同时赶去现场做工作。罗西芳深感事态紧急，随即命令岳阳驻军派了一个连赶来桂花园，平息了这一场未遂的大规模流血事件。

四

税务所最初的工作生活条件和环境都非常艰难。全所 6 个人，李坦一人是"供给制"，每月配 45 斤大米，其余 5 人"包干制"，每人每月仅 23 斤大米，年轻的小伙子肯定难以吃得饱。当时已进入寒冬腊月，滴水成冰，但缺少棉衣，大伙衣着单薄在洞庭湖水上值勤，更是冻得直打哆嗦。尽管如此，但没人叫苦，始终保持着极高的工作热情，每天清晨开始上班一直坚持至深夜，不敢懈怠，担心船舶过境漏税。

当时开征的是货物税和车船使用牌照税。凡过境船只所载货物，一律按货物价值总额的 5% 征税。城陵矶是洞庭湖与长江的总出入口，过往船只多，税源广，当时每天可收两麻袋银圆和铜钱，再装上木划子由 4 人持枪护送到街河口上岸交到县人民银行。城陵矶税务所的直接税收当时占到了岳阳县总税任务的 50%。税务所生活艰苦，工作辛劳，但大家面对成袋的银圆，墙角堆满的钞票，从不心生私念，不取分毫，表现了宝贵的革命信念和高尚品质。

1950 年初，上级部门决定扩大税务所的业务范围，加强工作力量，一下就新增了 18 名干部，增配了 10 支步枪，200 枚手榴弹，两条木船，并配了两名船工。税务所的工作干劲日益高昂，工作成绩更加令人瞩目。

城陵矶税务所出色的工作，很快引起湖南省税务局的高度关注。省局通知李坦前往汇报工作，随后省局林梦非局长率十多人与李坦一同来到岳阳实地视察。林局长岳阳视察后，当即拍板给税务所增配小汽艇一艘，医生一人，水手两人。随后中南局又特别奖励税务所十桶共 3600 斤汽油。上级的表彰让税务所深受鼓舞，人员力量的大幅度加强，工作条件的深度改善，让税务所的水上征收工作更是如虎添翼。

1950 年人员扩编，在干部培训班接受了几个月革命教育的童一纯和彭泽良也分配来到了税务所。所里一下兵强马壮，还新增了既漂亮又有文化的女干部。全所工作人员男性胆大，女性心细，性格互补，"男女搭配，干活不累"的社会和自然属性叠加体现，工作不但更有效率，工作的愉悦度也是空前高涨。水上走私逃税受到了极大的遏制，在税收额大幅成长的同时，大家还精心编排节目，用老百姓喜闻乐见的形式，向人民群众积极宣传依法纳税，取得了良好的社会效果。岳阳楼前留下的秧歌队照片，非常生动地记录了 70 年前新中国革命青年朝气蓬勃的动人情景。

（特别感谢李坦、童一纯后人为本文提供宝贵史料）

文岳新，1953 年生。央企退休干部。

记恩师方石苞

◎ 徐绳武

一

1963年至1968年，我们66届高70班在岳阳一中学习生活了整整五年。三年高中读五年，这应该是极为少见的奇闻。

教我们班高一数学的是李世贤老师，教高二数学的是严家寿先生。家寿先生上课时，兴致勃勃，搁在鼻梁上的眼镜，往往下滑到鼻尖。先生一边讲课，一边两眼从镜框上面注视学生，并且时不时地用沾满粉笔灰的拇指和食指，将镜框从鼻子下方往上面推一下。于是，先生的脸便变成了"三花脸"，我们印象特深。

教我们班高三数学的是方石苞先生。对方先生，我的印象更深。石苞先生，身材不高，瘦削，但精神饱满。常戴着黑呢子鸭舌帽，为人厚道善良，终日和颜悦色，我们视之为慈父一般。

方先生，教学技艺精湛，是一中乃至岳阳的数学名师。他讲课时，总是和颜悦色，轻言细语，逻辑性特强。上几何课，他从不带圆规、直尺、三角板。板书时，用粉笔信手画圆，比圆规画得更圆，接头处天衣无缝，不必涂抹修改，更不用说信手画点、线、角其他几何图形了。在岳阳教育界至今传为佳话。方先生的板书，字迹娟秀，排版工整，是典型的印刷体板书。

方先生特别和气幽默。据同学回忆，上课如果发现个别同学讲小话、走神，先生不是大声叫喊或敲桌子，而是停下讲课，摸摸鼻子，搓一下臀部，拍拍屁股，惹得哄堂大笑，把同学们的注意力一下子吸引过来了，他才继续讲课。

在几位德艺双馨的数学老师教诲之下，我们的数学成绩都很好。1977年恢复高考，我这位荒废了10年学习的"济农哥"（岳阳俏皮话，谓农村人），参加高考，做数学试题，恰如庖丁解牛。

1968年10月，我告别了岳阳一中和方石苞先生，回到家乡渭洞。

二

1971年，我在渭洞区饶村公社向阳小学当民办教师。恰好方石苞先生于1969年从岳阳一中下放到渭洞区中学。当时，渭洞区是岳阳县边远贫穷落后的地方，城里那些视为"臭老九"的名师巨匠，往往被流放到渭洞山区去改造。我记得当时渭洞区中学，除方先生外，还有一中下放的任国平老师、长沙下放的叶凡林先生等。于是，我有幸又与石苞先生有了师生交集机会。

那时暑假往往都要办教师学习班。在参加学习班期间，空闲时，我常到石苞先生在延寿庄的宿舍里去串门子。先生和蔼可亲，善言谈，见到我很高兴。我抽出一支一毛三分钱一包的"红桔"牌香烟，羞涩地递给先生，他不嫌烟差，高兴地接过香烟，并且掏出五毛钱一包的"金鱼"牌常德名烟，强行递给我一支："来，来！还是抽我的烟！"我在先生面前也十分放肆。师生在烟雾中，天南海北地唠嗑。

方先生在一中教师中，工资除了吴晓霞校长等三四人高于他外，他每月有82块5角，算是高的了。但是他生活很节俭，据他的长子洞生告诉我，先生平时抽的烟也是"红桔"牌，而且经常买农民种的烟叶烟丝，自己用白纸卷"喇叭筒"。先生间或买五毛钱一包的常德名烟，那是用于装给客人抽的。

1983 年，方石苞先生被评为模范教师照

　　方先生没带家属，一个人生活在条件艰苦的渭洞延寿庄区中学。我当时是个每月 6 块钱工资的穷民办，不但经常到热情大方的方先生屋里去撮点好烟抽抽，而且也常常去蹭点零食尝尝。

　　方先生烟瘾很大很大，是有名的"烟枪"。他有个"连环抽烟"的绝活。当一支烟吸成烟蒂时，他即从烟盒里抽出一支烟来，将烟的一头里的烟丝拨出来一些，再将正在吱吱冒烟的烟蒂插进去，接着，先生猛抽几口，头支烟蒂脱落，第二支烟自然燃着了。先生十分享受地接着抽第二支烟了。这样，既省了一根火柴，又没有浪费烟蒂。有人夸张地说，方先生抽烟，一天到晚只需一根火柴。

　　我见了方先生，格外亲热的另一个原因是，方先生的祖籍在岳阳县杨林街，我的外祖父母一家也在那里。常听杨林街的亲友们说，民国时期，石苞先生祖父辈，是当地有名的富贵书香门第。石苞先生共有 10 兄妹，他前面的哥哥叫"叶九爹"，乡下称石苞先生"十满爹"。先生幼年即聪颖好学，大学毕业后，他一直在外地和岳阳工作，还当过校长。

1972 年，邓小平复出，整顿教育界乱象，学校开始重视文化课。暑假，渭洞区中小学教师，在延寿庄区中学举办业务学习班。区文教办的张正国老师叫我为全区小学教师上一堂小学五年级的算术示范课。我当民办教师不到两年，要给全区有多年教育教学经验的教师上示范课，这不是地地道道的班门弄斧吗？

我急忙找到石苞先生，他鼓励我说："这是好事呀！怕什么，我帮你一把。"有了先生这句话，我方有了底气！

指定的教学内容是分数除法。分数除法是颠倒除数与被除数相乘，这个我懂。但为什么要颠倒相乘？怎么样教懂学生掌握原理？还真不是一件容易的事。

方先生先教我弄懂了颠倒相乘的原理。我花一整天备课写教案，请先生审阅指导。先生花一个晚上，手把手地指导我修改教案。先生从教学步骤、例题选择、板书设计、学生课堂和课后练习等方面，对我进行了精心指导。并且，他当学生，耐心地听我试讲了一遍。

有了石苞大师传授的现买现贩的技艺，我信心大增。在课堂上，我旁若无人，充分发挥。示范课大获成功，得到好评。先生甘当人梯，诲人不倦，可见一斑。方先生在渭洞区中学，对青年教师传、帮、带，培养了张理仪等几个数学骨干教师。这是对缺乏骨干教师的渭洞区教育事业的巨大贡献。

1973 年，方石苞先生离开渭洞区中学，调入岳阳地区师范（今理工学院前身），我与先生便失去了几年联系。

三

1980 年，大学毕业后，有两个小孩的我，自请到家乡渭洞区高中工作。1985 年底，我被调入母校岳阳师专附中。方先生的长子方洞生也早我几年，调入师专附中。于是，我有幸又与方石苞先生有了交集。

因为家属暂时未调来，我经常到洞生兄家里蹭吃蹭喝，也经常到石苞先生家里闲聊。先生见我调入师专，十分高兴。其时，先生64岁，已经退休，身体较为虚弱，但精神状态不错，谈笑自若。先生烟瘾不减，他一根接一根抽，有时晚上还起来抽烟，可能有了尼古丁依赖症。

不久，听说石苞先生重病住院了。碰到洞生兄，他告诉我，他爸爸得的病是肺癌晚期。我闻信感到震惊，先生才60多岁，正好乐享晚年啊。洞生说，实情瞒着爸爸，只说是得的肩周炎病。

我赶到医院去看望先生。他坐在病床上，见了我，含笑点头迎接。本来瘦削的脸庞，更加消瘦，颜色暗淡，说话有气无力。我劝慰先生，肩周炎病不碍事，慢慢会治好的。病好了，以后您要把烟戒掉。先生笑着点头，细声细气地说："就是肩膀背心痛啊，是的，病好了，我再也不抽烟了。"闻先生此言，我鼻子一酸，热泪盈眶。但是，我咬紧牙关，忍住了泪水。

先生挥手同我告别。我知道，这可能就是永别。转身出门，我的泪水夺眶而出。

1986年5月31日下午1点零5分，先生不治仙逝，享年65岁。学校失去了一位德艺双馨的学者，学生失去了慈父般的恩师。

值得先生九天欣慰的是，他的儿女四人及孙子辈，都很优秀，事业有成，各自家庭生活十分幸福。

徐绳武，1947年生。副教授。曾任岳阳师专附中校长、湖南理工学院图书馆副馆长。

我的父亲袁静一

◎ 袁小晶

1956 年 9 月，我的父亲袁静一被错误地撤销了湘潭地委《建设报》总编辑的职务，开除党籍，工资降八级，来到了岳阳一中担任语文教师。

父亲到一中任教的前十年，教学任务重，家庭生活负担重。那时候，家中床桌柜等几乎所有家具，都是向学校借的，就一口箱子和一个米缸，属于自家的物品。三年困难时期，为了改善伙食，父亲在轮船码头一个小饭馆后面的山坡上，开垦了约 3 平方米的荒地，种上胡萝卜之类的蔬菜。他弄来两根竹棍子，交叉撑着的一张破渔网，补一补就到洞庭湖捞虾，运气好的时候，能捞到大半桶虾。回家后又不辞劳苦，晚上一个人把那些虾放在铁锅里焙干。

家中煮饭炒菜都是父亲的事。他做饭炒菜的时候喜欢火大一些，还特别爱吃辣椒。在炒菜的时候，父亲都要准备很多柴火，边炒菜边往炉子里加柴，每餐都要炒一点辣椒，都是那红彤彤的朝天辣椒。由于患有严重的支气管炎，炒辣椒的刺激让父亲受不了，他就将一条毛巾用水打湿，捂着鼻子，呛鼻子的辣椒味仍然挡不住，呛得大声咳嗽。这样炒一会，躲开一会，又咳嗽一会，整个家和隔壁左右就听到父亲咳嗽的声音。

生活虽然困苦，但父亲待人热情、乐善好施，待客往往倾其所有。一次，父亲到邻居家借来鸡蛋待客，吃饭时，他还热情地对客人说："还有，还有！"

作者父母与孙儿合影

遇上要饭的，他也从不会让人空手。记得冬季的一天，一位要饭的老人到了家门，父亲让他到家中来，将饭菜热好，让他坐着吃，离开时再带走一些饭菜。

生活的困难，没有压倒坚强的父亲。随后的"文化大革命"十年，却让他遭受了一场更大的厄运。那时开批斗会，批斗对象必须跪在主席台前，一跪就是半天，中途是不准起来的。知道要开批斗会时，就看见爸爸在家里，找来棉花布块，事先包在膝盖处，这样能缓解一些因长时间跪地带来的痛苦。1967年的一天晚上，父亲已经睡下，突然响起急促的敲门声。父亲打开门时，冲进五六个青年人，将他摁倒在地，五花大绑，接着就架出家门，押送到岳阳楼居委会的一间办公室。一帮人连续审讯了10多个小时，采取拳打脚踢、双手反吊、不给餐饮等手段，逼迫他承认自己是国民党特务，交代枪支弹药藏在哪里。面对捕风捉影，父亲没有屈服，他忍受了常人难以忍受的折磨。直到第二天下午，那些人才放了父亲。只有10多分钟的回家路程，父亲挪行了一个多小时。

1969年下半年，学校停课，教师都下放农村。父亲下放到岳阳县五垅公社青岗大队。下放的日子，他发挥自己的特长，帮助青岗大队出墙报、写宣传标语，编写快板和小品，供文艺宣传队演出。父亲每天轮流在农民兄弟家里吃饭，乡亲们待他如亲人，都将家里最好的菜做给父亲吃。农民兄弟的质朴、热情、勤劳、善良，让父亲和他们结下了深厚的感情。父亲好不容易回一趟家，就只见他到商店采购了很多物品，便宜点的是牙膏、火柴、香干、豆腐，贵一点的是布料、毛衣、卫生衣、卫生裤，用大麻袋装了两袋，搭长途汽车运回青岗。

后来，我们听青岗的农民伯伯说起，才知道当时的农民兄弟都很贫穷，物资匮乏，常常让父亲回城时采购些物品，父亲却不收分文。

父亲回学校上班后，还专门邀请农民兄弟来城里看看。乡亲们带着孩子，来了好多批，父亲在家里接待他们吃，并让家人陪同去岳阳楼游玩。他还告诉家人："我们比农村好，待人要诚恳、要热情。"克己利人正是爸爸一生待人的准则。

有一年过年时，学校杀了猪，教职工们一致推举父亲将猪肉分给大家。父亲很开心，按肉的部位、数量均衡搭配，平摊在桌面上，教职工排队依次领取。部位太差、分不下去的那点肉，他就分给了自己。尽管如此，我们却看到了父亲难得的笑脸。

1973年后，父亲在学校农场劳动了好几年。尽管他人瘦弱，但在农场干的活可不轻不少，种菜、浇水、喂猪、办墙报。农场10来名教职工的饭菜，都归父亲做，外加煮猪饲料。每天起早睡晚，忙个不停。我们都担心父亲吃不消，他却说，比起关押和批斗，好多了！

春寒料峭的一天傍晚，父亲负责的灶台还燃着余火，一名在农场参加劳动的学生，自行将一双被雨水打湿的胶鞋，放在炉膛里烤干，结果，一炭火滚到了鞋子边，将一只鞋烧了一个大窟窿。那是一双3517厂生产的解放牌橡胶鞋，透气耐磨时尚，价格很高，一般人是舍不得买的。善良的父亲马上掏出一张炼钢图案的5元钞票给学生，让学生自己买一双新鞋。

1987年，父亲与家人游岳阳楼

父亲的烟瘾比较大，买烟又缺钱，就自己买烟叶切成丝，用白纸卷成烟支，再用报纸包上，将电灯放入报纸里，将烟烘干。有些调皮的学生，趁父亲不注意，就将烟偷偷拿走了，他总是笑一笑，从不追查。

冬季，是父亲最难过的季节。他身体弱，特别怕冷。每年，过了重阳，就开始烤火了。父亲烤火的方式是独特的，家中时常准备几个竹篮，竹篮里有一小铁盆，先在煤炉上烧燃几块木炭放入小盆，又用炭灰封住明火。不论是在家，还是出门，烤火篮是不离双手，提篮的手上，总有一件衣服或者一块布罩住，解决了手特冷的问题。

1974年底，已经进入了严冬，父亲回家了一趟，第二天又要去农场。当时风雪交加，地上一尺多厚的积雪，小弟小妹哭喊着抱着爸爸的腿，不让爸爸离开家里。爸爸说：回农场的事，耽误不得。父亲用围巾裹着头，用草绳绑着鞋，手提烤火小篮，冒着严寒和风雪离开了家，也不记得当时公交车通不通，他是怎么到的农场。

父亲 55 岁那年，获得了人身自由，重返教学岗位，随后平反昭雪，恢复了党籍和工资级别。他特别珍惜来之不易、时日不多的工作机会，用诗句"瘦影不临清水照，壮心犹着浪潮翻"表达自己的心境。

父亲肄业于国立师范学院，艺术素养和古典文学功底较厚。晚上和休息日，与其他老师和社会名流，经常你来我往，吟诗作对，探讨书法艺术和古诗创作。1980 年 1 月，父亲同一批饱学之士文家驹、秦振铎、潘云冰、谭文瑞等，发起和成立了在全国开先河的文学社团洞庭诗社，父亲还担任诗社顾问。每两个月出一本《洞庭诗刊》。《当代诗词》1984 年第四集，还选登了父亲的七律诗《怀甫》："又访遗踪上古楼，杜陵诗句动千秋。秋风茅屋三更雨，落日桅樯万里鸥。长痛黎元罹莽杞，未回天地老孤舟。当时冠盖今何在，世代乾坤日夜浮。"

父亲的学生高玲，给我们回忆过一段往事。1980 年高考前那一学期，她在理科重点班读书，袁老师是他们的语文老师，她说，袁老师是她遇到的最好的老师。袁老师教课很认真、很有方法。袁老师每周为我们出一期学习墙报，把重要的文章、段落用红字标记出来，把重要的字词详细注释好。她至今还保留了当年的部分墙报。她和她的同学们现在都记得，袁老师每天到校早，利用早读课，带同学们读古文的样子，眼睛微闭唱读，很陶醉的样子，而且不用看书。当时，文科重点班语文老师，生病住院了。学校要将袁老师调到文科班任教，同学们都舍不得袁老师离开，还闹到校长那儿去了。袁老师就为她们这个班再多上了两节课，课毕，同学们都哭了，袁老师也是含着泪水，一步一回头离开的教室。

同学们都记得，袁老师上课时，除了声音大，总是充满激情，眉飞色舞！

袁小晶，女，1956 年生。中国工商银行岳阳市分行退休职员。

罗师傅，岳阳电影放映第一人

◎ 赵健夫

三年苦日子刚过，1964 年姗姗来迟。物质生活没有大的改善，精神生活也是乏善可陈。几万人的城镇上，仅一家建设电影院。

那时，电影业不发达，电影院能放的片子很少，一部片子要放十天半月。如果是来了部新片子，抑或是只能某某级才能看的"内部片"，您再到电影院来瞧瞧吧，全城三分有其一的人，只怕全都挤到这大门口来了。

当年的老少爷们，能手持一张一饱眼福的电影票，站在建设电影院大门口的台阶上，朝着晚来了欲求而不可得的人们晃它一晃，就像是胜利者握着的奖杯，那份神情、那份得意、那份满足、那份矫情，简直无法用言语来形容。

说来，今日的年轻人，一定不会相信当年影院门前人山人海、拥挤不堪，求爷爷告奶奶，一票难求的心情是何其沮丧、何其无奈。若有人余票在手奇票可居，居然没有一个高价倒票赚取黑心钱，更没有像如今的黄牛党一样：起五更爬半夜，抢购、套购从中渔利发财的。

那时的人们纯得很，就是那么一根筋、死心眼，不灵泛、忒单纯。莫说是张电影票，只要吃了上顿有下顿，有财不想发、有财不会发、有财也不敢发。

如果从富余者手上匀来一张魂牵梦绕的电影票，尽管来之不易，却都能公平交易：急匆匆凭"票"相逢，潇洒洒温良恭俭让，连谢谢都来不及说一声就各自东西。用当今的时髦话说，真是"理解万岁"。

场内儿欢母叫、喧闹嘈杂的热烈气氛，也带来了场外"小商品经济"的繁荣昌盛。热天最抢手的是三分钱一支的"果露"冰棒，冬天最畅销的是五分钱一包的瓜子。

无论男人或女人、大人或小孩掮个木箱子，把棉被裹着的冒着"热气"的冰棒，当着进出的看客，露出一条小小的缝隙，用不着叫喊，一顿饭工夫即可抢购殆尽。经验老到且又机敏的经营者，常常是一人在影院门前"提篮叫卖"；另有一班人马在冰棒厂里"排队恭候"；前后方紧密配合，买卖方通力协作；八厘钱贩进三分钱卖出，如果是五分钱一支的绿豆冰棒，利润更大。废了寝再忘点食，"拼死拼命"，一个暑季下来收入所得，一个中学生解决年把的学杂费不仅绰绰有余，五口之家，也能吃上好几个月的饱饭了。

记得当年从中学走出来的寒门学子，许多都是在"冰棒，三分啦"的叫卖声中，走进高等学府、迈向人生成功之路的。可别小看三分钱一支的冰棒哟！

在那"穷快活"的年代，我荣幸看过不少一般人难以一票到手，且是不花钱的电影。我要声明，绝不是浑水摸鱼挤进去的，而是"东方红"放电影的罗师傅或事先预约，或虚位以待，或电话通知在入口处打个招呼："我要去放映间，罗师傅找我修机子。"我是被大摇大摆"请"进去的。

说起岳阳城"东方红"电影院里放电影的罗师傅，与我年龄不相上下的市民中知道的人不少，但熟悉、且知根知底的人恐怕不多。

解放前的 1949 年，他就在长沙某电影院放电影。解放后，岳阳一私人老板在马壕办了个小发电厂，这个颇有文化品位的"资本家"，很想在岳阳扩展电影事业，于是派员到省会长沙购买放映设备，不承想"上下求索"，连物带人一马双骑，把罗师傅也捎回了岳阳。

解放初始，贫穷破败的岳阳城，连架设机器的地方都找不到。几经努力，只能暂时落脚塔前街的福音堂里安下身来。当吱吱作响的放映机缓缓启动，如银的一道亮光投射到雪白的银幕上，这一束亮光不仅兀地划破了岳阳电影事业的漫漫长夜，更是奏响了岳阳文化史上一段辉煌的进行曲。声光所及，众口交赞，一片喝彩声。为其掌灯执棒者，就是长沙来的罗师傅。也就是影院

1952 年冬，作者在西安解放军第一通信兵学校留影

人士常说的："他，罗师傅，才是给岳阳老百姓放电影的老祖宗。"现如今被他带出来的徒子徒孙，早已遍布岳阳城乡。

大概是 1952 年吧，政府收回了影院，在天岳山建了一座可容上千人的大礼堂。其目的，主要是应付经常召开的三级、四级扩干会。闭会期间一"堂"二用，一个以红头文件命名的建设电影院应运而生。直到"文化大革命"开始，顺应潮流，遂更名为东方红电影院，并彻底翻新改造，更新了设备，扩大了容量，增加了座椅，改善了音画效果。

据业内人士称，改造后的影院，其放映设施之完备，音画效果之精良，与省内诸多影院相比较，已名正言顺跃居先进行列。为完成这一系列翻新改造、扩容增设的艰巨任务，罗师傅忙里忙外、废寝忘食，功不可没。

罗师傅名昭骥，与其妻都是长沙人。是我下地方当工人后，第一个熟识的，与我有半个同乡之谊的家乡人。似乎都有着"曾经沧海"的家庭背景和"俯仰由人"的个人历史经历，英雄相惜，自当更有一番"一见如故"的情结。

他是岳阳放电影的始祖，我是捣鼓无线电的老把式，都与"电"沾亲带故，

电影院的扩音设备出了故障，他请我上门服务，再套点近乎，他与我母亲同是长沙人，"亲不亲故乡人"，半个家乡人的情分和紧密的业务关系，一来二往就熟了。我俩脾性相投、守望相助，天长日久，关系就越发地热火了起来。

那时候，我在玉清观巷口的拐角处上班。他上有年过六旬的老母，下有楼梯坎子般的五个儿女，全都挤在玉清观电影院门口一排高不过两米、用油毛毡覆盖，前当东晒、后当西晒的两间大约20平方米的窝棚里。冷天，针鼻大的眼斗大的风，屋里比屋外冷；热天，屋内如烤如蒸，房内比房外更热。

只要他有了空闲，总要弯到巷口上我们那小不点的修理间扯谈聊天。长沙人嘛，个个善侃健谈又都风趣幽默，罗师傅自不例外。不管是文的、武的、荤的、素的、骂你的、捧你的、挖你祖坟的、祝你发财的、作古正经的，还是含沙射影的话把里，经正宗的长沙人用那形象生动、只能意会、无以言传的长沙方言那么一渲染、一忽悠，就显得妙趣横生、有声有色，嬉笑怒骂、淋漓尽致，听起来有滋有味。

可惜当年人人都被无情的政治运动搞怕了，再好的朋友也不敢"全抛一片心"，同时还得防备"隔墙有耳"，我们的谈话总不能尽情尽兴。

说实在的，我去他八口之家的窝棚的次数并不多。记得我第一次上他家拜访时，正是个炎热难当的夏天。人手一把蒲扇，个个汗流满面，呼扇呼扇唏嘘不断，全家正在用餐。除了老妈妈和他夫妇能坐在椅子上，就着烤火架当成的饭桌正儿八经地"进膳"，五个小萝卜头，都只能端着饭碗夹点小菜伴着床沿，或坐、或站、或游弋着，与其说是在吃饭，不如说是在炙热的棚屋里经受熬煎。

我真不晓得他是不是会后悔。如果当年他不来岳阳，一直待在长沙城里还是那家影院，凭其了得的技艺与资历，难道今日会受这般罪吗？

后来，我们的修理店离开了玉清观巷口，搬到了天岳山。我俩相距远了，来往也少了，但凡来了好电影我依然"外甥打灯笼——照旧（舅）"，打着他的旗号，大大方方地不请自到。

再后来，排山倒海的"文化大革命"巨浪袭击岳阳，他不幸被巨浪掀倒。头戴三尺高的尖顶帽，胸挂"国民党特务"的大木牌，游行在一大群"牛鬼蛇神"的队伍里。

不是因为别的原因，档案袋里掌握着他的"罪证"。他的岳父泰山大人是脱逃台湾的国民党官员，有当特务的资本；1949年他在长沙时，影院急需放映灯泡，国内不生产，本市找不到，上司派他去香港，自当有里通外国的特务嫌疑。先不管事实如何，挂上牌牌打翻在地再说。

好在罗师傅本人一贯老实忠厚、任劳任怨，从无半点长沙"里手"的油滑；影院内外人缘关系也不错，几年来连3岁小孩都没得罪过。游了几次街之后，左派抓"大事"（造反）去了，促生产的"小事"，自当归几头"死老虎"来立功赎罪了。直到1979年平反冤假错案，落实政策之后，才查清他的岳丈大人早于1950年病逝台湾。他背着个"特务嫌疑"的黑锅，夹着尾巴、小心翼翼，内控使用了几十年。长沙人讲话："狎你妈妈鳖！你说，咯是气的那头是好啊！"

如今罗师傅已届耄耋之年，除去开阔优雅的额头上留下光阴碾过的印痕，体健神清、生气勃勃，奕奕神采依然不减当年。

五个儿女罗平、罗莉、罗琳、小羽、小明，虽然把青春、命运、幸福、前途，献给了"大有作为"的广阔天地，可总算大难不死，扛着残缺的锄把，带着疲惫的身心，提着一袋子破衣烂衫，又回到了父母身边，子承父业当了工人。

如今五个儿女的接班人，个个大学毕业，人人都有出息。老大的闺女复旦毕业，即被上海花旗银行聘为高级白领，主管一方。老二的闺女叫莎莎，读博之后，被文艺界著名导演张艺谋慧眼识英才，留在身边当了副导演。"不争（蒸）馒头争（蒸）口气"，儿孙们的成就确实给他争光不少。

赵健夫，1934年生。岳阳市广播电视局退休干部。

想念我的老师们

◎ 晏彼德

步入晚年，脑海里总是飘荡着小时候的画面，思绪轮回童年时光，尤其回忆在老城求学的情景。我18岁考上华中工学院，此前，我在岳阳城里就读过的学校有城南油榨岭贞信女中附小初小、乾明寺贞信女中附小高小、贞信中学、湖滨黄沙湾私立湖滨中学、城北春华山岳阳一中。

英语老师

我的英语启蒙老师是我的父亲晏云程，他是岳阳湖滨大学的早期大学生，毕业后留在学校。

1941年12月7日，日军偷袭珍珠港，太平洋战争爆发，我们全家逃难至沅江草尾。一位中国军队的军官，想找人讲英语，找到了我父亲。我父亲用英语和军官讲起来，军官说："请您语速慢一点。"父亲慢慢讲来，军官依然听不懂，父亲只好用中文再翻译，军官对我父亲很钦佩。我那时才五六岁，在父亲身旁聆听。临走时军官给了我一个红包。

初中教我英语的是陶广生老师。陶老师是父亲在湖滨大学的师兄，他头发花白，身姿挺拔，上衣扣子一直扣到颈脖下，长西裤几乎拖到地上，很有学者

作者全家福

风度。他曾担任过爱国将领冯玉祥将军的家庭英语教师，冯将军的夫人李德全是新中国第一任卫生部部长。初中印象最深的课文是陶老师上的法国作家都德的传世之作《最后一课》(*The Last lesson*)。

1952 年我进岳阳一中读高中，英语老师有丁尧生、刘晓川、李铸尧。丁老师精瘦干练，是父亲在岳阳湖滨大学的学弟，他常来我家与父亲用英语交谈。

高中记得的课文有《一边倒》(*Lean to one side*)，这是毛泽东主席 1949 年

6 月 30 日为纪念中国共产党成立 28 周年撰写的《论人民民主专政》中的名言。当时我国的外交政策向苏联"一边倒"。

班主任

1950 年春，贞信女子中学改名为贞信中学，招收男生，我考进了贞信中学读初中一年一期。雷安美老师是我的班主任。

雷安美老师是我母亲欧阳廷美在贞信女中的同事。1948 年寒假母亲带我去武汉看望伯父，雷老师家在武汉，因此我们与雷老师有缘同行。那年，我母亲 46 岁，雷老师 24 岁，刚从南京京陵女子大学毕业回贞信母校任教。我 11 岁，读小学五年级。

1950 年春天，贞信全校师生乘三艘木船去君山春游。去程风和日丽，湖上一片春色。待到下午从君山返校时，风雨大作，浊浪排空。那时刚解放，听说君山夜间有湖匪出没，学校考虑到女生的安全，决定乘风破浪返校。启航不久我们乘坐的木船触礁，船底撞出一个大洞，湖水涌入船舱，船体下沉。船工立即放下风帆，用棉被堵住漏洞，指挥师生排水，接着用长篙将船体从深水区移向浅水区，我们从浅水区爬上湖岸。此时天色已黑，师生们围着篝火，在荒芜的君山湖滩，度过了一个不眠的夜晚。那时我不满 13 岁。

1998 年我已经退休。那年 10 月 17 日贞信女中在原校旧址、现在的岳阳市三中为建校 97 周年聚会，我见到分别近 50 年的雷安美老师，好像又回到 50 年前，还是那个 13 岁的初中一年级学生，向年轻的班主任老师述说当年往事。

此后我给老师写信，雷老师每信必回。雷安美老师在回信中提到那次君山遇险。她给我的信中写道："岁月如梭，许多往事，我都记不清了，你的记忆力那么好，记得清清楚楚，详尽的描述，我仿佛又回到那个年代。君山之行的惊险，印象颇深，在校的师生都为我们捏了一把冷汗，幸好无一伤亡。"

我把雷老师来信保存至今。

数学老师

作者高中照

我在贞信女中附小读书时，四年级以前的数学老师是梅来临老师。梅老师也是我第一位班主任。贞信女中初小部没有在乾明寺校本部，而是在油榨岭。

那时我们放学回家要排路队，不分年级，按家住的街道排成一行回家。初小部都是10岁以下的学生，从学校回家，要经羊叉街、乾明寺巷到梅溪桥街口我的家，慢慢悠悠不知要到猴年马月，因此当路队出了学校大门，我就离开路队，拔腿就跑。

有一次梅老师在学校门前检查，发现我离队，叫住我训斥一番，我乖乖站进了路队。我听见梅老师对旁边一位老师说："这孩子被欧阳老师惯坏了。"梅老师的声音很小，路队也走出了一大截，但我对"欧阳"两个字特别敏感，听得清清楚楚。这不是在背后说我妈妈的坏话吗？

我很难过，又不敢告诉妈妈，因为自己不听话，才引起别人说妈妈的坏话，从那次以后，我看见梅老师就绕着走。

高小部在乾明寺本校部。高小两年我只读了两个学期。1949年上学期我读小学五年一期，这是民国时期。下学期我读六年一期，迎来了新中国的成立。

高小的两个学期，贺玉珍老师教我数学。贺老师每学期期末送我一张贺卡，上与"全班数学第一"。每到周末老师们开座谈会，学校发给每位老师一份糖果，贺老师将自己的一份交给与会的我的母亲带给我。

1950年春天，我考进了贞信女中初中。我所在的初40班有七名男生，是贞信女中历史上唯一有男生的班级。谭业谦老师教我班数学，燕子在教室梁上飞，我拿弹弓射击，谭老师没收了我的弹弓。那年我 12 岁。贞信女中七个男生，不好管理。

初一只读了一个学期。我记得当时的教导主任陈光达老师找我们七个男生谈话，他说学校男生少，不便管理，要求我们转学，并表示歉意。我们表示理解，于是我们七人各奔前程。我和刘春发跳级考取湖滨中学，其余五人钟岳汉、许一飞、胡昌团、×再兴，还有一位姓名记不得了。

1950 年 9 月我就读私立湖滨中学初二。张承耀老师是班主任，兼教数学。张老师湖北人，近视眼，教我们平面几何："等腰三角形，顶角的平分线，平分其底边，你们看啰！"黑板上出现一个规整的等腰三角形。教学参考书是美国人写的《三 S 平面几何》，市面上书店买不到，议价一块光洋。张老师讲课生动，性格开朗。

范治祉老师在湖滨中学教过我的代数。范治祉老师是岳阳湖滨大学毕业生，他知道我是晏云程的儿子，对我要求很严格。有一次代数考试，全班只有我一个人满分 100。同学们有意见，认为有一道题超过教学内容。范老师可能也觉得这道题太难，第二节课改了一道题。我问老师，我做不做？范老师说你已经得满分可以不做，但是我看到改出的题目很容易，于是又做了。结果开平方时少取了一个负号，原来的 100 分改成 95 分，我好后悔，真是画蛇添足。

没想到，第二年湖滨中学就不招生了，我成了湖滨中学最后一批初中生。学校变成了省立岳阳农校，分普科和农科。原学生分在普科，新招学生分在农科，免学费。

1952 年 7 月 23 日，班主任张诚耀老师带领我们湖滨中学初三毕业班 12 名男生，从学校所在地黄沙湾，乘一叶轻舟，沿东洞庭湖顺流北下，到岳阳楼西门城下船，寄住岳阳一中，参加湘潭地区共和国第一届统一中考。

我考进了岳阳一中，分在高 13 班，当时叫新湖南建设中学。高一第二学期

1952 年 7 月 23 日，省立岳阳农校普科初中毕业合影

开学，学校更名为湖南省岳阳第一中学。读书地址还是在湖滨中学。

新生第一次在礼堂开大会，听副教导主任吴素侬老师作报告，正教导主任邹声扬老师刚调去湖南师范学院。吴老师讲话很精彩，虽然内容不可能记得，但印象深刻。听说吴素侬老师是中原大学毕业的，解放前与乔冠华、陈楚在河北邯郸中共地下电台从事编辑工作。由乔冠华、陈楚介绍加入了共产党的外围组织中国记者协会。我想，一中到底是藏龙卧虎的三湘名校。

我受业于一中名师门下，基础知识扎实。刘大栋老师定义三角函数："对斜正弦，邻斜余；对邻正切，邻对余；邻除斜边为正割，余割等于斜边用对除"，至今记得很清楚。

语文老师

1953 年秋位于黄沙湾的一中高中部，搬回城北春华山校园。

这学期开学，副校长文家驹陪同谭蔚老师走进我们高 13 班教室，文校长说："这位是新来的谭蔚老师，今后担任你们班主任，教你们语文课。"谭蔚老师身着长衫，颇具鲁迅先生风度。文校长退出，谭蔚老师开始讲课。

谭老师讲的第一课是鲁迅的《药》。"秋天的后半夜，月亮下去了，太阳还没有出，只剩下一片乌蓝的天；除了夜游的东西什么都睡着。华老栓忽然坐起身，擦着火柴，点上遍身油腻的灯盏，茶馆的两间屋子里，便弥满了青白的光"，这是《药》中的文段。听谭老师讲课分不清是课文还是谭老师的讲稿，给我留下了深刻的记忆。

有一次岳阳一中举办文艺晚会，最后一个节目由谭蔚老师主讲鲁迅先生的《故乡》。谭老师走上舞台就说："我冒了严寒，回到相隔二千余里，别了二十余年的故乡——瓦楞上许多枯草的断茎当风抖着……"听谭老师演讲，好像鲁迅的故乡就在眼前。最后，谭老师以《故乡》课文结束演讲："我想：希望是本无所谓有，无所谓无的。这正如地上的路；其实地上并没有路，走的人多了，也便成了路。"

谭老师讲课信息量大，他讲诗经、楚辞、诸子文章，秦、汉、魏、晋风骨，唐诗、宋词、元曲、晚清小说，如数家珍。谭老师还经常提到《堂吉诃德》《巴黎圣母院》《包法利夫人》《红与黑》《战争与和平》等外国文学名著。一节课只有 45 分钟，谭老师点到为止，却启蒙了我对文学的挚爱。

家教老师

我小学五年级、六年级和初中一年级，各只读了一个学期，连续跳了三级，未读的三个学期主课我要用寒暑假补上。语文我自学，有时母亲指导。英语我父亲给我补课。数学，我父亲请他在岳阳湖滨大学的学长、贞信女中退休教师李泰老师为我补课。

1949 年暑假，李泰老师第一次为我补课，一对一教。李老师不苟言笑，但讲解透彻。我读小学五年级，学了加、减、乘、除，四则运算，看到（a+b）的平方，立马回答：等于 a 的平方加 b 的平方。李老师说："还要加上二倍 a×b，我算给你看。"李老师列式一算，果然！在李老师的指点下，我实现了算术到代数的跨越，走进了数字世界。

第一次暑假补课是在茶巷子老师家宅上课。那是一栋木结构平屋，独立小院，篱笆墙，虽无豪宅气派，却也清静自在，我是小院常客，一个未名少年的到来，为小院平添了生机。

那几年寒假、暑假，我几乎没有休息。李老师不收我的学费，父亲坚持要表示，李老师每期才收一银圆。我连续跳级，数学成绩一直比较好，李泰老师功不可没。

"古之学者必有师。师者，所以传道授业解惑也。"几十年前，我受业于古城老师门下，老师们已离我而去，我只能用我的浅薄文字，表达我的情思记下我的怀念。

晏彼德，1937 年生。高级工程师。岳阳市工业和信息化局退休干部。

我的"凡尔赛"外婆

◎ 赵　萍

　　每一个人幸福的童年里，都有一位"活久见"的神仙外婆。她们可能是《红楼梦》里雍容华贵的贾母，可能是《唐顿庄园》里豁达睿智的老夫人，也可能是街坊里巷寻常人家的刘姥姥李奶奶，还可能是既富且贵，平时说话往往先抑后扬，并不经意炫耀的"凡尔赛"大妈。她们能让餐桌上的白菜萝卜开出一朵花，也会把自己的小屋布置得清新脱俗，舒适温馨。

　　那个年代，我的外婆穿着黑金丝绒的外套，头发盘在脑后，有着非常醒目的"凡尔赛"式外婆的标配。她的端庄容貌和气场照亮了我瘦弱苍白的孩提时代。

　　外婆乃大家闺秀，个子高挑，眉清目秀，一双被洞庭湖风光浸润过的眼眸，始终闪耀着坚毅善良暖暖的慈祥。外婆在家里衣着也是平平整整，头发梳得一丝不乱，对生活细节也非常讲究，家里永远是整洁有序，一尘不染，仿佛阳光干净地照着室内的一切，她才舒坦。即便是在物资匮乏的年代，外婆也喜欢采些野花绿叶养在窗台上，走进家门便闻着一股清香的味道。

　　很久以前，外婆住在岳阳天岳山。天岳山不是真的山，只是一条长长的坡街，街边上"建国商号"两层楼就是外婆家开的旅馆，后来变成了南区医院。那会儿，天岳山也算是一条小小热闹的商业街，除了外婆开的旅馆，还有盐商铺、豆腐店、酱园、茶叶店、染衣坊、缝纫店、漆店、杂货铺以及挺有名的老字号味腴酒家等等。小街北头直通闹市区中心繁华的南正街。

外婆的建国商号旅馆，前面有大小两个厅，再就是一个四方天井，楼上楼下差不多有20来间房。听妈妈和舅舅说，过去家里有六七个伙计，厨房大师傅有两个，家里的木耳、香菇都是大坛子盛的。解放前夕，因外公帮朋友担保，朋友跑了，外婆被逼债，不得已将家里的伙计辞退大部分，并变卖家什，包括妈妈记忆中10多座大大小小洋钟全拿出来变卖还债。1949年一个漆黑的夜晚，外公

作者小时候

出门再也没有回来。后来，有人说外公去世了，也有人说外公去台湾了。总之，从此杳无音信。

外公究竟去没去台湾，这件事不得而知，但因此妈妈、舅舅都深受其害。那些年，女孩子在一起不免有小吵小闹，别人也会骂我"台湾种"。这时，我就会灰溜溜落荒而逃。

20世纪50年代初，外婆的建国商号旅馆被公私合营后，给外婆留了两间自住房，约40平方米。在后来运动中，外婆积极主动改造，将两间自住房上交给了政府，并搬至东茅岭住。改革开放后，我姨妈好像去寻求过落实政策，要求补偿房款，最后也不知是什么情况，大概我妈妈"文化大革命"时被整怕了，舅舅和妈妈不闻不问也不要。

回忆起来，我的童年是一座孤独的花园。推开门，到处枝枝叶叶，花花草草，那些爬满墙头的青藤蔓叶五颜六色的花儿都是外婆辛劳种植的。那时的我

作者的外婆

柔弱瘦小，一双乌溜溜的眼睛如天上忽闪的星星，虽生在外婆悉心呵护的花丛中，却病恹恹的，可爱又可怜，没有力气奔跑也没有人和我嬉戏，形单影只。春天燕子飞来时，外婆把窗户打开，希望燕子到屋梁上做窝，跟我做伴。我坐在葡萄架下的小椅子上，太阳的味道香香的，风吹野草，也撩起我的小辫子，四周安静极了。这时，外婆会带着我去捉蝴蝶，追逐麻雀、燕子，去挖野菜，并教我认识蒲公英、马齿苋、荠菜等。在这座孤独花园里，天空成了梦幻般的紫色，没有父母也没有兄弟姐妹，从早到晚，只有我孤零零的身影和外婆的百般呵护陪伴。

后来，外婆的家搬到了东茅岭铁路边的岭上。我记得门前沿路有一排树，正对着家门口是一棵枝叶繁茂的苦楝树。舅舅从武汉大学放暑假回来，傍晚时分，喜欢在树下拉手风琴，弹吉他。我记得舅舅弹吉他时，右手戴着尖尖的金属手指套，我在一边唱着跳着，外婆靠着门笑眯眯地拍手，这大概是我记忆中最美好难忘的画面了。这么多年过去了，那幢青灰色的两间小屋虽说它既不宽敞也不明亮，但装着我亲爱的"凡尔赛"外婆和整个美好的童年时光。

盛夏时节，岳阳特别难熬，热得让人无处藏身。这时，外婆会采来一些野金银花，加上冰糖煮水给我喝。野金银花水晾凉后喝起来有一丝丝淡淡的苦味，外婆说能败火解毒，不长痱子，是炎夏最妙的饮品。

小时候的夏日，特别盼着夜晚来临。吃完晚饭，洗完澡，外婆会在家门口洒一些水，放一张竹板床。晚上我睡在竹板床上，外婆坐在我身边，一边用一把大蒲扇来回不停帮我驱赶蚊子，一边教我认识天上银河两岸的牛郎星、织女星，还有北斗七星。我望着天上那些数不清的星星，总喜欢寻找那颗最亮最大的星星。在外婆的蒲扇摇曳中，我和外婆一起念着"大月亮，小月亮，哥哥在堂屋学木匠"的歌谣，渐渐地我睡着了。第二天早上醒来，我躺在家里的床上，心里老是想，外婆什么时候把我抱到床上的，我怎么不知道？

有一年暑假，舅舅从武汉带回来一本苏联画报，还有一段柠檬黄底色印着白色喇叭花的洋布料。按照画报上女孩穿的布拉吉，舅舅在洋布上又画又剪，再由外婆用手工帮我缝制了一条连衣裙，这是我记忆中儿时最美丽的裙子。有一天外婆不在家，舅舅把我的两条小辫子剪成了苏联画报上女孩那样的马尾巴，等外婆回来，气得追着舅舅打。一年四季，我身上穿的漂亮衣服、棉鞋都是外婆手工缝制的，有的衣服裙子上还绣了花儿鸟儿。最令我身边小伙伴羡慕的是，我外婆用各色小布头帮我做了心形、菱形的香包，还做了猴子、狗狗、娃娃等一些布艺玩偶，可爱逼真，那些全是我心爱的宝贝。在我住的那条街上，外婆的热心善良是出了名的，好多邻居街坊都吃过外婆种的菜，还有一些小朋友都得到过外婆做的布艺玩偶。

一个冬天的夜晚，天寒地冻，我半夜发高烧，不省人事，外婆背着我慌得东南西北不分，一个踉跄摔在地上，外婆半边脸都摔肿了。等到医院，我被诊断为急性肺炎。初住院时，天天高烧不退，是外婆日夜守护我，才把我这条小命从死神手中夺回来。小时候，只要我生病，外婆就会用小棉被将我裹起来坐在床头。我还记得，外婆用小砂罐慢火熬的柔柔软软的饭，再把芝麻香油烧滚烫，倒在饭里，放点葱末酱油，一口口喂给我吃。

我小时候最爱吃外婆做的汤圆。前一天，外婆先将糯米浸泡，然后借来磨盘，一边将发胀的糯米连水放在磨盘的洞里，一边转动磨盘。有时我也帮着喂米到磨盘里，等到米浆水四溢，流到滤水的白布袋里，再把水沥干，一部分水磨粉拿来包汤圆，剩下的拧成小块晒干下次吃。刚开始，外婆将香干子、胡萝卜、芹菜、葱拌在一起做成芯子，但我不喜欢吃。后来外婆又将白芝麻炒香碾碎，和猪油冰糖调在一起做汤圆芯子，吃到嘴里又糯又滑又甜又香。外婆的拿手好菜还有酿甜酒、做糟鱼，等等。这些儿时的美味，只有逢年过节才能盼到吃到，难得一吃，就更好吃无比，回味无穷了。

我的童年就这样被外婆无边的爱滋养着，这种溺爱也养成了我活泼可爱、聪明伶俐、多愁善感、胆小柔弱的性格。

我的"凡尔赛"外婆还有很艺术的一面，她非常迷恋喜爱越剧，四五岁时就把我培养成了一个小越剧迷。我常常有一种错觉，总觉得我和外婆前世在江浙一带生活，这世流浪到洞庭湖边。尤其是我身上多了一些越剧柔肠百结、伤感婉约的情调；少了一点泼辣洒脱、胆大开阔、不畏风浪"洞庭湖麻雀"的坚强。

秋天的傍晚，敞开的家门窗户不时吹来一阵阵凉爽的风，我们早早吃过晚饭，外婆穿上那件最好看的黑金丝绒夹衣，把我的小辫子扎上粉红色绸结，早早带我去梅溪桥群乐剧院看浙江民间越剧草台班子演出的《梁山伯与祝英台》。

我记得进梅溪桥的十字路口，右手边是邮电局，左手边是一个卖水缸、坛坛罐罐的很大的一个店铺。进了梅溪桥后，群乐剧院的隔壁是一个废品收购站，再隔壁是一个卖米豆腐的小店，老板是一个跟外婆差不多年纪的周爹爹，笑眯眯的。小店的米豆腐不大不小一碗，上面撒了一些切碎的蓑衣萝卜，外加葱蒜末和坛子里的红辣椒，五分钱一碗。每次外婆只会买一碗，并叮嘱周爹爹少放一点辣椒，我一般吃不完，外婆会分一点吃。

群乐剧院没有唱戏的底班，主要是接待全国巡回演出的剧团，包括草台班子。每逢有越剧班子来群乐剧院演出，外婆一般会连续看几场。有一次我看见外婆到后台送了一条蚕丝绸小手帕给演梁山伯的女演员。有时候去看越剧，外婆还会煎一些灰面饼，炸糯米坨送给后台的演员吃。小时候觉得群乐剧场好大，跟着外婆看《梁祝》时，剧院坐得满满当当的，每到精彩感人处，戏迷们都会报以热烈掌声。当看到"十八相送"祝英台用扇子点梁山伯这个"呆头鹅"时，我和外婆都会笑出声；而看到"楼台会"一幕时，我也会跟着外婆一起流泪。

当年的建国商号旅馆旧址所在地天岳山

演出结束后，戏迷们会一起拥向台前，久久不肯离去。

外婆识字不多，但喜欢看越剧，还会唱越剧。戏剧里的唱词都是在口口相传中获得、在耳闻目睹中记住的。读书人可以望文生义，没读过书认过字的人也可以听声生义。外婆在家还教我唱："我家有个小九妹，聪明伶俐人钦佩。描龙绣凤称能手，琴棋书画件件会。"虽然咬字不是那么准确，但音调韵味十足。有了外婆打下的基础，从小到大，我也成了不折不扣的越剧迷。

照外婆的说法，越剧唱腔婉转细腻，缠绵悱恻，柔软清丽，女孩子喜欢越剧，性格就会变得温柔善良，模样也会变得秀美好看。但我妈妈一直怪外婆，说越剧让我变成了一个多愁善感的小姑娘。我自己的感觉是，越剧像烟花一样绚烂又缥缈，有一种悲从美来的感伤，同时也包含了一种说不清道不明的孤傲。不管怎样，外婆让我从小开始认识才子佳人的越剧艺术，享受领略了戏曲的曼妙，也了解了不少历史人物、历史故事，这大概也算是我最早接受的艺术熏陶吧。

世事无常。那年秋风萧瑟，叶落一地，我正在洞庭路完小上课，隔壁邻居彭阿姨来到学校告诉老师和我，外婆突然间去世了，要领我赶快回家。我开始蒙了，等我哭着喊着跑回家，外婆躺在一块门板上像是睡着了。看上去眼睛似睁非睁、似醒非醒，像是对无依无靠的我有千万不舍、有太多的放不下。

晚上，长眠灯旁，外婆平静安详，犹如睡在一片云朵上。灯火阑珊处，那个唱越剧"我家有个小九妹……"的"凡尔赛"外婆就这样悄然无声，逝若云烟了。我记得外婆去世后，葬在九华山，时过境迁，坟头早就找不到了。想起来心好痛，外婆还未等我长大挣钱，有力气背她，就避世而去。长夜漫漫，空留下许多念想。

算来外婆离开我已半个世纪了，我孩提时代的好日子都是外婆给的，那是我一生中最美好的时光。我相信"凡尔赛"外婆的灵魂，有一天会复活跟着回忆走来。还是那棵苦楝树下，我亲爱的"凡尔赛"外婆依然穿着那件黑色的金丝绒外衣，她的腰背依然挺得笔直，眼睛依然明亮清澈，我知道她在想我了。

赵萍，女，20世纪60年代生。岳阳市财政局退休干部。

防空洞，我揪心的代名词

◎ 严小平

2021年11月1日9点30分，岳阳城区响起了锐利的警报声，这是久违了的人防警报测试。揪心的声音一下子把我拉回了45年前，那一刻，我的心呜咽了。

20世纪70年代，国家积贫积弱，国事艰难，且又同时与美苏两个大国交恶。于是，1972年底毛主席提出了"深挖洞，广积粮，不称霸"的方针。1975年，岳阳城区的人防工程大规模开始，工程要求主干道东西方向穿越京广线，南北方向贯穿主城区，并抽调各单位人员参加人防工程施工。

1975年初春，父亲郑重地告诉母亲，他决定去参加城区人防主干道工程施工。母亲觉得参加人防工程艰苦且又不安全，开始坚决反对，后来，父亲讲明原因，她就无奈同意了。谁曾想到，这是一个致命的决定。

父亲所讲的原因，就是想把参加人防工程作为条件，在我面临知识青年下放之时，向单位申请将我按特殊情况留城。那时，父母正被大姐下放农村的艰苦经历所困扰。

大姐当年下放在广兴洲。繁重的农活尤其是冬闲挑堤让大姐苦不堪言。下放又苦又累的信息像河西刺骨的冷风，吹进父母的心里，传导入他们的神经，化作了他们难以消散的愁思。记得有一次，父亲因牵挂大姐，竟骑着自行车往返近80公里到广兴洲农村去看她。父亲回来后，情绪低落，一身疲惫，满脸愁容，半天不语。很显然，我高中毕业后面临下放这事，成了父母的一个心结。父亲为了让我留城，显然已想不到有其他什么办法，左思右想只有出此下策了。

父亲调动之前，在原单位饮食服务公司下属的红旗旅社负责基建。所以，调动后就按父亲原来工作的性质，负责人防工程的工程质量。那时，人防工程施工机械化程度不高，主要是依靠人拉肩扛，出入地下则靠的是卷扬机，人员都站在与卷扬机钢丝绳相连的木板上。

父亲参加人防工程施工后，每天早出晚归。为了赶工期，星期天也不休息。有一次，父亲很晚回家，不等母亲开口，他阴郁着脸告诉母亲有民工因为塌方受伤了。当时母亲听到这个消息，眉宇间掠过了一丝不安，随即停下手中的碗筷询问详情。后来，母亲经常提醒父亲注意安全，而父亲总说没事。

1976 年 1 月 13 日，离春节仅差 18 天。可能是受临近春节的影响，平常不苟言笑的父亲心情大好。那天一早，他笑容满面地说：今天最后把工程检查一遍，民工就返乡准备过年了。父亲拿着检测仪器，转身出门时又对我说："过年的笋子已经泡得差不多了，你切得动就切一下。"想不到父亲交代我的这句话，竟成了他的遗嘱。

当天下午 2 点多，我正在岳阳二中分校劳动，一个同学急匆匆地跑来告诉我，校长叫你回去一趟。我寻思校长找我很反常，当时心就一沉，一种不祥的预感涌上了心头。我立马搭上公交车赶往学校本部，谁知车行驶到了竹荫街与建设路相交的丁字路口，车外的邻居李铁看见了我，隔着车窗玻璃急忙向我呼喊："严小平，你爸爸死了。"陡然听到这个噩耗，一种天塌地陷的感觉向我袭来，我顾不上少年的羞涩，跳下车沿着竹荫街一路号啕大哭赶回在油榨岭的家。回家的时候，母亲已哭得昏天黑地，那会儿我才真正体会到什么叫撕心裂肺般的心痛。

父亲的追悼会由县武装部组织，在父亲的原单位，位于先锋路火车站附近的红旗旅社举行。我哭着抚摸着父亲的手，他的手彻骨似的冰冷。那时，我真

1955 年，父母及大姐在旅顺合影

的很绝望，明白父亲再也回不来了。会上，武装部代表宣布："严步云同志为了
人防工程建设而因公牺牲。"这几乎是当时平民去世后，能得到的最高政治荣
誉，灵堂里随即传来许多"啧啧"声。抚恤的待遇是：丧事的一切费用由组织
全额支付；还有就是正如父亲生前所愿，我按特殊情况留城，并顶职安排工作。
想不到，我不下放农村，竟让父亲付出了生命的代价。

父亲那天早上一个笑眯眯地转身，竟成了他与家人的永别，现在回忆起父
亲当天脸上的笑容，我就一阵心痛。父亲牺牲的时候 48 岁。他牺牲的地方，就
在茶巷子路口（即原巴陵面馆）附近的人防主干道工地。事故发生的原因，就
是上下地道的那个卷扬机的钢丝绳断了。在当年这个轰动岳阳的人防工程事故
中，出事的一共五人，两死三伤。

1928 年，父亲出生于岳阳著名的百年老字号"严万顺启记老药号"这个世
代经商的家族。父亲出生时的旧址今天还在，它是岳阳百年老店中保存得最完
好的建筑。而这座建筑离事故的发生地仅十几米，父亲的生死距离隔街相望，

令人唏嘘。

以前，过年的笋子都是父亲切的，他把笋子切得很薄，就像一件件精致的工艺品。如今切笋子的人走了，以后过年的笋子就只能是我切了，好在我已17岁，需要开始肩负男人的责任了。那年过年，有生以来过得特别沉闷，悲伤的气氛笼罩在心里久久不散。

过完年不久，我与母亲就去县武装部询问我的工作安排问题。武装部当时的办公地设在代代红小学隔壁的巷子里。接待我们的是武装部长，母亲开口喊了一声："部长，老严……"话未说完，已泣不成声。武装部长非常和蔼，他告诉我们，组织上已经安排好了我去人防办工作，待我们处理完家事即可随时上班。

回家的路上，我们一度沉默不语，悲伤的情绪还在心中萦绕。沉默了一会儿，母亲坚定地对我说："你不能去人防办上班，你这么年轻肯定又会安排去挖防空洞，你不能走你爸的老路。"在母亲的惯性思维中，人防办就等于挖防空洞。当时，我对工作的选择也没有主见，完全听从母亲的建议，谁知道如今的人防办已是人们心中的香饽饽。

1976年5月，母亲带我到了市彩印厂书记徐福生家里，请求把我的工作关系转到彩印厂来，徐书记爽快地答应了。后来，母亲还将自己特别中意的徒弟钦点成了我的妻子，我拥有了一个幸福的家。再后来，风云变幻，我们夫妻俩与全国6000多万企业职工一道，成了下岗工人。我在彩印厂一口气工作了40多年，彩印厂几乎耗费我一生宝贵的时光，当我挥手向它告别的时候，手捧的却是一纸下岗证书。

下岗后，我开过出租车、炒过股，均铩羽而归。万般无奈之下，只得去物业公司做保安。尴尬的是，我做保安的第一家单位竟然就是与我失之交臂的人防办。当我夜深人静在人防办值守的时候，当我听到人防办常常测试的警报声，我心里真是五味杂陈，百感交集。我这样难堪的生活际遇，也许是父亲不曾想到的。

2022 年岁末，作者（左二）与"巴陵老街群"群友王志龙（右一）、郑寒梅（右二）、刘引华（右三）、张峥嵘（左一）合影

三分钟的警报声戛然而止，四周又恢复了往日的平静。如今，我通过自己的不断努力，已经迈过了下岗这道艰难的门坎，过上了比较舒适而稳定的生活。在我看来，好好地活着，就是对逝去的亲人最好的怀念。

生活中，有的词也许像陌生人一样擦肩而过。而防空洞这个词，今生今世却与我紧紧相连。它就是扎在我心里的一根芒刺，让我的心常常流着血。防空洞，这个让我揪心的代名词，它代表了我对父亲深切的怀念和我年少失去父亲永远的悲伤。

严小平，1958 年生。国企退休职工。现为"巴陵老街故事"公众号主持人。

子欲养而亲不待

◎ 朱小星

每当父亲节悄然而至的时候，心中对父亲的思念油然而生。思念父亲的同时，心中满满的是对父亲的愧疚。

我是父亲最疼爱的小女儿，可少不更事时却常常与他作对。我曾怨恨父亲是与人民为敌的"右派分子"，怨恨当年父亲带母亲回国参加祖国建设的决定，改变了我们一家人的命运。我们四兄妹从小就因为父亲的原因而成为"黑五类"，不能像别人家的孩子那样，戴上红袖章，雄赳赳气昂昂地参加革命小将队伍。1957 年父亲成为黑龙江省有名的"黑帮"，在接踵而至的历次政治运动中都是挨批受斗的对象，并且还被关押过很多年。有一次他回家看我们，我义正词严地对他说，家庭出身没有办法选择，你为什么反党反人民？我使尽脸色给父亲看，就是怪他让我们一家人备受白眼，艰难度日。

在那个特殊的年代，我们兄弟姊妹招致各种歧视，尤其是我大姐大哥。他们最害怕过年过节，因为要被管辖地红卫兵小将喊去训话。我们出门就有小孩跟在后面喊"黑五类"，还唱批斗爸爸的童谣。两位哥哥去和人家理论，理论不通两兄弟就和别的孩子打起架来。事后那些惹事孩子的家长，却带着一帮小孩子来我家里告状，要求道歉，赔偿医药费。父亲知道这件事后，不得已还和母亲一起挨门挨户去赔礼道歉。回到家中则令两个哥哥跪在地上，把手伸出来。

20 世纪 60 年代，作者全家福

父亲拿起尺子一边打哥哥们的手板，一边告诫他们，无论发生天大的事情打架是不对的。我想当时戒尺打在儿子的手上，父亲的心里一定流着血，因为是他的原因让孩子们小小年纪就承受了生活的苦难。

父母非常注重我们的教育，培养我们独立自主的生活习惯，要善良，要敢于担当。原来周末一家人去公园郊外游玩摄影，其乐融融，运动开始后这一切都停止了。出现打架事件后，父母让我们少出门，给我们买了乐器，姐姐弹月琴，两个哥哥都从学二胡开始，接着大哥又学吹口琴、二哥学吹笛子，有了一定的乐理知识后，两人还拉小提琴，我也跟着哥哥姐姐们学。我们家组成了一个乐队，每天晚饭后，固定是兄弟姊妹四人一起合奏的时间，只有在这个时候爸爸妈妈才相视一笑。

随着我慢慢长大，我开始认识我的父亲。

我爷爷是律师，在帮别人打官司时，输官司的一方不服把他杀害了。爷爷的母亲，是一个大家闺秀，经不起打击也去世了。父亲是他的爷爷带大的。从小爷爷就教育他立志，长大成为有用的人。父亲考上大学，主修教育心理学。毕业后，导师推荐他去了国外，在一所中学当校长。就是在那所学校，他结识了同样任教师的母亲。母亲当时年轻美丽，一大家族都在国外，家庭条件好。1949年新中国成立，国家建设需要大批知识分子。父亲心潮澎湃，响应祖国的号召，回国支援边远地区的建设，来到了天寒地冻的黑龙江。他把放弃优渥生活的母亲同时也带回国。一对满腔热忱投入新生活的年轻人，无论如何也料想不到，后来在历次政治运动中竟会遭受一轮又一轮的冲击折磨。

小时候我特别崇拜貌美如花、外柔内刚的母亲。在那艰难困苦的日子里，她独自肩负抚育四个子女的重任。父亲没完没了地受批斗，生活的重担全落在母亲这个大家庭出身的"娇小姐"身上，天长日久百炼成钢。1969年中苏关系紧张，珍宝岛事件爆发，母亲把我的哥哥姐姐疏散到岳阳，把我送到了广东，一家人分三处生活。当时黑龙江到岳阳没有直达的火车。父母送我们先是从黑龙江出发到北京，北京住一晚后再转车到岳阳。在北京离开旅馆的时候，早上我们起床收拾各自的行装准备出发，父亲却在收拾完自己的东西后，顺手把床铺铺整齐，房间也大致整理了一下才出门。我嘟哝道："做多余的事，这应该是服务员做的事。"心里还暗想："你这个右派当的，走到哪里都谨小慎微。"父亲自然明白我心里想什么，但他一句责备的话也没说。

一路上我感觉父亲对人特别好。在火车车厢行走，他要求我们注意别挡着别人的路，遇到有人需要帮助的时候就搭把手。随着时间的推移，我越来越发现父亲总是乐于助人，事事考虑他人的感受。慢慢地我才体会到，父亲不是因为当右派以后变得唯唯诺诺谨小慎微了，而是骨子里的那份修养，与当右派无关。父亲就是这样做他真实的自我，不顾忌别人的眼光，无声中给我们兄弟姊

作者父母亲回国前合影

妹如何做人树立了榜样。

　　20世纪70年代，父亲右派"摘帽"后要求调回家乡岳阳和一家人团聚。谁知那时的教育部门不接受，理由是他的档案太厚了。这样父亲被分到市蔬菜公司。在蔬菜公司的日子，他很开心。他到基层教农民种菜，家里到处挂着大蒜做实验，很多人上门请教称呼他是朱技术员。他下到田间地头和农民同吃同住，分享他们科学种菜的成果。我笑话他，一个臭知识分子，不会种地，就会黑板上种菜。爸爸一辈子确实从没有种过菜，但是他有激情，有学习劲头，有书本知识，他边看书讲解要领，边教农民怎么种。就像当时放映的一部电影，一个农业大学教授，在黑板上讲起了马尾巴的功能。记得那段日子是他最开心的时光。

　　党的十一届三中全会以后，右派基本都平反了，但父亲很久都没有得到自己平反的消息。他的执拗脾气又来了，他说他要给邓爷爷写信反映他的情况，我又按我的思维定式跟他说，那怎么可能，中央还过问你的事情？但不出父亲所料，果然有领导过问父亲的事，黑龙江派人来给他平反了。父亲兴高采烈地走上了岳阳师专的讲台，独当一面地讲授心理学课程。

父亲平反以后，他和妈妈的工作比之前都忙碌起来。他发起成立了九三学社岳阳地方组织，最早还是九三学社中央的直属小组，他任主委。母亲也担任市侨联主席、市政协副主席。记得他俩上班，常有公家的小车接送，但他们从来没有顺便捎带过我们。有次父亲最疼爱的孙子吵着要坐车，他不同意，孙子哭着喊着跟小车后面追，最后也没有让他坐上车。我结婚后生女儿正是寒冬腊月，出院那天父母都没有要公家的车接我一下，还是大哥找了一辆货车把我接回家。我心里想："父亲挨斗的时候我们一起陪着吃苦，现在他解放了，我们却沾不到一点好处弥补。"想归想，怨归怨，我们都习惯了父母教育我们的一贯原则，生活低标准，工作严要求。我们后代还是很替父母争光，尤其是大哥朱小兵在平凡的岗位上干出了不平凡的业绩，被评为全国劳动模范。

父亲晚年病重时，我也在北京住院。他很惦记我，哪怕躺在病床上不能动，也打电话鼓励我："爸爸不行了，你要自己救自己。"我没有见到他最后一面，父亲通过电话给我的这句话，就成了他最后的遗言，至今深深铭记在我心中。

我是父亲的小女儿。在那个动荡的年代，我虽然常常和他对着干，在他最痛苦的时候嘲笑过他，但他还是非常非常疼爱我。父亲走了，他的基因品格传承下来了。他教育我们听党的话，努力工作，鼓励我们兄妹先后入党。我最佩服父亲在困难面前从不怯懦、从不畏缩、从不抱怨。他乐观积极进取的精神，永远鼓励着我。

朱小星，女，1961年生。岳阳市外国语学校退休教师。

"父亲"这个词

◎ 方雪梅

　　小时候，在我心里，"父亲"这个词，像金鹗山顶的麻石，硬朗而高峻，还带着一点冷意。这个板着脸、正襟危坐的词语，落到了一户寻常人家的小女孩面前，总有一种"隔"的感觉。我觉得"父亲"只是一个家家户户都必备的男人，就像房子，必须有房梁。而母亲则不同，她是米饭，是棉被，是活命的必需品，像温软暖香的光。

　　想起来，我童年时有过三怕，怕黑夜、怕蛇、怕父亲。前两怕，是所有孩子共同的，可以理解。但后一怕，与父亲年轻时一身的威严、绷硬的脾气，以及常常一副雪国冰山似的脸色有极大关系。

　　记得大约是四五岁时，一路哭喊挣扎的我，被他从长沙的外婆家抱回岳阳，开始了每天与他同处一个屋檐下的日子。当我满口的长沙话，变成了地道的岳阳腔，我仍然觉得他是别人家的爸爸。再大一些，我认同与他的父女关系后，又觉得他像家里的客。因为，即便我家就在他从教的校园里，可他仍然只在饭桌上露面，在睡觉前归家。很多时候，家里的饭菜上桌了，母亲还要打发孩子们满校园去找父亲回家来吃饭。仿佛教书这件事，比命还重要，父亲把所有的时间和热情，全都放在办公室和讲台上。

　　他每年都会拿回一些红字的奖状，家里的抽屉塞满了，就用一个铁夹子夹

父亲的军人照

起一大沓，挂在墙上。小学一年级时，同学来家里玩，我怕小伙伴们知道父亲的名字后取笑，就把铁夹子上第一张奖状的名字剜掉了。结果，父亲回家后，勃然大怒，狠狠地抽了我几巴掌。这是我记忆中，第一次被他打。不光我，我的哥哥姐姐们也都怕他，若见他脸色阴云密布，就噤若寒蝉，或像老鼠见了猫。这顿打，让我对他产生了一种惧怕感。我甚至觉得他每次在进家门之前，就把笑容从脸上脱了，挂在家门外的校园里。

与当时的许多男人一样，父亲不大理会柴米油盐这些琐碎家务，也很难得问问五个儿女的功课。母亲总说，父亲的脾气倔，在家在外，都不懂得委婉与迂回；说话，也从不拐弯，每个字，从嘴巴里吐出，落到地面，像石子的撞击，会砸出一个个洞。

父亲把尊严看得高于一切，无论什么情况下，对有损自己尊严的人与事，决不低头俯就，也决不会因为生活的难处而求人。就算当年，我母亲为我姐姐哥哥从乡下知青点招工回城的事，急得哭，他也不愿意上门去求老朋友。母亲的泪水，让我刻骨铭心，我觉得父亲自私、冷漠，不懂人情物意。在进入中学前，我心中的"父亲"一词，都是冷色调的。

20世纪七八十年代，物资匮乏，作为多子女家庭，我家更是生活拮据，父母的工资，常常没有到月底就花光了。为省钱，父亲买来烟叶，切成细细的丝，做成卷烟抽。偶尔喝点便宜的白酒，这算是最大的奢侈了。家里一个钱掰成两个用的时期，父母也会为钱发生争执，而我感情上总是站在辛苦持家的母亲这边。

那个年代，家家生活皆清苦，尤其是多子女家庭的父母，更得努力工作，

作者与父亲合影

以保障全家衣食有凭。父亲说，认真工作，一来是做人的本分，二来也对得起国家每月发的这份工资。总之，做人要凭良心。

有一年腊月二十八的傍晚，一个10多岁的女孩子，在漫天风雪中叩开了我家的那扇老木门。女孩子是父亲的学生，已经毕业离校了。她送来了两条草鱼，说给老师一家尝尝。见父亲坚决不收，她快哭了，说："我妈妈嘱咐过，人要懂得好歹，要懂得感恩。要不是方老师，我可能早就读不成书了。"原来，女孩品学兼优，家是郊外一个渔场的，家里特别困难，连她的学费也拿不出。我父亲知道后，连续几个学期，不声不响地到总务处帮她交了学费。此后，每年过年前，这个朴素老实的女孩都会来家送两条鱼。每次，父亲就提前让母亲准备一些红糖、面条、豆腐票、肉票等，回赠给她。这种往来，持续了许多年，直到市场上物资丰富了才停下。这件事让我发现，父亲也有人情温热的一面。

《我家住在文庙旁》（方雪梅作）

　　进入中学后，一次，我无意中翻开了家里的抽屉，看到父亲20岁时，穿着解放军军服，挎着手枪在长沙郊区搞土改时的照片。照片里的父亲，英俊帅气，像电影《英雄儿女》里的王成，一副威风凛凛的样子。这让我大吃一惊。没有想到，这位从湖南师大毕业的教书先生，竟然是"潜伏"在我们家的"战斗英雄"！突然间，我的崇拜与骄傲之情爆棚：喔，怪不得父亲这么威严，这么硬气。

　　随着我一天天长大，父亲这个词，由远在天边的雷霆，变成了南岳坡下洞庭湖的浪花，越来越柔软可感。记得初三那年，我突然感觉黑板上的字，远成了迷雾，根本看不清楚。父亲很着急，带着我步行穿过吊桥、洗马池，到了南正街的一家眼镜店，陪着我检查、验光，又亲自给我挑了一副黑边大框的眼镜。虽然被同学取笑是"老人镜"，但我却特别开心。

父亲是湖南师大中文系毕业的，骨子里有文学情怀。家里的教案下，放着一些当时没有解禁的书，有《暴风骤雨》《青春之歌》《元曲》《红楼梦》《战争与和平》《飞鸟集》等。我从小学就在父亲的书架前翻看，他鼓励我多读，但不许我拿出去，也不许到外面说。这种阅读，萌生了我心里最初的文学梦。

大约是 20 世纪 80 年代初，我第一次收到一笔稿费"巨款"——30 多元。父亲一边刮胡子，一边高兴地问我：五丫头，想要买点什么不？爸爸陪你去。那一天，空气中飘着槐花的甜香。父女两人，像过年一样，来到洞庭路百货商店。隔着柜台玻璃，父亲看中了一块最新款的小巧女表，是上海沪光牌的。节俭了一辈子的父亲，毫不犹豫地给我买下了我此生的第一块表。我的稿费，他分文没用，说让我开一个存折存起来。30 多年过去了，这块小手表，我一直小心翼翼地保存着。它让"父亲"这个词，在我心里有了薰风拂面的温度。

悠悠人世，花开有神，叶落有情。如今，父亲已年过九旬。年岁越高，他愈温和，心里的天地愈加清旷。每天不是伏案读书、写书，就是在住宅边的闲地上种菜。每次，遇到给灾区捐钱，他总是慷慨得很。他说，一个人在时空流转里，总要有些知见和向阳性；沾了人间的米粮，就要给后人留下点有价值的东西。从 2010 年起，在七八年时间里，老父亲以一己之力，编写了《新华韵典》《怎样学些古体诗》《新编绝句三百首》等 8 本著作。他说，希望留下点有价值的文字，给热爱古体诗写作的人，以此证明他曾经活在人世间。

现在，父亲这个词，在我心中不止意味着血缘的来路，更意味着一个男人舍伪归真的器识和人生的庞大向度。

方雪梅，女，20 世纪 60 年代生。中国作家协会会员，一级作家。长沙市作家协会副主席，湖南省作协全委会委员，湖南省散文学会副会长。

"岳州八怪"谭文瑞

◎ 谭琦英

　　我的父亲谭文瑞，曾被人称为"岳州八怪"之一。在人世间，我最难忘的是父亲，记忆最清晰的是父亲的音容笑貌。

　　记得我牙牙学语的时候，父亲总是牵着我的小手，教我背唐诗，还以手指在沙土上写字，教我认，教我写，还不厌其烦地教我学成语。父亲对每一个成语都细细地加以解释，直到我懂为止。

　　虽然父亲很忙，但总能抽出时间陪我和哥哥、姐姐一起讲故事，猜谜语。每次时间虽说不长，但我们总是被逗得笑声连绵，那笑声久久回荡在小小的厅堂里。我家四姊妹中，我是最小的，不懂事，总期盼爸爸能多陪陪我们。

　　渐渐，我在长大，我也脱去了幼稚。这时的我发现父亲总有写不完的字，画不完的画。每当父亲写字画画时，我就静静地在一旁认真观看。父亲写累了，坐下拉着我的手，说：琦琦呀，读书不光要成绩好，更要把字写好。老话说得好，"字是门面书是屋"，有一手漂亮的字在哪里都吃得开。父亲总将道理融入生活的细节里，轻柔地浸润我们的心田。

　　小时候，我是爸爸的跟屁虫。父亲出门经常带着我。走到街上，父亲总是指着各个门头上的牌匾，告诉我，这是什么字体，这个字怎么写才漂亮。耳濡目染，渐渐地我爱上了书法与绘画，时至今日，我每逢漫步于街上，也总不愿

1983 年，作者父亲在广州云梦宾馆现场指书

错过对一副副牌匾和门联的欣赏。

　　父亲生活艰苦朴素，从不贪图享乐，只醉心书与画。当时父亲有三宝：蘸水笔、摇摇表、点火机；有三爱：爱看书、爱写字、爱下棋。除此之外，在穿着、吃喝上没什么讲究。

　　父亲平易近人，对交往之人，都视如亲友。凡有人求字，他从来都是高高兴兴地应允认认真真地书写，并无偿赠予。为了传承中国独特的指书指画艺术，对前来求学者，都是有教无类。不论贫富老少总是依人依性施教，不厌其烦地示范，手把手地教练。要说他们是师生，不如说是朋友和家人。

　　父亲虽是一介书生，却对祖国、对民族怀有真挚的感情、深沉的爱。解放

1981 年，全家合影

前为救国毅然弃家从戎，参加中共地下武装。1950 年在新墙镇教书，巧妙地利用老师身份从胡坤匪帮中，解救了一众区乡干部。

1979 年 11 月，在市委宣传部举行的迎接日本访华团的座谈会上，访华团长、日本著名画家片桐白登发言说：你们的文化，你有的我们都有，你们没有的我们保持得很完整。当时我父亲立即反驳道，是这样吗？请允许我展示一门小技，看贵国是否有？说罢，立马用拳头蘸墨写了一个巨型的"龙"字，其神韵，若苍龙腾飞，威不可遏，立时艺惊四座。片桐白登先生对父亲的指书由衷推崇，连声说，"绝学！绝学！"并表示要以 300 元的价钱求购此字。300 元，在当时相当于父亲好几个月的工资。但父亲却分文不取，欣然将作品慷慨馈赠给日本友人。片桐白登大为感动，亦当场泼墨，画青龙一帧以为回赠。据说这幅"龙"画现珍藏在岳阳市博物馆。

接着，片桐白登先生即席发言，对之前的观点进行纠正说，他在日本没看到过指书指画，日本也没有指书指画这门艺术，并表示要向谭先生学习，欢迎谭先生去日本访问，把中国指书指画艺术传到日本去。父亲表示了谢意。

我的父亲不仅能书能画，而且拥有多方面才华，可以说是文武双全吧。以文而论，除了书法和绘画，诗词歌赋也是行家。他是岳阳市洞庭诗社最早的27位首批社员之一，在各类报刊发表过大量诗词和散文作品，他还能极熟练地演奏口琴与手风琴，还能为歌作词谱曲。记得那时候我最喜欢听父亲吹口琴，他一吹我就有一种歌舞的冲动。

以武而论，不知什么时候练就了一身好武艺，我亲眼见到父亲拳脚功夫了得，父亲一蹲桩练功，书店的几个年轻小伙子，累得气喘吁吁，合力都推不开，拉不动。我还经常看到父亲运气空手掌劈窑砖，一次可劈断数块，也令我崇拜不已。

所有这些，点点滴滴，林林总总，时时融汇心头。我总是泪难禁，夜难眠。父亲温柔和坚强，博学且内敛，正直而刚烈。这样的父亲如何舍得忘却？我为成为您的女儿感到自豪和幸福。

父亲，女儿我想您啦！

谭琦英，女，1956年生。中华诗词协会、湖南省诗词协会、岳阳市诗词、楹联协会、岳阳市书法家协会、省老年书法家协会、省新闻出版书法家协会会员。

老城首批消防兵

◎ 刘燕林

2019 年 12 月 30 日，岳阳市消防救援支队挂牌。

公安消防部队（武警消防部队）退出现役后，成建制划归应急管理部，正式告别了"铁打的营盘流水的兵"时代。

从此，消防官兵的绿军装换成了蓝制服。消防兵、消防战士、消防官兵的称呼消失在历史长河里。

对我来说，消防战士、消防兵是多么亲切的称呼！我父亲就是岳阳老城的第一批消防兵，退休前也是消防部队的。我家与消防队营区为邻 21 年。

在我家墙壁上，挂着一张摄于 1962 年元旦的岳阳老城交消队员的合影。照片上的男青年雄姿英发，彪彪虎气；两名女青年如鲜花，被周围的绿叶烘托着，显得面如芙蓉，端庄秀丽。这是岳阳县公安局第一批交消队队员。

1960 年，岳阳县公安局组建交消队，包括交通民警队与消防民警队两个小分队，共 15 个编。10 来个年轻人于 1960 年 12 月光荣成为第一批交通民警、消防民警。1961 年岳阳县公安局交消队消防分队正式成立。

1965 年 5 月 1 日，消防民警改为义务兵役，变成部队编制，这批消防民警就成了县城第一批消防兵。消防分队队长是晏宗保，副队长文其美。消防队分两个班，一班班长沈宏，队员有王长贵、钟义宝和我的父亲刘修文等。

消防战士皆二十出头，赤脚在田野中长大，大字难识一箩，身体壮实如牛，皆为经过全县公开招募和多级政审选拔出来的根正苗红农村娃。

父亲并不是直接从农村招进来的。1958年岳阳城里大搞建设，20岁的他从毛田区老家走了两天两夜进城，加入基建大军。洞庭北路的"二号工地"、城陵矶上洋关南面的山丘开挖铺铁路，他都参加了。那时按劳计酬，月清月结，从不拖欠工资。父亲年轻力壮舍得出力，一个月常常能挣大几十，有一个月挣了99块，他喜得一夜睡不着，悄悄在被窝里数票子，数了一遍又一遍，99块终究没能数出100块。

作者父亲刘修文

听说公安局招消防民警，他立即报名。他向往解放军。有人不解地问他你在基建队一个月可以挣七八十块，当了消防兵，顶多七八块的津贴吧。他说，我就是想当解放军，我想穿军装。

第一批消防民警的吃、穿、用全由国家配发，心中那份骄傲和自豪，就像初升的太阳照得他们脸膛发光，他们走起路来脚板像装了弹簧一样。

最初交消队驻在竹荫街公检法大院。大院大门口左右各有一栋红砖两层楼，一横一竖呈丁字形布局。一楼有车库，车库大门面向竹荫街，里面停放"消防车"。消防兵住一楼。听到火警一骨碌翻身，可迅速进入战斗状态。

为什么"消防车"要打上引号？因为第一批"消防车"，是三轮板车加上水泵改造而成的。人工拖运，人工摇泵。人工摇泵最消耗体力，一般由力气最大的战士担任，父亲是摇泵员。

寒冬腊月的晚上，车库里通夜烧着大煤炉，以保障消防泵能即刻发动。

白天，消防战士训练起来生猛得像下山老虎，"提高警惕，保卫祖国"喊得震天响。晚上，他们集中在小会议室学文化，由公检法机关的文化人教他们识字、写字。这些小老虎变成了抓耳挠腮的乖乖猫，眼巴巴地望着老师。消防队还不定期请一中老师给战士们讲化学知识。

夏天的傍晚，集体组织到街河口下湖游泳。晚上学新歌："新盖的房，雪白的墙，屋里挂着毛主席像，贫下中农热爱你，心中升起红太阳……"

消防队还组织3517厂的青年女工与消防战士开联欢会。厂里的女工教消防战士跳交谊舞。消防战士们有的落落大方，与女工翩翩起舞；有的害羞得低着头，拉都拉不起身。

消防战士盼望星期天。星期天下午可以轮流放假，洗衣服、上街买牙膏肥皂、走走亲戚。

为了成为毛主席的合格战士，父亲除了参加队里的常规训练，业余时间也练功夫。据公检法大院长大的小孩子说，刘修文叔叔喜欢在细伢崽面前炫技。他伸出粗壮的胳膊，让细伢崽两手攀着，他就吊着细伢崽在院子里走来走去；有时候两只胳膊一边吊一个，举起又放下。

父亲还有一个练功法——他趴在操坪水泥地板上，三四个细伢崽叠趴在他背上。然后压在最底下的他"小蛮腰"一扭，背上的细伢崽稀里哗啦滑下来。由于有这些"特技"，他成了伢崽们最欢迎的消防兵叔叔。

刚开始他不喜欢洗衣服，把换下来的衣服、袜子绞成一团，塞到床铺底下、丢到蚊帐顶上，直到没有衣服可换了才一次性大清洗。

晏队长的妻子晏嫂问他：小刘啊，怎么很少看到你洗衣服？他说，怕把衣服洗烂，尽量少洗。晏嫂笑得前仰后合，笑出了眼泪，一边抹眼泪一边说：衣服沤久了容易烂，经常洗衣服反而穿得久。父亲听后如醍醐灌顶，马上变得勤洗勤换。

父亲节约成痴。旧的舍不得扔。旧衣服洗得发白，旧水壶摔瘪了仍用。军用品真的结实，收藏至今的新军衣、新水壶都还是簇新的。

1963 年腊月一个深夜，北门红旗造纸厂芦苇堆发生火灾，消防队出动后天亮还没有回来。局领导和家属守在传达室翘首以盼，直到上午 10 点多才把消防队盼回来，消防队员个个浑身湿透。

奇怪的是，父亲却穿着干干爽爽的衣服，手里提着湿浸浸的军衣。原来是厂里一个家属把她爱人的衣服借给他，从里至外的干衣服硬让他换上。群众真好！父亲说："那次打火回来，胳膊僵直了个把礼拜，筷子都捏不住。"

2017 年父亲在我家过春节，在小区散步时，竟遇到了 50 多年前借衣服给他的那位大姐。老人是来儿子家过年的。时隔半个世纪，两个老人见面，不胜唏嘘。

1964 年消防队引进第一辆专业消防车，首任司机是石光华、周农章。消防战士配上了专业消防服。消防战士的训练增加了快速穿衣戴帽、甩水龙带、接水龙头等令人眼花缭乱的项目。这些紧张的读秒训练，成为公检法大院内一道壮丽景观。孩子们在家里也学着把衣裤鞋袜堆在一起，早上起床快速穿起，让家长省心不少。

1965 年某炸药仓库爆炸，队长晏宗保作为指挥员冲在火场最前线，一道火舌从门缝里闪电般地袭到晏宗保脸上、身上，二号队员立即扑上前把晏队长抢出来。令人痛惜的是高大英俊的晏帅哥烧伤了。几年来晏宗保顽强与伤痛搏斗，在领导支持和战友鼓励下，历经磨难，终于凤凰涅槃，站起来又是一条好汉。救火英雄晏宗保又回到公安战线，后来担任岳阳市交警支队政委。

1969 年，交消队撤销，分别成立消防队和交通队。

1971 年，消防队搬出公检法大院，搬到了洞庭北路。父亲从消防部队退伍，留在县公安局。

1983 年 1 月，消防队正式划归中国人民武装警察部队岳阳支队建制，简称武警岳阳市消防支队，受武警和公安双重领导。武警岳阳市消防支队要充实队

1962年，岳阳首批消防民警合影（后排右四为作者父亲）

伍，父亲再次"入伍"，回到了他的大本营——消防队。后来从武警消防支队光荣退休。

面对墙上那张60年前战友们的合影，父亲戴着老花镜仔细辨认：前排从左至右：刘正生、谢悦华、汤应兰、邹淑惠、刘成香、王长贵；后排从左至右：小蒋、小曹、戴昌义、晏宗保、父亲、沈宏、任其美、彭会初。

刘燕林，女，1965年生。农工党岳阳市委会原秘书长。湖南省作家协会会员。岳阳市政协文史委员会特邀文史研究员。

我的母亲欧阳廷美

◎ 晏惠英

我母亲 1902 年出生，外公外婆只生了我母亲一个，他们对独生女儿特别宠爱。清朝末年是缠脚的时代，母亲小时候也缠了，但很快被我外公拆了，不许缠。于是我母亲不再受缠足之苦。我看到母亲的脚与我们不同，脚大拇指与二指紧贴凹陷，还是留下缠脚的痕迹，不过仍是一双大脚。

那时女子一般不出闺房，不送读书。极少数女子有读书机会，须家长开明和家庭经济基础好。我母亲是幸运儿。外公外婆送她念私塾开蒙，后来又送到岳阳教会学校贞信女中。

作者母亲

母亲从贞信女中毕业后，外公外婆又送她去武昌深造，就读于武昌女师，毕业后回岳阳进了母校贞信女中当老师。她教过课，后来更多时间是在图书室当管理员。其间，同事张爱真老师最爱看书报，她成为母亲的挚友，后调往北京大学任教。

母亲住家、上班都在乾明寺巷，相距只有二三百米。家里有一张老相片，

作者在岳阳师范幼儿园的毕业照

是母亲刚入职贞信女中时所照，母亲典雅秀美，风韵迷人，一直是我崇拜的偶像。母亲告诉我，那时傍晚下班回家常遇人尾随，她很害怕，加快脚步回家，不过没遇到过不测。

父亲和母亲是经人介绍才认识的。父亲博学多才，但视力很差。母亲毫不犹豫选择了他。两人互敬互爱，讲话有说有笑，从不争执吵闹，营造了温馨的家庭气氛。

解放初期城市居民都组织扫盲，农村更需要送教下乡。1953年，岳阳县文教科发文，动员老师报名到农村教书。我母亲当时已年过半百，仍满腔热血报了名。我不知他们学校有多少人报了名，谁选上了，我只知道我母亲选上了，到离城50多里外的农村西塘新茂小学任教！

母亲服从分配，清理行装步行奔赴岗位。这可苦了我的父亲，走前我听到父母亲的对话。爸对妈说：你这把年纪了，家里有老母亲，我眼睛有毛病，四个小孩读书，离不开你呀！妈说：家家都有困难，谁去不一样？这次选上我了，以后回来换别人。我爸无语。我记住了：母亲很快会回来换别人。谁知这一去就是三年！

这三年母亲从没向组织要求调回来，全身心投入教好农村的穷孩子，当好全科教师。孩子们放学，母亲常踏着泥泞小路送年龄小的到家门口。与当地农民、家长、学生关系良好，乡亲们有个三病两痛时陪他们上岳阳看病，亲如家人。

母亲在乡下教书的时候有一次调工资的机会，当时我母亲月工资 25 元，老师们都希望自己加上这一级，可我母亲在会上表态放弃这次机会。父亲知道后十分不解，一家七口，生活艰难。母亲说，其他老师比我年轻，贡献比我大。我爸只好一声叹息！

母亲在乡下教书的日子里，双目失明的父亲度日如年。父亲要我执笔给县政府文教科打报告。我清楚记得，小学一年级 6 岁的我牵着怀揣报告的盲人父亲，慢慢走到县政府去。

作者与母亲合影

县政府在下观音阁街，长而宽的斜坡有百来米才到大门口，大门两侧站着手拿武器的解放军，庄严威武。渴望母亲调回来的急切心情使我并不胆怯，我牵着父亲到解放军叔叔跟前说明缘由，我们顺利入内。

找到文教科，我交上报告，站在旁边。接访者看完报告，然后对我说：你们的报告先放这儿，研究研究，你先回去等消息。这一等便是杳无音信。于是我们再写，记不清递过多少次，只记得报告内容一样：一家七口全靠妻子支撑，上有老母亲，丈夫是瞎子，四个读书的幼儿……我反复执笔也就能背下来了。终于三年后的一天，通知母亲调回岳阳城了，我们全家兴奋不已，父亲更是泣不成声！我人生第一次体会到父亲和我的努力成就了家庭的幸福！

巴陵老街群张溟敖今年写了一篇回忆童年的文章,提到塔前街小学的欧阳老师:模样端庄美丽,说话音调偏低,很有亲和力。欧阳老师上课时,同学们都感到很轻松,也敢于举手提问,欧阳老师讲课时不是总站在讲台上,而是不断在同学中间走动,所以同学们也不敢做小动作。60多年前的事,张同学还记忆犹新,我惊讶又感动!

母亲58岁那年,领导劝母亲退休。那年代退休没有硬性的年龄规定。母亲说家里经济来源只有她一人,只能等大儿子大学毕业后才能退休。于是文教科安排她到先锋路百香园剧场。这样母亲结束了教育工作后,在剧院干了三年才退休,时年61岁。

有一次我进剧院时,无意间往售票窗口看了一下,小小窗口露出母亲的脸,在黑夜与灯光的交错映照下,母亲的脸显得苍老!我突然一阵心酸,眼泪止不住流。父亲刚过世,我害怕再失去母亲。我没有马上进票房,仰着脸望星星,好一阵才进去。我埋头帮母亲计算票钱,不让母亲发现我的泪痕。几天后我拉母亲照了张相,因父亲在世时,我跟父亲竟然没有一张合影,我不想再留下遗憾,于是有了一张我戴着岳阳一中符号与母亲的合影,那年我15岁。

晏惠英,女,20世纪40年代生。曾在岳阳卫校工作。

贞信女中一寒梅

◎ 谌郢文

我母亲出生在巴陵老街，曾就读于贞信女中，解放初期下乡支教，献身教育事业终身，这似乎是她的贞信母校大部分学友的经历。

母亲刘梅村，岳阳县新墙镇高桥村刘世文人。外公兄弟姐妹 8 个，都是农民。为寻求好一点的生活，外公带着外婆来到岳阳县城，以挑脚送货打青山维持生活，有时帮工在湖边打捞木头，剥下来的树皮，晒干还可以做柴火卖，外婆则以替人洗衣做女红帮衬。

作者母亲刘梅村旧影

母亲出生于街河口洞庭湖边的一个茅草棚里。据母亲 80 岁时写的《我的自传》回忆，外婆 31 岁生下她后，外公因劳累过度患下肺痨，带病劳动五年，在母亲 6 岁时一病不起，与世长辞。

外公过世不仅未留下分文，反因治病欠下一身债务，仅留下三间茅屋。所谓屋也就是用六根木头支起，上面铺些木板撑在湖面上，湖水一涨，下面就是水，一刮大风，湖里的木排被风浪冲散，撞得房子摇摇晃晃，大风"呜呜呜"呼啸，鬼哭狼嚎般，十分吓人。这时只好不时用竹篙从窗口把浮木浪渣抵走，但往往是抵走了一根又来了一根，一堆又一堆，尤其是晚上，母女俩提心吊胆，彻夜难眠，更怕草棚被毁，再无处安身。

外公临终前，嘱咐外婆，说自己一辈子就吃了没有文化的亏，让外婆千万不要改嫁让女儿受罪，讨饭也要让女儿读点书，不要让她做睁眼瞎。

以后，外婆只能加大做女红的力度，母亲小小年纪也学着做那些事，以减轻外婆的劳累。据母亲自传中说，外婆送她读初小，放学就帮外婆洗衣，还到街上袜子厂里拿袜子缝，每只袜子要缝360到400针，一针一线一点也不能错，否则留下一个眼又得返工。从早到晚一打袜子可以拿到48文钱。有时也在裁缝铺拿些衣服来绞，还给人家挑花刺绣，打毛衣。这样她们母女从早到晚不停地劳作，才勉强维持了生活和学业。

初小毕业，外婆实在负担不了更高的学费，母亲只能辍学。她15岁时，媒人介绍，与我父亲订婚。父亲曾考入南京农大，因家境贫寒，只读一年便辍学当了小学教员，订婚时对母亲的要求就是要继续求学，并带她考入贞信女中。

母亲非常珍惜贞信女中的学习机会。进校后，除第一学期外，期期都夺得班上第一名，得到减免学费（八块光洋）的奖励，因为不如此她将失去学习机会，父亲还有自己的母亲弟弟要负担，无法资助母亲。

贞信校长强佩芬和美国办学人海爱义都很同情母亲这个穷孩子（那时候的贞信女中是一所贵族学校，穷学生极少），给了她勤工俭学机会：打扫学校的理化室，抹洗仪器，一学期又补给她六元以购买学习用品。

读初二的时候，学校规定学生一律要寄宿，不准读通学，这样一来母亲就无法继续升学了。在期末休学典礼上，母亲上台领了四次奖：品学兼优第一名，外语比赛第一名，数学竞赛第一名，工人夜校教学优秀奖。

海爱义老师的母亲对她女儿说，这个学生真不错。以后要好好培养。她女

贞信女中校友返校聚会留影（前排右二为作者母亲）

儿告诉她："这个学生家里太穷，下学期学校规定要寄宿、寄餐，她恐怕无法升学了。"海老师的母亲十分遗憾，把我母亲叫到办公室问了情况，想了想说："你不必难过，我们一定帮助你。每月供你伙食费，只要你好好读书，将来升高中、大学我们都给你津贴。"就这样，母亲又继续学业了。

1938年日本侵略军在岳阳上空投了多次炸弹，很多无辜同胞在日军的轰炸下缺腿断臂、家破人亡。岳阳待不下去了，学校准备迁至华容。母亲只有外婆一人，无法同学校一起走，强校长对她说："你母亲反正靠洗衣过活，不如跟学校走，给学校老师洗衣打扫卫生，那样你可以继续读书，你母亲生活也解决了，这不两全其美吗？回去和你未婚夫商量一下再作决定。"

我父亲见机会难得也就同意了，我母亲和外婆就随同学校到了华容罗家咀。外婆除了给老师们洗衣外，还要倒全校师生的马桶。见外婆劳累不堪，常常体力不支，母亲下课或放学就帮忙，到夜深人静，一切活干完，才能在昏黄的路灯下完成作业。

1939 年，全国战事一天天吃紧，父亲决定投笔从戎，随叔父加入了国民革命军荣誉一师，要求母亲完婚并随军。母亲只好恋恋不舍地告别校长老师同学们，离开了她感念一辈子的学校，开始了她新的人生历程。

有谁关注过梅花的开放吗？寒冬腊月，荒草铺地，万木枝枯。谁知道那光秃秃的梅枝，迎着朔风摧折，冒着冰雪覆压，却悄悄酝酿着一年最早的花朵。

母亲原名美英，"美"是母亲刘氏这一辈的派号，订婚后父亲给她改名为梅村。以梅命名，我觉得父亲简直是太高明，因为，"梅"与母亲生命的内核确实相通。

抗战期间，虽说是随军，其实是逃难，天上飞机轰炸，地上日军烧杀，惶惶然一路向西。两个男人都上了前线，姊姊拖着几个儿女，一大家人生活靠母亲凭代人写书信或代课独立支撑。一次父亲执行任务被日本人俘获，一位做特工的老乡设法悄悄放了他，师部却怀疑父亲叛变，把他打入死牢。母亲抱着才一岁的姐姐，四处奔走呼告，找师部、团部长官申诉求情，无奈之下又找太太们博取同情，因为平时母亲给她们代写信，也为她们打毛衣，钩花刺绣，她们都非常喜欢母亲，最后还是团长师长太太们的枕边风劲吹，才把父亲从死牢里解救出来。

解放后母亲考入人民银行，当时的银行岳阳只此一家，工作繁忙紧张，又非常担心出错，三年后母亲得了神经官能症，只好辞职休养。1955 年母亲响应国家号召，离开铁路小学，调到了岳阳十六完小（广兴洲许家牌完小），这一干就是 20 年，直至退休。

父亲 1958 年也调到了许家牌完小。1961 年初，他赴岳阳买书，到广兴洲碰上轮船停航，又步行五六十里，到芦席湾突遇狂风骤雨过不了河，加之水肿病，倒在水沟里再也没有挣扎出来，抛下我们母子四人而去。正值三年困难时期，姐姐读大学，弟弟才4岁，母亲靠每月29.5元工资渡过难关。

许市现在60岁以上的老人，只要提起刘梅村老师，无人不知无人不敬，因为母亲在低年级教学上摸索出了一套有效方法，"发蒙找刘老师"，这是很多家长的愿望。教书之外，晚上或寒暑假下队扫盲搞宣传，接触的农民也很多，颇受他们的喜爱尊重。母亲经常上公开课，她还先后在暑假全县举办的教师进修中上过四次讲台。1959年，全国推广普通话和汉语拼音，母亲因为在贞信英语不错，又随军学了国语(相当于现在的普通话)，在全县小学教师培训班当了辅导老师。特别是关爱困难家庭的学生，这也许就是母亲在贞信受强校长、海老师的母亲特殊照顾赋予她的爱心吧。

谌郅文，女，1949年生。岳阳市一中语文高级教师，已退休。

塔前街的刘三毛

◎ 刘引华

　　漫画家张乐平的笔下有《三毛流浪记》，流传甚广。台湾著名女作家三毛（原名陈平），写了一本《撒哈拉的故事》，很受文学青年青睐。陈平之所以起这笔名，是她觉得自己的文章只值三毛钱。而我刘三毛只是尘埃一粒，这尘埃落在塔前街。

　　1949年新中国成立后的第二个月，刘家三毛在湖南岳阳出生了，在她之前母亲曾生了七个子女，四个哥哥，三个姐姐，前面六个夭折，只剩下上面一个姐姐。祖母怕已快两岁的大孙女的好运被这个刚来世上的女孩冲坏了，自然不怎么喜欢，就没有给这个新生儿起名字。因为这个新生儿的叔叔已有一个儿子，所以她在孙辈中排三，就取名刘三毛。这个三毛就是我。

三毛挑水

　　塔前街在洞庭湖边，城里居民用水都要到湖里挑水，我只有7岁，就和姐姐去湖里抬水。由叔叔打好水，叔叔挑一担，我和姐姐抬一桶，在红船厂的陡坡上慢慢往上走。我和姐姐年纪小，走路步子不稳，水会荡出来，姐姐心疼已挑上来的水，就埋怨我。我就找一稍平的地方求姐姐歇一会儿。经过几次抬水

作者（后排右三）60 多年前的照片

的磨合，慢慢地姐妹俩就保持步调一致了。

每当放学，第一件事就是去抬水，作业放一边。等来回抬几次水，天黑下来，再吃完晚饭，天就完全黑了。这时，别人家吃完饭做完作业的小伙伴都到麻石街上玩起来，我也把作业抛在脑后，在街上玩老鹰捉小鸡的游戏，直到各家喊回自家的伢崽，我的作业自然是等到早上上学前在路边写。

我到八九岁时，自己挑小担水桶一个人去湖边挑水。每当打好水，我对着湖面痴痴地看，看过往的轮船怎样掀起浪花，冲击周围的木船，木船在浪花的冲击下，两边摇晃。有时见风起时浪花一波接一波，不由自主地对着湖面高声大唱，"洪湖水浪打浪"，唱到忘记了挑水。

夏天挑水时带上一个篮子，把要洗的鞋子顺便在湖里洗了。为了省事，我把肥皂塞到泊岸的岩石缝里。第二天去用时，肥皂已被涨上来的水冲走了，回去免不了挨骂。

冬天挑水就麻烦了，水退到湖中间，要到跳板上面打水，并且要带一根长绳子，和打井水差不多。

有一次由于跳板结冰，我在打水时脚一滑，掉进了冰冷的湖水里，只觉得人往下沉。当我踩到地面时，我蹬了一脚，顺着势就冲出水面，被一个搬运工人抓住了我的头发，一把把我提上来。他关切地说，赶紧回家，我说还要挑水，好心的搬运工人给我打了水。

当我一身湿漉漉地把水挑到家时，祖母心疼极了，直接帮我把衣服脱下，人塞进被子里，又煮了红糖生姜水让我喝。打那以后，天气太差时祖母也买水了。

三毛学画

我 1966 年初中毕业。那一年，我父亲单位制冷设备厂贴了他的一张大字报。我妈妈本来就有病，这下又急又怕，当年 10 月就永远离开了我们。11 月我进了岳阳地区黄麻纺织厂当工人，永远失去了上学的机会。

我刚从学校出来，对三班倒的工作非常不适应，又加上刚刚丧母，成天在煎熬中过日子。没到半年，我就病倒了，在家养病。

由于在家百无聊赖，我就拿起笔随意乱画，被我的同事朱碧云看到了。朱碧云把我喜欢画画的事说给了她的邻居画家徐克勤听。徐老师是 1957 年广州美院的高才生，打成"右派分子"返乡劳动改造，分在搬运社。

徐克勤老师听说后，要朱碧云把我带到他家。徐克勤看了我的画，便亲自教我素描。他教我从线条入手。我每周消耗一本速写本，每一页都画满线条，这样画了两个月，徐老师认可我线条过关。再教我临摹，我开始画圆、圆柱体、三角形等。

塔前街

　　徐老师很重视我，没收我一分钱，还买书和本子给我。这还是在他经济困
难时。

　　学画不到三个月，居委会干涉了，不准我和"右派"来往。我刚刚燃起的求
知欲望又被"立场观点"硬生生压下去了。我只好在家临摹徐老师送给我的画。

　　这期间我画过我崇拜的电影明星王心刚、王丹凤、祝希娟、秦怡、秦文、
赵丹等。我舅还要我帮他徒弟的母亲画过遗像。

　　没有老师教，我的画也没看到进步。慢慢我不想画了。

　　1968年我因工伤摔断左手，去人民医院治疗时要经过塔前街。塔前街西
边有一间画店，对面是教堂，每天去医院治病都路过这间画店，见到一位画家
在画油画，全部是毛主席画像，我每天都驻足观看，眼球被画吸住，脚步被
画扯住，一看就是半天，连医院也忘了去。这位画家注意到我，主动和我打招

作者刘引华（左）和姐姐刘引娣（右）
在江轮上

呼。慢慢熟悉后，我知道了画家名字叫谢飞。

那时候各个单位游行要抬毛主席像，画家忙不过来，我正好也想学习，于是成天帮他的忙，画一些不重要的地方，比如大面积涂色的衣服等等，我学会了油画的整个绘画流程。

命运总是和我作对，谢老师的爱人成天骂骂咧咧，指桑骂槐。我不得不放下了喜欢的画，回到除了上班就成天看小说的生活状态，直到退休。

退休后我终于拿起画笔，这中间隔了将近40年。重新拿起画笔后，再也没停下来了。

塔前街的三毛，成了画痴。

刘引华，女，1949年生。岭南书画院办公室主任，南光鸿瑞书画社秘书长。

妻，是我"抢"来的

◎ 李蔚文

　　光阴荏苒，岁月如歌。算来，执子之手，已经有 54 个年头了。往事如烟，随清风飘忽，慢慢地，慢慢地，我与妻一段不同寻常的恋歌，如同《庐山恋》的镜头，越来越清晰了。

　　1968 年，我参加南津港大堤的建设。当时，我作为五里公社驻南津港工地工程施工员，长驻工地。工程指挥长，原林业局刘局长对我格外照顾，还特许在指挥部给我安排了一间不到 10 平方米的办公室。

　　办公室里除了一张单人床、一张简易书桌外，就是材料纸、算盘、工程进度表，当然也还有一些来不及洗的衣服鞋袜之类的东西。

　　有一天傍晚，掌灯时分，我正伏案计算土方数量，核实工程进度，突然"吱呀"一声，一个女孩满脸阳光地走了进来。我定睛一看，原来是某科研所派来修堤的知青。因为我常去他们工棚，找知青一块喝酒，因此面熟，但不知道姓甚名谁。这个女孩一进屋，很热情地跟我打招呼，然后谈笑风生地说起了他们知青当中的一些趣事，偶尔也哼几句当时流行的音乐，时不时还哈哈大笑几声，银铃般的笑声，划破了这傍晚的沉寂。过了一会儿，女孩见我正埋头伏案整理资料，便沉默了一阵。突然，她说："小李，你的衣服还没有洗呀？我帮你洗了吧。"说完，拿起衣服端着脸盆就出去了。我想阻止都来不及了。

过了一星期左右吧，雨后转晴，工地无法施工，一天那个女孩又敲门进来说："小李，今天不做事，天气晴朗，我帮你把被子洗洗。"上一次因为整理图纸太忙，这次细细打量这个女孩，见她十八九岁，个子不高，笑起来很腼腆，眼睛不大，嫣然一笑时，让我怦然心动，双方对视，心照不宣，似乎彼此都更聚焦了。我赶忙道谢，连声说：请坐，请坐。这个女孩，反而一反常态，有点局促不安，手握着手，轻轻地坐上了床沿，脸上挂着淡淡的微笑。女孩的优雅，让我着迷，我心里想，我爱上她了。

在此后不短的时光里，我经常去科研所的工棚里吃饭，和知青们在一起喝酒的次数更多了。这其中也许就是为了看那个女孩的缘故吧。当年便宜酒的质量不是很好，但是一旦端起酒杯，就是"豪饮客吞波底月，酣游人醉水中天"哪。50多年过去了，当年我在女孩面前的豪放，至今历历在目。

有句话说，佳期如梦，好事多磨。初识女友以后的一年多时间里，多次的花前月下、阡陌田野、林荫道旁的促膝长谈，让我渐渐放弃了所谓的远大理想和抱负，面对现实，步入了谈婚论嫁，准备娶妻生子的程序。谁知女友的父亲得信后却不同意我们交往，要求两人终止恋爱关系，而且态度十分坚决。他给出的理由是，我只是普通知青，不是真正的干部。理由虽然有些荒唐，但是父母舐犊情深，我还是能够理解的。我当时既没有反驳，更没有反抗，抱定一个宗旨，只要女友能有更好的未来，尽管不舍，我也准备选择放弃。这大概就是人们常说的"君子成人之美"吧。可是，女友毅然决然选择了对父亲的忤逆。由此，我们的感情进入了长达一年的艰难期，一场惊天动地、斗智斗勇的爱情保卫战由此展开了。

女友的家在一家省属企业，父亲是国家干部，母亲是家属工，我与女友恋爱，其实是岳母托人向我提出，并且亲自敲定的。自始至终，这位善良的妈妈一直对我很好，女友有时背着父亲和我接触，她妈总是睁一只眼闭一只眼地打掩护。但是，纸还是包不住火。没过多久，有些唯恐天下不乱的好事者，把我

新婚纪念 1969.3　　金婚纪念 2019.3

作者夫妇结婚照与金婚照

们的接触密报给了她父亲。这一下就捅了马蜂窝。她父亲找到我，并提出警告，如果再和他女儿接触，就去法院告我。当时我笑着对他说："我们做错什么啦？您是不是该读读《婚姻法》？"他自知理亏，此后再也没来找过我，回过头去处置他的闺女去了。自这时候起，女友也开始了漫长的抗争。

　　他处置闺女的第一步，先到闺女上班的某科研所，要求单位领导和基层干部，严格约束我的女友不得离开单位，更不要给她开具结婚介绍信。领导碍于情面，只好虚与委蛇。当然八小时以外，又有谁去管这些闲事呢？阡陌田野、青草池塘、林荫月下，照样留下了我们的脚印，非你不嫁、非你不娶之类坚如磐石的誓言，更加夯实了我们的感情基础。我们的真诚和坚定，得到了周围大多数人的赞扬与肯定。

　　时间稍长，我们密切的行为，自然又有人把风吹进了她父亲的耳朵里。这一下就惹毛了他老人家。他直奔科研所，把女儿带回家里，准备软禁或家法伺候，并交代她母亲严加看管。同时，还赶紧约了粮食系统的一个干部相亲。后来女友坚决不去与这人见面。这一切依然无法阻挡我们两人互相牵手的决心，约会依旧进行，只是间隔时间长了点。然而，老人家的权威是不可触碰的，看到软禁解决不了问题，就开始采取硬囚的办法了。首先把门锁好，然后窗户用木板钉牢，有时甚至还动用了家法，听说鸡毛掸子的毛都打掉了，父亲生气的程度可想而知。不过，这些根本不能动摇女友坚守的本心。抗争仍在继续。当时，对她父亲的封建思想和错误行为，邻居们也热心劝解，但怎么劝说也无济于事。怎么办啊？她父亲觉得已经无计可施了，尽管如此，还非得棒打鸳鸯不可。冥思苦想多日，终于想出了一着妙棋。

女友老家是武汉的，在武汉郊区阳逻镇有很多亲戚。于是，他把女儿送到了武汉。他想这样一来，应该可以把我们分开了吧？当时，没有网络，电话都没有，通信十分不便，这对我来说，女友肯定是"泥牛入海无消息"了！他这一招确实挺厉害，果然有一段时间没有了女友的信息，我也无计可施，失去了方向。时间一长，往后的事情就难以预料了，到底是否还有意外的惊喜，或者是以无言的结局告终，我不得而知。当时那种惆怅、焦虑、失落，还有痛苦，排山倒海似的一齐向我袭来，可是我又能怎么办呢？我是什么也做不了啊。投诉吧！既没有时间，还投鼠忌器，伤了他老人家，到时自然也会陷女友于两难之地。我能做的只有等待，听天由命了。

世间自有真情在，岁月不负有心人。

女友被送去武汉大约半个月后，我收到武昌小东门寄来的一封信，一看信封，就是我熟悉的笔迹，知道是女友寄来的，这下我知道有戏了。拆开信一看，我惊呆了，心疼了！两页材料纸都是满满的回忆，很多字迹都被泪水浸润，有些难以辨认，只能前后对照揣摩了，字里行间所表达的意思，就是感情坚定如初，绝不动摇。当时的心情是喜、是悲、是痛，还是伤感呢？应该是五味杂陈吧！二话不说，没有犹豫，借钱，去武汉，把人抢也要抢回来！

说走就走，当天中午就上火车，当时的慢车，要八个小时才到武昌，天色已晚，花了八毛钱，在一个小旅社住下了。蚊子咬死人，我都没觉得痛痒，这大概就是爱情的力量吧。

第二天清晨，我按图索骥，找到了信封所标识的家属区，靠着一棵大树，啃着两分钱一个的馒头，紧盯着对面50米左右的居民楼，静静地等待着奇迹的出现。7点左右，二楼的房门打开，一个熟悉的身影出现了，女友提着一个撮箕，应该是出来倒垃圾。只见女友倒了垃圾，头也不回地上楼去了，我知道她是没看见我。怎么办？我该怎么办呢？我也傻眼了。真的上楼去抢吗？那只能是一种决心，武汉的"拐子"是出了名的（武汉话中的"拐子"即老大、哥哥的意思，此文中是指厉害的人），弄得非死即伤，也并非我所愿，再说也还没到那个地步，再等等吧。

9点左右，太阳已经出来了，开始感到口渴，因为我一天一夜没有进水了。那时不像现在有矿泉水买，而且我视线一刻也不能够离开对面的二楼。口干舌燥的我，第一次感到有点无助。突然，二楼的门又开了，一前一后走出来50多岁的一男一女，女友也跟着后面出来了，手上还提了一些东西，我知道，这是要把她转到乡下去了。天哪！好在我来得及时，倘若晚来一天，我们家族的历史恐怕就要改写了。

后来我才知道，那上了年纪的一男一女，是女友的二舅爷和二舅妈，此时，他们就是要把她带到阳逻乡下去。于是，我远远地跟在他们身后，到公交站时，也同时上了去汉口的电车。因为不知道他们的到站，车票只好买到终点，过后知道多花了四分钱。上车后，我故意把女友与她的舅爷和舅妈隔开，给女友眨眼示意。她发现了我，惊得目瞪口呆，我赶紧"嘘"一声，轻声地告诉她，下车后去找厕所。公交车过了长江大桥后，我跟着他们三人下了车，估计是要到武汉关乘船转去阳逻乡下。女友跟她二舅妈说了一声要去厕所，就往一条巷子里面走去。

由于女友的舅舅、舅妈没见过我，这就给了我紧随其后的机会。一离开舅舅、舅妈的视线，我们步行几十里，到了武昌一个叫大花岭的小站上了火车，然后又在城陵矶站下车。

一到岳阳，我们就像猛虎归山，蛟龙入海，一天的阴云好像都散了。第二天我们领证，第三天用15块钱买了点糖果饼干，请了一些街坊邻居，闪电式地举行了简约也还算热闹的婚礼。

后来我得知，在妻子给我写信时，她的姨妈好奇地过问，妻谎称给表弟改作业，姨妈不识字，被糊弄过去了。信写好后，贴上8分钱邮票，让10岁的表弟把信投进了邮筒。

据说当我把妻子带回岳阳后，武汉、岳阳两边的亲属可就慌了神，发动几十人，在两边的轮船码头、火车站，进行围追堵截，结果一无所获。他们如何知道我们会在意想不到的两个小站上下车呢！事发当天，还有亲属在武汉下游寻找，发现了一具女尸，据说与妻子有三分相似，曾经报警。消息传到岳阳，善良的岳母也是泣不成声，和岳父大吵一架。

我们的爱情与婚姻，经历了这些不同寻常的波折，经历了我与女友的抗争，最终也成就了一桩婚姻佳话。对岳父的做法我虽然不认同，但老人的心情我还是能够理解的，谁不指望爱女能找一个乘龙快婿呢？半个多世纪过去了，我没有使岳父岳母失望。如今，我们已是儿孙满堂，过着幸福快乐健康的生活，这些也足以告慰岳父他老人家的在天之灵了。

李蔚文，1946年生。下乡当过农民，做过工程测量员、水利施工员，开过推土机、拖拉机和汽车。

金家岭的童年

◎ 杨平方

金家岭还在。

在老城东移北扩、南拓北展里，任历史纵横捭阖，它总坚守自己的坐标，紧紧勾连着天岳山与梅溪桥。哪怕被挤成窄窄一条、阳光只能在头顶一线划过也从未放手。它知道在意它的人总会回头。

好几次我在细雨纷飞里走回金家岭的巷道。并非期待丁香一样的姑娘，虽然我也曾追逐诗与远方。我只是想在这纷纷扬扬的雨丝里捡拾散落在小巷里、百合花般的童年时光。

母亲娘家在杨林乡（现杨林街镇）的雷家套。外公外婆育有七子一女，母亲最小且是唯一的女儿。两老一生务农，让四个儿子躬耕陇亩，却让三个儿子走进黄埔军校，让最小的女儿识文断字，在阡陌中娇养。

外公外婆殁于母亲未嫁时，因此自出世我就没见过他们。杨林算不上我的故乡。

父亲家在柏祥镇的大荆塘。作为遗腹子的我，不到3岁就随母亲背井离乡。大荆塘里于我母子，上无片瓦下无寸土，在我的记忆中它和父亲一样都归于虚无缥缈。直到历经半个多世纪的沧桑才认祖归宗，可母亲已搬去城郊的白鹤公墓。父亲却早携一腔理想、半世荣华躺在这里，独享满山青翠，看一天流云，任孤儿寡母颠沛流离，任父爱成为我今生今世的硬伤。

我最初的记忆，苏醒在摇晃的箩筐里。那时只有 4 岁吧？母女无奈弃耕投亲的路上，表兄肩上的一担箩筐里，一头是我，那一头是行李。依稀记得箩绳上头的蓝天白云飘移，身下秸秆划拨箩底，发出"啪！啪啪！"的响声。进城的路似很漫长，一会儿工夫我就被晃得沉迷过去，全然不解母亲漂泊的无助和困扰。

箩筐里的迁徙嵌入我最初的记忆，从此我的眼里漫天空蓝，渺无所依。天若下雨，独自撑伞前行。

童年开始在巴陵老街的穷街陋巷里。家在梅溪桥、金家岭、观音阁之间连片的瓦楞下迁徙。家徒四壁不足曰穷，我的家连壁都没有。常见屋主收租时冰冷的面孔，穿过木屐，戴过斗笠。那脆生生的蓑衣萝卜、油炸的灯盏窝、开胃的米豆腐、南货铺里一瓣一瓣的橘子糖，常让我无数次梦里笑醒。故乡的具象大多已在漂泊中淡忘，唯有童年大抵还沉睡在这条小巷。

那时洞庭路与竹荫街丁字形相交，支撑起老城一方天地。与竹荫街垂直的梅溪桥，店铺鳞次栉比、琳琅满目，承载着老城百姓的市井人生。金家岭就在梅溪桥的臂弯里。一条宽不过四米、弯弯曲曲的小巷自东向西伸展，把梅溪桥和天岳山连通。路边房屋挨挨挤挤大多矮小，如同栖息在这巷子里的芸芸众生一样。

小巷中段曲里拐弯向南岔了出去，在天岳山电影院后门处对接了乾明寺，过街就是贞信女中。电影散场的时候，人流如水样四处散开，平时寂寥的小巷就有一阵热闹。电影院的人气，以及贞信女中氤氲的文化氛围曾让我小巷里的童年长出许多的向往。

金家岭梅溪桥这头的入口处是一家店铺。店面给了繁华的梅溪桥，只把侧脸留给了小巷。侧墙在小巷左边径深二三十米，其后稍稍凹进去，就是我童年寄住的家。一共两间小屋，前面是兼具各种功能的堂屋，后间是卧房。隔壁那

作者（右二）小时候

边就是邻家小脚姨驰，我们叫她王爹。

我6岁那年，母亲因受父亲身份影响，3517厂上班不成，只得去缝纫店打工。每天一早出门，中午回来匆匆为我打理饭食，水都来不及喝一口就又急急忙忙去赶工。

我喜欢那缝纫机"喊喊嚓嚓"的热闹，稀罕满地细碎的花布头（可扎成别人羡慕的布娃娃），更想一直黏在母亲身旁。因此我总渴望跟着去乾明寺，可母亲不让。

离了母亲的看顾，逼仄的金家岭就成了我的牧场。在小巷凸凸凹凹的泥巴路上，一个铁环我可以从梅溪桥这头，一直推滚到天岳山边上。时常夹在一伙男孩子中玩"官兵捉强盗"，弯头角佬（岳阳方言，角角落落的意思）奔马般串跑。一根橡皮筋忽高忽低，在小巷里横牵竖拉，嘴里有一搭没一搭地唱着：

"一二三四五六七，马兰花开二十一，二五六、二五七，二八二九三十一……"两只脚在皮筋上勾三挽四地跃动，让行人或跨或钻没脚好路。

电影院的声响让人猫抓狗跳。男生会翻墙，女生只好躲进厕所，忍着恶臭挨过清场，再乘黑溜进去。有时一直候到电影散场，也要挤进去就为赶个热闹。《平原游击队》《鸡毛信》《上甘岭》看了无数遍，台词朗朗可诵，情节耳熟能详。

不少时候也用同样法子钻进群乐剧院蹭戏。回来就学着丫鬟小姐模样：棉线吊起扣子当耳环，枕巾绑在臂上成了水袖。帐门开开合合，人是爬上爬下，把个床滚得乱七八糟，如同鸡窝一样。

哄哄的闹腾声，常招来板壁那边小脚爹爹的吆喝：在搞嗦里噢？抄田啊（岳阳方言，意为干什么呢？在犁田）！

那时我已能帮母亲做些家务了：抹桌扫地，端茶送水等。复杂点的也就生煤火了。

炉子一拎往当街一放，先塞些乱七八糟的废纸，再用洋火（火柴）点了，架上先劈好的木柴，再堆上煤球（那时还没有藕煤），就用蒲扇往死里扇。清早的巷子里，家家户户门口烟火如龙。

这天没有玩伴，百无聊赖里灵光一现：要是给母亲送饭不就可以去店里玩会儿吗？可这饭吃过、看母亲做过，就是自己没做过。

那时没有电饭煲，用的是有提把的铁锣锅。煮饭要滤米汤，可我滤不好，又怕烫，加上不晓得怎么控制火候。不一会儿锣锅上面水还冇干，下面就烧煳了。我拎上拎下好几次，才算逼干了水。手忙脚乱里看看近午，生怕母亲先回来，就匆匆盛了碗泛着煳味的饭、炒了条丝瓜，急急忙忙拎往乾明寺。

"呀，姑娘做得饭了！"母亲兴高采烈当众打开碗盖，我正喜滋滋想溜到里屋去捡布筋子，"哈哈哈……"突发的笑声让我一愣。

"小妹崽，你的丝瓜没刨皮！"店里的几个阿姨笑得前俯后仰，看我一副委

屈相，母亲立马拈起丝瓜往嘴里送，笑呵呵一迭连声：呷得！呷得！（岳阳方言，表示能吃）

我人生的第一顿饭就这样做成了笑话。那天之后，我才知道：这世界上的丝瓜要先刨了皮，再炒。

母亲不仅写得一手漂亮的柳体，还很会描花。那时小巷民情纯朴，邻里和睦。她的字骨力遒劲，常被讨去贴在别家门上。她描的花样式繁多，常剪出绣在他人鞋面上。

那时多数人家穿不起，也买不到3517厂的胶鞋，鞋都自己做。裁缝铺里的布片子布筋子就不光是女孩的最爱，也是母亲的鞋宝。

先是一块块糊成整张鞋帮，晒干了剪出鞋样。接着又一片一片填成寸把厚的鞋底，千针万线密密地纳了。等到快要过年，就去南正街撕来一两尺红的或绿的缎子，用绷子嵌紧了，按脚面大小描花绣上，这鞋面就有了。

每年春节，我的鞋就是我的骄傲。

母亲白天去铺里做衣服，夜里就有纳不完的鞋底。无数次我在索子抽拉鞋底的"呜呜"声里安然睡去。半夜醒来，又看着煤油灯下母亲的背影沉入梦乡。

这年腊月二十九日掌灯时候，我眼前一亮：一双鲜红闪亮的绣花鞋摆在桌上，母亲说：试试吧，要是紧了，我好楦下（那时哪有鞋楦，不过是用废布废纸塞紧撑松罢了）。

我立马一脚蹬了，生怕泥巴地脏了鞋底，只一跐就站到了大门槛上。

"夹脚不？走几步看看。"母亲在屋里说。我迫不及待往门外一跳，"噗"的一下，双脚捅在了门口的积水里，溅起的泥浆溅到了脸上。低头一看，鞋已面目全非，我"哇"的一声就哭了。

"噢哟哟，白天落了雨，我忘了。冇得事，冇得事，快脱了，我来洗洗……"母亲一迭连声，我则大哭不止。

30 日一大早，那双泥敷泥淌的鞋，又干爽明丽地摆在了桌上，我近前一看，白鞋边上还是有不少黄印子，就又哭了。全然不解母亲连夜洗涮、煤火翻烤，几乎一夜无眠的辛劳。

7 岁启蒙，我走进了梅溪桥小学。学校就在下观音阁口子上。遇到了一个妈妈式的好老师，短发，湘乡口音。巷子里调皮捣蛋的男生总用手捏了鼻子学她："湘乡嗯伢做牛叫……"

我很气愤，但也无法。

8 岁时我不仅仅戴上了红领巾，手臂上还有了三道杠。那年长沙与岳阳少年儿童联欢互访，大队文体委员的光彩让我生平第一次离开母亲，去了许多人无比向往的省会——长沙。岳阳小学不少，各校名额稀罕，当时选上的都是没有水分的"三好生"。

小巷里不少孩子就读梅溪桥，这消息一下就家喻户晓。母亲很是高兴，不顾手头拮据，买了新布连夜赶制，缝了一件白布褂子，一条蓝色的背带裤，让我尽享当年的时尚。

长沙三天的活动我已记不太清楚了。只有烈士公园里堆齐天高的菊花展，让我好长时间梦里一片金黄。

回程的火车上人真不少，窗外飞驰的景象如同电影一样牵人眼球，我们几乎目不暇接，兴奋异常。长沙离岸那天，背带裤的扣子掉了，只得把背带穿过扣眼挽了个结，谁知在拉拉扯扯里，这结成了死扣。车上几次去厕所都没解开。心想快到家了，索性回去求助。

随之下车人流如潮，老师一再招呼排队出站，就又一直忍着。等到从先锋路拐进梅溪桥时，我再也忍不住了，新裤子顿时就鼓鼓囊囊。

我一路小跑到家，当时屋里坐了好些人，像很热闹。我不管不顾一头扎里屋，接着扑倒在跟进来的母亲怀里，号啕大哭起来。

第二天巷子里不服气的孩子就在唱：白衣服，蓝裤子，长沙回来尿裤子。

作者（左一）与母亲及姊妹合影

但那歌只唱了一会儿，就被善良的家长喝住了。

选派去省会的荣耀和尿裤子的囧事叠加在一起，让年少的我好生懊恼。

8岁那年我有了继父。第二年有了大妹。母亲因能写会算，经常被居委会叫去帮忙，时常我得一边写作业一边看妹妹。那时小孩都睡摇窝，大妹很乖，摇窝一晃她就不哭。妈妈因此很放心。

可那天妹妹醒了就一直哭闹，无论怎么摇都不管用。我只得脚踩手推一起上，突然"哐当"一声，摇窝扑翻过去，把妹妹扣在了下面。哭声立即发闷，我赶紧去扳，可使尽浑身力气，都无力回天。我吓得魂飞魄散，顾不得往日的忌惮，赶紧跑隔壁去找王爹。

王爹正在刷锅，锅盖一扔，立马摇着一双小脚跑了过来。我们两人一边一个，一人死劲扳，一人拼命往上抬，总算把扑翻的摇窝扳转过来。王爹一把抱起地上已经喑哑、脸憋得通红的妹妹，一边拍背，一边不停地呼唤，好一阵才让她缓过气来。

我以为母亲回来一定不会饶我。可一夜平安无事，第二天还是平安无事。我知道，小脚的王爹没有告状。

此后母亲但凡出门，王爹就会过来看看，叮嘱我把摇窝推到靠墙近点的地方。这样摇幅再大，有墙护着，摇窝也不会翻过了。

在 1958 年"大跃进"的滚滚洪流里，母亲终于走进了水泥厂，从事她比较擅长的财务工作。我也被保送进了洞庭路完小。我的家又开始迁徙，金家岭从此成为我童年的摇篮，永远刻进了我的记忆。

时间如白驹过隙，几十年一瞬岁月添霜。我成了妈妈，又成了姥姥。这时母亲已罹患阿尔兹海默症好几年，连我也认不得了。时常望着我说：你亲像哒你嗯妈！——她总把我认成了她的舅侄女。

有一天当我拿出女儿送来的北京布鞋给她穿时，她一下子抱了过去，摸着上面新崭崭的黄色绣花，一迭连声：

冇得事，冇得事！我来洗洗，洗洗……

我心里一酸，泪如泉涌：往事如风，她脑海里早已一片空白，唯独还有女儿当年那双泥敷泥淌的绣花鞋。

70 年风雨沧桑，我到过许多的地方，任这世界流光溢彩，豪迈喧嚣，我总记得城南的这条小巷。

杨平方，女，1947 年生，岳阳市人。曾任岳阳市城市管理局副局长。

捡煤渣的孩子们

◎ 金姣娥

　　流年似水，岁月蹉跎，不知不觉的便遗忘了许多。曾经熟悉的人和事，熟悉的生活环境，似乎都在岁月的风声里越走越远，只余下记忆的痕迹，散落成一地的斑驳，若隐若现地闪烁着，好像忘了，却又坚持，让人忍不住去寻找，缀句成文，留下永恒的回忆。

　　小时候，我家住在磨子山的北头，离京广线铁路直线距离七八百米。无论白天黑夜，都可以清晰地听到火车发出的各种各样的声音。那嘹亮悠长的汽笛声，车轮与铁轨摩擦发出的哐当声，以及那些"呜呜、咔嚓、呼呼、轰隆隆"等声音交织在一起，恰似一首动听的铁道奏鸣曲，是久住铁路边的孩子们心里无比美妙的声音。

　　20 世纪六七十年代前，京广线上都是清一色的蒸汽机车牵引。蒸汽机车的动力来源主要是煤和水，火车头上除了司机、副司机，还有一个司炉工。火车运行途中，司炉工费力地一铲一铲往炉膛内添煤，到站后则要负责将炉膛内燃烧后的废弃炉灰及时清理，再由地面工人将炉灰转运至站外。久而久之，岳阳火车站背面的机务段旁边，就长出了一座巨大的炉渣山。

　　现代京剧《红灯记》中李玉和有段经典的唱段："提篮小卖拾煤渣，担水劈柴也靠她，里里外外一把手，穷人的孩子早当家。"

正如这段普及率极高的唱段里唱的那样，住在磨子山及铁路附近的许许多多十一二岁的半大孩子，几乎都有过捡煤渣的经历。捡来的煤渣既可补贴家用，又弥补了家用燃煤计划的缺口。

用粗铁丝弯成的两齿耙，配上尺多长的木柄，再准备个结实的篮子，就成了拾煤渣的标配工具。每天放学之后小伙伴们会呼朋唤友，三五成群拿上这些标配行头去捡煤渣。

巨大的炉渣山，随便一刨就有还可以燃烧的煤渣。只要勤快，舍得吃苦，就可以把捡到的煤渣一篮一篮、一筐一筐地往家里搬。在那个物资匮乏的困难时期，在贫困家庭的眼中，无异于一座取之不尽，用之不竭的"金矿"。

每当有工人用手推车将一车车的炉灰倒出来，小伙伴便一哄而上，抢占有利位置，尽可能将炉灰最大体量的据为己有。然后，一只手拿着小耙子仔细地翻找，一只手快速将可用的煤渣扔进篮子里。由于机车进出数量多，炉灰卸载量大，很快就能捡满一篮，剩下的时间就在煤渣山上自由自在地玩耍，天高皇帝远，谁也不会管。

捡煤渣看似简单，其实非常辛苦。因为两只手在炉灰堆里扒来扒去，手指头很快就磨掉了皮磨出了血，就连吃饭拿碗筷都钻心地痛。尽管如此，这些10来岁的孩子们都不叫苦，用旧布条将手指头紧紧地包扎一下，第二天又互相邀约，结伴而行去炉渣山。

捡煤渣，不仅要忍受十指连心的疼，更多的是要经受大自然的严峻考验。富贵人家眼中的春花秋月、夏夜冬雪是那样的美好浪漫，而对于捡煤渣的人来说，四季轮换带来的却是苦不堪言。

春天的炉渣山，只要起风，灰沙四起，昏天暗地，迷得人睁不开眼睛。炉灰里弥漫着煤炭燃烧时产生的二氧化碳和硫黄味，呛得人喘不上气来。遇到这样的天气，很多大人就不会让孩子去捡煤渣。但仍然有些又懂事又吃得苦的孩子想趁着人少可以多捡些煤渣。等到回家时，除了一双明亮的眼睛和两排洁白

捲煤渣的孩子

的牙齿外，从头到脚全是黑乎乎的，耳朵眼和鼻孔里都是黑灰，连吐出的唾沫都是黑的。看到浑身上下又黑又脏的孩子，妈妈们都会赶紧帮孩子洗澡漱口洗头发，一边心疼地说："下次别去了，又不缺这一天两天的。"等到孩子换上干净衣服，里里外外又透出可爱的乖模样时，妈妈们又会纠结地自言自语道，"到底是人少点，捲的煤渣又大又多又好烧。"听到妈妈这样夸奖，孩子们的自豪感油然而生。

到了夏季，炉渣山上气温高达三四十摄氏度。小伙伴们头顶骄阳烈日，脚踩滚烫炉灰。上晒下烤，汗水在粘满了黑灰的脸蛋上流出一条条汗印子，用手一擦，立马成了"三花脸"，近在咫尺，也分不出你我他，只是傻傻地看着忍俊不禁。曾有人感叹道："上了煤渣山，衣服不得干。"

寒冬腊月，滴水成冰，捲煤渣的日子更加艰辛。不仅仅十根指头钻心地痛，北风一吹手背皲裂，全是一道道渗血的口子，手指一动，手背刀割般地痛。到了晚上，要用温热水泡许久，轻轻地把那些和血痂沾在一起的细灰渣清洗干净。擦干水，用几分钱一盒的蛤蜊油轻轻涂匀，再用胶布包好，在火炉上烘烤一下，好让蛤蜊油能尽快吸收。几十年后，我的老同学李小玲回忆捡煤渣吃过的那些苦，仍然唏嘘，不忍细说。

捡煤渣固然辛苦受罪。但那些十一二岁的孩子们吃苦耐劳，补了家用，熬了日子，也磨炼了意志。"穷人的孩子早当家"正是那段苦难经历的真实写照。再比比现在的孩子，甚至那些"啃老族"，简直是天壤之别。

炉渣山上捡煤渣的时间一长，磨子山的广铁伢子利用住得近的地理优势，在炉渣山逐渐有了自己的固定地盘。特别把新倒出来的炉渣据为己有，冷却后专捡大块煤渣，速度快，效率高。而其他单个捡煤的散兵游勇，则是打一枪换一个地方。反正一座炉渣山，到处都有捡，不过是坑刨得深点，煤块子小点，捡的分量少点，各捡各的倒也无妨。

话说到了 1964 年，京广复线进入全面建设新高潮。铁道部将能征善战的华北铁路工程局，从福建南平、漳州等地调入湖南。负责北起湖北赵李桥，南至湖南衡阳段的复线工程。一处负责从赵李桥经羊楼司，再路口铺。与六处会合后，又从岳阳一路南下，经汨罗、高家坊到长沙黑石铺。再由五处从猴子石、易家湾起一路向南，直奔衡阳。

华北铁路工程局（简称华铁）的前身，为赴朝参战的铁道兵一部分。在抗美援朝战争中被称为"打不断、炸不垮的钢铁运输线"。自 1953 年回国后，先后承担宝成铁路、鹰厦铁路的建设。

华铁因流动工程单位半军事化管理的性质，工程队和家属都是分开行动，区别管理。京广复线热火朝天大干快上时，他们的家属还滞留在福建各地，直到 1965 年，华铁各处的家属才大举迁入湖南。

到湖南后，按上级指令：一处落户岳阳；五处落户猴子石；六处落户汨罗。等到家属落户安置完成，工程施工队又转战南北，开始了逢山开路，遇水架桥，建设新铁路线的新征程。

华铁一处落户岳阳后，把家属区分六个小区建在离磨子山不远的朱家嘴的山上，与炉渣山只隔个南湖渔场。没多久，华铁家属区的孩子们迅速地捕捉到炉渣山的信息，没几天工夫，炉渣山上撒满了讲标准普通话而不是讲"铁路普通话"（又称"塑料普通话"）的半大孩子。而且他们不说"捡煤渣"，卷着舌头说"拾煤核"。他们拾煤核的方法有点像不法分子电网捕鱼一样，不论大小是煤核就往筐里装，大多只有核桃大小的个头，是名副其实的"煤核"，经

1965 年，作者 13 岁学生照

常遭到几个广铁伢子的哄笑。无奈，这些后来的闯入者因为没有固定的地盘，只能是在别人捡过的炉渣堆里翻来覆去地淘，收获自然要差些。看着那些盘踞在各自地盘里不紧不慢，说说笑笑，打打闹闹，一会儿就捡了一大筐（篮）的广铁伢子，华铁娃的眼里满是羡慕嫉妒，估计还有恨。

不知从哪天开始，这些华铁娃只要看到小翻斗车送来的呈暗红色冒着呛人的白烟，倒出来还哧哧作响的滚烫的煤渣，一个个打了鸡血似的一窝蜂冲上去，连灰带渣扒拉，打仗一样仅仅几分钟就分成了若干堆，然后守着自己的那一堆，手脚并用地将大块大块依然十分烫手的煤块捡入筐内，整个过程可以用惨烈来形容。往往这个时候广铁伢子都是站在一旁，眼睛瞪得大大地看着，几个胆小的女孩还吓得闭上眼睛。但是等他们看到华铁娃那一堆堆的丰硕成果时，鼓得大大的眼睛惊呆了，笑得弯起的嘴巴噘起了，几个女孩用眼角的余光瞟着身边的男孩子，意思是说，你们怎么不管呀！男孩子无可奈何地叹着气。因为，自打捡煤渣的第一天起，大人就告诫他们，"没有冷透的煤渣千万别去捡，那样很

危险不安全。"

一连几天华铁娃都是如法炮制捡得篮满筐满，还肆无忌惮摇头晃脑地把个普通话讲得更纯正，那声音大得似乎要盖过火车的鸣笛声。几个好事者还时不时眨着眼对着广铁伢子示威，仿佛只有这样做才是扬眉吐气。

广铁伢子分明嗅到了危险的味道，感到危险正在逼近。莫看这些北方人讲的是普通话，做的却是土匪事，简直就是抢劫。那些才倒出来还没冷透的大块煤渣，原本就是属于我们的战利品，而华铁娃竟敢开抢，这还了得！几个为头的商量着，得想个法子治治这些讲普通话的华铁娃。

第二天，华铁娃再也没看到堆得高高的运渣车了，左寻右找硬不见工人倒炉渣出来，更别说捡好多好多大煤块，只好重操旧业，深挖坑捡小煤。令他们不解的是广铁伢子居然一会儿玩消失，不见踪影，一会儿又玩魔术般不知从哪搬来一篮一篮的大煤渣。

原来，广铁伢子仗着人熟地盘熟，跑到车间告状，说没冷透的煤渣烫伤了人。车间负责人一听，赶紧换了地方，将炉渣灰倒到靠太子庙洞子那头。而讲着普通话的华铁娃人生地不熟，自然是搞不清楚到底发生了什么。

上了当的华铁娃并不甘心，总是找碴挑衅，广铁伢子也不服气，双方你来我往互不相让，甚至有过几次肢体接触，不是你撒掉我捡的煤，就是我踩烂你的筐，双方一见面就像个斗鸡公似的，总要呛上几句再开始干活。

炉渣山上的两大阵营，就这样僵持着。

俗话说，小孩子打架不记仇。过了十几天，双方的紧张局势似乎有了趋缓的迹象。有的说，捡煤渣，捡煤渣，捡大捡小不都是渣吗？有的说，只要扔到炉子里能烧燃就行咧。至于火大火小，经不经烧，那是大人的事。还有的直接说，一点都不好玩。其实大家都想缓和关系，却又不好意思迈出第一步。

终于，一个化解双方矛盾的机会来了。

每年"六一"国际儿童节，铁路子弟学校都要准备节目，除了在学校表演，还要选出优秀节目到位于新印山的铁路俱乐部参加会演。排练优秀节目成了各班级的重头戏。有一个班，准备排练表演唱，有唱有跳有快板还有朗诵，内容丰富，十分精彩。可就是一到朗诵就要笑场，因为广铁的小演员普通话不标准，一开口尽是塑料味，弄得他好不懊恼，练着练着往往是不欢而散。

这位普通话讲得不太标准的同学，是个经常去捡煤渣的硬角色。因排练不好，连着几天都无精打采闷闷不乐。这天，他捡着捡着停了下来，望着对面若有所思，只见他眉头一皱，计上心头。稍等片刻，他拎起半篮煤渣，一路小跑跳过楚河汉界，小脸胀得通红地对着一个华铁娃小声地说，想跟他们学普通话，谁要是同意教他，他就把篮子里的煤渣给谁，并结结巴巴地承诺，连捡三天作为回报。他的话刚落音，几个华铁娃冲到他面前抢着说，"我教，我教"。其余广铁伢子见状，也都跑过来和华铁娃会合在一起。顿时，炉渣山上烟消云散，笑逐颜开，欢声笑语，吆喝喧天，孩子又恢复了往日的天性，有朗诵的、有唱歌的、有跳舞的，还有咧着嘴傻笑的。女孩子手牵着手打量对方。男孩子则掏出平时攒下的香烟盒子折成的纸牌、弹珠一起欣赏。而学普通话的站成了一排，教普通话的也有七八个。一边是仔仔细细地纠错，一边是认认真真地卷舌。三天操练过后，负责朗读的同学进步飞快，开口说话，声音洪亮，字正腔圆，老师和同学都夸他是"小喇叭开始广播啦"。"六一"国际儿童节汇演，表演唱获得满堂彩，得了第一名。光荣参加了铁路俱乐部的文艺会演。

消息传来，广铁伢子和华铁娃之间的关系彻底改善，倒炉渣的工人也跟小伙伴配合默契，一车车的新出炉渣均匀分配，大家不争不抢，和平共处，安全第一。过了几天，小伙伴不约而同地带着零食到煤渣山上。广铁伢子带了红薯片和腌的辣萝卜，华铁娃带了炒豆子和自家做的馍。好多华铁娃被辣萝卜辣得呵呵地跳，好多广铁伢子发现原来北方人的馍就是圆馒头啊，咬一口掉渣的馍，噎得脸红脖子粗半天都吞不下去。

华铁娃因为经常搬家的缘故，从福建转学到岳阳上学的过程较长，落下不少功课。转到岳阳后有的学生跟不上班。广铁伢子知道后，选了两个成绩好的同学帮助他们补课做作业。并把所捡的煤集中到一起，按篮子平均分配，大家互帮互助，既补了课又捡了煤渣，一举两得，皆大欢喜。炉渣山上再也没有"小地盘"，没有"警戒线"。广铁伢子和华铁娃之间的友谊不断加深，在那样艰苦的日子里大家融为一体不分彼此。每天收工时，双方都约好明天见！

说来也巧，我一闺蜜姐们房玉莲，是个华铁娃，也在炉渣山捡过煤渣。招工进机床厂后，遇到一男青工笑着和她打招呼说，你还记得小时候为捡煤渣和我们广铁伢子打架吗？姐们莞尔一笑，"咋不认识你呢，早知道会成同事，把捡的煤渣全都给你"。更具戏剧性的是，有人给她介绍了个家住磨子山的男朋友，叫胡新保，在人民纸厂工作。小伙子长得高高大大标标致致，第一次见面，闺蜜姐们就芳心暗许，一眼万年。过了一段时间后到男朋友家去玩，进门，一眼就认出了他家两个妹妹，也在炉渣山一起捡过煤渣，准姑嫂第一次见面就哈哈大笑。更巧的是胡新保家和我家是邻居。

随着时代的发展，我们的国家发生了天翻地覆的变化。当年的蒸汽机车换成内燃机车，又换成电力机车。居民的厨房，也由烧散煤到用藕煤，又从液化气再到如今的天然气入户。当年的煤渣山旁，早就建了一个煤渣砖厂，制砖机日夜轰鸣连轴转，煤渣山很快便消失了，取而代之的是拔地而起的座座商品房和居民楼。

如今烧着清洁能源，再给孙一辈讲当年捡煤渣的故事，孩子们听着像是天方夜谭。几十年过去了，那些捡煤渣的亲历者，永远都不会忘记那些"痛并快乐着"的往事，也不会忘记和共和国一起走过的苦难经历。

时至今日，华铁同学的微信群，群名就叫"拾煤渣的孩子们"。

金姣娥，女，1952年生。曾任企业办公室主任。

父亲，呵护着我们长大

◎王　红

父亲节，想父亲了。

小学六年级上半期，父亲从桂林陆军学院调入湖南省岳阳军分区工作，我们就像他的兵，跟着他到了岳阳。一晃几十年了，我也就成了一个地道的岳阳人。

其实我在重庆出生，我家三姐妹出生地都不在同一个地方，大妹武汉出生的，小妹桂林出生的。这都因为父亲是个军人，军人以服从命令为天职。工作需要，上级安排，父亲凭一纸调令从重庆调到武汉再调到桂林。也不记得父亲是何时调入桂林陆军学院的（原为桂林步兵学校），只记得父亲从桂林陆军学院调入岳阳军分区，就再没有调动，他在岳阳一直工作到离休。

俗话说，日有所思，夜有所梦。童年的记忆，像宣纸上的泼墨，难以忘怀。多少次梦里，我回到了桂林曾经居住过的小平房。那充满了诗情画意的小平房，这么些年了，让我魂牵梦绕。我想，这都是因为想父亲的缘故吧。昨晚和老乡唠嗑，提起我们姐妹三人的出生地，且又临近父亲节，这一下，我的思绪打开了闸门。我想起了父亲一边工作一边呵护着我们长大的往事。

曾记得一个星期天早饭后，父亲带上我和大妹挖了些蚯蚓，把买来的鱼钩用麻线拴在竹竿上，于是一根简易的钓竿就 OK 了。那天父亲钓了一条鲇鱼，大约有斤把重。他的钓具是在商店里买的，自然已配置好了，而我和大妹的钓

作者（后排右）全家合影

具则是父亲用竹棍和麻线自己做的。钓到小拇指大小的鱼，名叫哈巴狗鱼，鱼虽然小，我和大妹也兴奋不已。一上午时间我们收获不小，父亲带的水桶里就有大小不一的三四条鱼了。

我和大妹举着罐头瓶子看着瓶子里的几尾小鱼高兴得不得了。之后的时间里，我和大妹就盼望着周末，父亲休息带我们去钓鱼，那是我和妹妹童年时期最美好的记忆。以至多年以后，我们成家立业了，还津津乐道着和父亲在一起的童年往事。

放暑假了，是我和大妹最为高兴的时候。因为父亲休息日就会带上我们去漓江游泳。下午烈日当空，走在田埂小路穿过一大片的稻田，稻子的清香扑鼻而来。树上的知了"吱喳""吱喳"叫个不停，一片一片的蜻蜓在低飞，几束不知名的粉、白两色的小花开在田埂边香气四溢。不知不觉来到了江边。

漓江水清澈见底，有许多水草，父亲水性好，一个猛子扎进水中就游出十几米远。也许是耳濡目染，也许是遗传因子的作用吧，不久后还在读小学的我和大妹便学会了游泳，当然，那是经过水中憋气练习、水中平衡（浮于水面）、手脚并用向前划行等一系列练习，循序渐进而成的。父亲年轻时，闲暇之余喜好打篮球、下象棋、游泳等项运动。受父亲的影响，我和大妹上初中后成为校篮球队员。

那年我14岁，部队征兵，是通信兵。父亲的同事刘叔叔是征兵办的，知道我家有一个服兵役的适龄少年，于是在一个下午来到我家和母亲说起让我去当兵的事情，母亲满口答应，刘叔叔又问我道，想不想去当兵？我说：想！当时的我，私下里有个小九九，就是想到父母只有我们姐妹三个，无儿子。我是姐姐，理应去当兵，接父亲的班。

正在美滋滋地等待通知体检的日子里，有一天父亲下班回家后把我叫到跟前谈话。父亲说：这次征兵不要去了，一是年纪太小，二是比较娇气，怕给部队添麻烦。等明年吧，你再长大一点，成熟一点再去也不迟。当时听完父亲的一番话，我顿时失落地哭了。

后来，再后来，也没有碰到征兵的消息。于是就这样与部队擦肩而过。说不遗憾是假的，说不怨父亲当年阻止我去当兵也是假的。成年后的我想想，父亲没有允许我去当兵自有他的道理。

母亲本来是有工作的，小妹出生后，她就辞去了工作，在家带孩子。离家属区一里多路的打靶场边上有一个猪毛场，为了贴补家用，母亲就去猪毛场领回一麻袋的黑白混淆的猪毛，到家后母亲把我们床上的铺垫卷在一边，腾出一个简易的工作台，我和大妹放学后帮着拣猪毛，把猪毛黑、白分拣开来，分别放入两个口袋，一麻袋分拣好的猪毛可以挣到 10 元钱呢。大妹贪玩图快一心想着快点拣完好去找小伙伴们玩，她拣好的那一盆猪毛里面白中有黑，黑中有白。

母亲看到后哭笑不得地对我说："去帮着你妹妹重新拣一次吧。"我是乖乖女，自然是听命于母亲啦，把大妹的活重新返工了一遍。母亲检查了一会说："不错。"父亲下班后听母亲说起这件事，对大妹的优点和缺点做了一个肯定："丽丽（丽丽是大妹的小名）干活图快，如毛张飞一般，比较贪玩。可是她也有她的优点，性格开朗、活泼可爱、爱憎分明。"

父亲把自己几个孩子了解得透透彻彻，总是在不经意间潜移默化地影响着我们，率先垂范引导着我们，让我们在成长中一路前行。

王红，女，1956 年生。企业退休。喜欢读书、旅游、健身。

赶 考

◎ 李真微

这夜，我和同伴龚灿梅住宿在观音阁的饭铺里。天热，七八个人挤在一个通铺上。通铺，就是在宽大的堂屋里搭的一个大铺，可以睡上十几人，中间并无间隔，睡熟了的人们可能用屁股贴着你的脸，你也甚至用脚杆压着别人的腰。

13岁，本来是最懵懂，可以睡得死去活来的年龄，但这一夜，我却无眠，像煎饼一样翻来覆去。是因为抵挡不了鼾声和蚊子的侵扰，还是想起明天的回程，更担心怕睡到清早不知道醒来，动身迟了，赶不到家。

大概是五更天了，隔着两个铺面的铁匠铺，响起了拉风箱的呼呼声，像魔鬼在打鼾。我想起了一句唐诗："未晚先投宿，鸡鸣早看天。"便叫了灿梅到屋外看星空。老人告诉我，有一束七姊妹星，看她们的运行，可知天亮的时间。谚语说："七中八偏，九斜十落。"7月间这束星运行到中天，8月向西偏一点，9月又再斜向西，10月星坠西山，这时天就亮了。现在正是6月，星快当顶了，我说，赶快动身，今天120里，不然就赶不到家了。

我们立即行动，洗脸，自己没带手巾，饭铺里一条家织罗布巾，你我他接连不断洗下去。一个木箍的沾满污垢的小盆，如果是冷天，一瓢热水要洗三张脸才许换。你不乐意，老板就说："穷讲究，他脸上又没有屎。"这是热天，灿梅先洗，我倒掉换一瓢冷水来洗，老板也口中念念有词：省一点，热水要人烧，

2018 年，80 岁的作者给岳阳市一中高三学生授课后合影

冷水要人挑。

　　这睡通铺是 1000 元一晚。这是 1951 年，币制没改革，1000 元就是现在的一角钱。我们付了账，没有钱买饭了。我把带来的最后一点炒熟晒干的现饭，叫阴米饭，拿来充饥。嚼了几口，把饭铺里昨晚泡的现茶咕咕地喝几大口，嘴巴一抹就匆匆上路了。告别了这个陌生的城市，告别了这个不令人留恋的通铺。两个孩子，就像小鸟奔巢，快快回家。

　　跨过铁路线，走过九岭十八坳的黄土路，到了三眼桥。薄雾蒙蒙，初露曙色，开阔的大桥湖还看不分明。前天进城时，我走到这里，那初见时的惊喜，觉得是看到了大海，现在只觉晨风凉爽，急着赶路，便无心恋水了。

　　我们这趟来岳阳城里，是来赶考的。1949 年解放，我正小学毕业，在原校又补习一年，学了些初中课程。但要读初中，必须到城里来。当时全县只有两所中学，一所是新湖南建设中学，就是现在市一中的前身，这是完全中学；另一所是县立中学，二中的前身，只有初中。这次初中招生的考场就设在校本部，要考试，就得进城。

来赶考，我总共只有九角钱，要交两角报名费，还剩七角，要在外生活四天，包括吃住。来时做一天半走，头天走了80里，到夹铺子住了一晚。两餐都吃家里带的现饭。中午找个人家讨了一杯开水，泡热了，吃一餐。外婆给我做的饭，把酸菜拌在饭里，说不容易馊。但到晚上再吃时已有点馊气，有酸味压住，也不觉得太严重，反正要吃了它撑饱肚子。吃完饭，倒在床上就睡着了。

第二天中午到了城里去报名，看了考场。

第三天上午，建中考试，语文、算术两科，一个上午考完。我没有钢笔，从家里带的一个墨盒子，一支截短了一截的毛笔。发的油印试卷，我打开墨盒，调调笔，就写起来。先考语文，做得还顺手；再考算术，五道题我一口气就完成了，验算了一下，没失误，提前交卷了，胜券在握。

下午，我没去参加县中考试。灿梅去了，我就在文庙的石桥上坐着玩，等着他。后来我才知道这桥叫状元桥。一喜，好兆头。

我们拼命赶路，必须一天奔回家。临近中午，暑气蒸腾，蝉鸣烦躁。走到了游港小镇，刚好60里，一半路程。肚子已经饿得咕咕叫，我们就找饭铺，各买一碗饭吃起来。饭铺有两种餐：一种吃餐饭，一角钱一餐，饭任你吃；还有一种吃碗饭，五分一碗，三分钱买小菜。碗大，我们最多就能吃一碗，所以省下这两分钱。

碗筷一放，我们像蒸汽机火车头加了煤，一股劲往前冲。晚边，我们到了长安桥，离家还有10里。

我们的家住在一个小塅畈里，要翻过一道山口再进去。这山口是一道三里长的峡谷，叫冷水坑。两边山势陡峭，谷底一线穿行，只便单人通过。传说这里曾出土匪。我已读过《水浒传》，知道"剪径黑松林"，强人谋财害命的险恶。因此两人下定决心，抢在天黑前通过冷水坑。同伴灿梅大我一岁，但一个女名、一副女相，体力也比我强不了多少。我们只希望能遇到一个人，同时进山口，可是没有。

太阳落山，暮鸦归巢，天色微黑。我们像打仗通过敌人封锁线，一直小跑过去。已是汗流浃背，气喘吁吁，一切不管不顾。待跑到山坳的顶端，才猛地出了一口气。这里有一个凉亭，供过路人歇脚。里面住着一位吃斋的老婆婆。我们亲切地叫她娭毑，向她讨水喝。她揭开缸盖，递给我一把瓜瓢，我掫起一碗，牛饮而尽。灿梅接过瓢，一瓢下肚，落个痛快。

过了这坳，他到家还有三里，我到家还有五里。他到家后，我一个人还要独行两里多路。路较平，但可怕的就是从大路转向进村的小路处，有一口水塘，叫杨须塘，长20多丈，一竹竿深。传说这塘里有个无常鬼，吃人，尤其喜欢吃小孩。它会冒出水面，长高，无限长高，然后以泰山压顶之势扑向你，压死后，再把人吃了，不吐骨头。被吃的人就不知去了哪里。

灿梅进村去了，路上就剩我一个人。我硬着头皮走，口里不停地唱歌，为自己壮胆。"雄赳赳，气昂昂……"，但唱出来却带着哭腔。一路小跑，总觉得身后有人跟着赶，还对我不停丢沙子。我也不敢回头看，麻着胆向前冲。

一转弯就要到杨须塘了，这是必经之路，绕不过。我就脱下一只鞋捏在手里，只要看到那无常鬼冒出水面，就使劲把鞋往天上扔，只要高过它，它就会败下来，"扑通"一声掉进水里。我提着鞋快步走，眼睛斜看着塘里。一只青蛙被我惊得跳进水里去，便吓得我心脏向喉咙口一冲。直到走过大塘，心脏才回落胸腔。

再走半里多路，我冲进家门。家里只外婆一个人守着。我走到厨房里，站在房中间，木然地，"哇"的一声大哭起来，哭得山崩地裂。外婆被吓蒙了，一会才颠着小脚走过来，接过我手里的一只鞋，抱着我的头，无声地流着泪。几颗浑浊的老泪，滴到了我的脸上。

李真微，1938年生。中学语文高级教师。曾任湖南省中学语文学会副理事长，岳阳市中学语文研究会理事长。

办点纪事

◎ 杨西霞

情　深

1975 年春节刚过，我接到地委办通知，让我下乡办点，地点是岳阳县荆州公社三红大队（地委书记董志文的点）。当时我怀孕将近两个月，爱人劝我刮了孩子再走，我唯恐休假影响工作，也没向组织汇报已怀孕的事（那时身体单瘦看不出怀孕），毅然决然收拾行李，背起背包跟着工作队下到了三红大队第六生产队。

工作队的队长是刘国权（地委农村办主任，后任市人大常委会副主任）、副队长是高碧云（地委行政科副科长，后任岳阳市政协主席）、孔庆明（地委乡镇企业局副局长）和我。高碧云还兼任秘书工作。

高碧云和我在一个生产队，我们与社员实行"三同"，同吃、同住、同劳动。到每个社员家里轮流吃饭，每家一天。给 1 角 2 分钱，三两粮票。

当地农民生活比较困难，能有点腊肉吃就不错了，炒菜也是用腊肉炼的油，我因怀孕闻不得腊肉的气味，每餐饭只吃点小菜咽饭，人越发消瘦。妇女社员看在眼里，急在心里，有时在她们家吃饭，悄悄给我煎个蛋。妇女队长连英有时利用歇工时，把我悄悄喊到家里，给我煮红枣蛋吃。

有天晚上我在房子里看书，听到轻轻的敲门声，我开了门，望家嫂子用白布包了两个热乎乎的鸡蛋进来，我惊讶地说，你这是做什么？我们工作队有纪律的，不能随随便便吃社员的东西。她一脸诚恳地小声说："我知道，但你有身孕，长期与我们社员同吃对细伢子不好，所以我晚上悄悄地送来，你快趁热吃了吧。"说完扭头就走了。

望着两个鸡蛋，我眼泪双流。当时办点是采取行政命令的办法，当队长，排工，喊出工，我作为一个女同志对她们没有什么照顾，每天早饭中饭后，就挨家挨户地喊她们出工。有时晚上学习也是照喊不误，没有一点人情味，没有顾及她们生活的艰辛，家务劳动繁重，孩子拖累，也没考虑她们例假。更没有设身处地关心她们，而她们对我是多么体贴关怀。想起来令我惭愧内疚，无颜面对。

随着季节的变化，农活越来越多，我的肚子越来越大，妊娠反应却越来越小，跟没怀孕没有什么区别。

队里妇女出工分两组，我轮流在每个组劳动，同她们一起翻红薯藤、薅禾、锄草、挖粪氹、挑塘泥……样样我都学着干。劳动是辛苦的，也是快乐的。与她们聊天，看她们开玩笑，吵嘴，听她们说东道西：男人、女人、公公、婆婆、孩子，比谁的婆婆、男人好，看谁家的细伢子听话，会读书、会干活。

小妮说她与男人房中秘事，引得大家哈哈大笑，有的笑弯了腰，有的捂着肚子哎呀。东东说婆婆的刁难，男人不体贴，孩子不听话，自己的委屈、无奈，哭得悲悲切切，大家帮她出主意，想办法，有的还说要去她家打她男人一顿。嬉笑怒骂皆有趣。她们也议论我，问我家庭情况，男人好不好，想生男孩子还是女孩子？玉珍说，她晚上做梦，有一条蛇在我睡觉的房子里爬，你肯定会生个男孩子。

当然也有不尽如人意、担惊受怕的事。有一天晚

1975 年，作者下乡办点时留影

上在大队部开会，散会后，夜深、天黑、风大，我一个人往生产队走，经过一座坟山时，手电筒灯泡突然炸了，天漆黑一片，随风晃动的株株小树就如运动着的鬼影，在背后唑唑地响。脚下溅飞的石子，碰着自己的脊背、脚跟，就像有谁在砸你。越是怕，就越是树木皆鬼，令人毛骨悚然。我吓得头发都竖起来了，一身冷汗。怎么办？只能大着胆子往前走。此事现在想起来，都有点后怕。

依依惜别

我的肚子一天天大起来，到 7 月弯腰困难，劳动十分吃力。高碧云同志与地委行政科联系，请求派车接我回岳阳。当天下午行政科袁师傅开了一辆吉普车来接我。

一组的妇女就在附近劳动，看到后一齐拥上来，有的抱着我，有的拉着我的手，哭泣着倾诉离别深情。我流着泪依依与她们道别，她们说也没准备什么东西送给我。说着说着就都纷纷跑回了家，有的拿来了鸡，有的拿来了蛋，有的拿来了绿豆，还有的拿来了糯米、红枣、花生等。生产队长提来一麻袋西瓜，东西塞满了后车厢。

我反复解释推辞都不肯把东西拿回去，最后高碧云生气地说，莫让老杨犯错误，她回家生孩子心都不安，请都把东西拿回去，只留一麻袋西瓜代表大家的心意。这时她们才不情愿地把东西从车上拿下来。后来听说，二组的妇女还埋怨一组的妇女为什么不告诉我走的消息。

回城的路上，我泪流满面，与她们在一起的情景像放电影一幕一幕涌现在我眼前。几个月来，她们给予了我兄长和姊妹般的关心和温暖，是她们关心我饮食与冷暖，教我农活，与我聊天解闷，使我理解了平凡与伟大、艰辛与忍耐、给予与付出等字眼。在她们中我学到了在城市无法学到的东西，感悟到人生最宝贵的是真情。我没有为她们做什么，却得到她们最真挚的友情。她们朴实、真诚、善良、任劳任怨的言行常常感动着我，她们付出的很多，得到的很少。她们生产的粮食满足全国人民的需要，农民是国家的支撑、栋梁。

我出生在农村，在农村长大（16 岁才离开农村），18 岁作为政治学徒参加长沙农村社教，办

作者（右三）参加演讲比赛

点又来到农村。农村是生我养我的地方，是我热爱和向往的地方。我要将农民的"好"永远铭记在心。他们永远是我的朋友、老师、恩人。

回家后我写了一封热情洋溢的感谢信，连同西瓜按市场价钱，一同寄给了生产队。我不是自律做得好，当时无论是参加社教（"四清"运动），还是下厂、下乡办点的干部都是这样做的。

榜　样

高碧云同志与我同队，他的言行时时在感染和激励着我。他尊重关心农民，工作认真负责，吃苦耐劳，品德高尚。

在雨纷纷的天，高碧云常头戴斗笠身披蓑衣，天刚蒙蒙亮，就背起锄头去田里看水。有时与生产队长并肩在田里锄禾，一边锄禾一边与队长谈心，商讨工作。有时利用雨天召开老农座谈会求计问策。

高碧云工作求真务实，没有官架子，不说大话、空话。他常在灶边、饭桌旁、屋檐下，田边与农民促膝谈心，了解情况。他钻研农业技术，晚上常常在

灯下阅读农业技术方面的书，或与老农磋商。他工作有原则，好恶分明，对损公肥私的人批评严厉。对生活困难的社员，感同身受，尽心尽力给予帮助。常帮助生病的社员联系医院，照顾他们在自己家吃饭、睡觉。

生产队资金匮乏，高碧云千方百计联系磷肥厂，购低廉化肥，到磷肥厂管道清扫不要钱的肥料。他担任工作队秘书工作，任务繁重，跑岳阳较多，但每次都是快去快回，从不耽误生产队工作。

高碧云是我的良师益友，教我工作方法，教我农业知识。我工作做得好，他给予热情鼓励。做得不对的地方，他严肃指出。生活和劳动方面也常给予关照。几个月的相处给我留下了美好印象。

刘国权、孔庆明等同志与农民打成一片，踏实的工作作风，也时时影响着我。

有一年夏天，去湘阴县出差，正在招待所用餐时，遇见在大厅用餐的地委副书记张月桂和他的秘书。没有人陪同张书记，食堂只给他加了一小盆绿豆稀饭。张书记看到我，硬坚持要我和我的同事每人盛了一小碗稀饭。

还有董志文书记每次下来检查工作，都要问到我身体、工作情况。地委书记工作繁忙，心中还牵挂一个普通干部，也感动激励着我。

在农村广阔的天地里，清新空气的滋养，鲜活生活气息的吸引，农民朴实无华品格的浸润，工作队员榜样的感染，工作队负责人的表扬（说我劳动肯吃苦，工作认真负责），社员的夸奖（说高和我是她们看到历年来办点干部中最好的两个人），农业科技发展的课题，时时在激励着我、鼓舞着我。我心情舒畅，激情满怀，每天都有用不完的劲，学习不完的知识。这是我人生中一段最精彩、最美好的记忆，它将永远印在我的脑海。

杨西霞，女，1947年生。岳阳市总工会原副主席。现为岳阳市老年文学协会副会长。

我随唐副市长取经历险记

◎ 喻润贤

2020 年底岳阳市被湖南省列为省域副中心城市，跨入大城市行列，成为长江流域中心城市之一。可是谁能想到这样一座生机勃勃，发展前景广阔的大城市，在数十年前仅是一座小县城呢。作为一名城市建设的参与者，见证了这座城市崛起发展的过程，也见证了一代又一代岳阳人为之付出的智慧和心血。那一个个鲜活的人物和一幕幕刻骨铭心的记忆，在无数个白天和黑夜激荡着我的心灵，无法忘怀，历久弥新。

20 世纪 70 年代末，根据形势需要和岳阳的发展实际，经国务院批准，在岳阳县城关镇的基础上，恢复了岳阳市建制，与岳阳县分设。市长是罗仲柏同志。分管城市建设等工作的是唐济美副市长。

为了借鉴外地城市建设与管理的经验，市委决定由唐副市长组织建设、城管等部门的负责人，人汽公司和几家建筑公司以及其他相关单位的头头脑脑 40 人左右，前往湖北沙市学习取经。由人汽公司安排两台大客车和两名技术好的驾驶员。我有幸参与其中。

出发的那天早上，忽然刮起了六七级大风。车到北门渡口时，洞庭湖上的情景犹如范仲淹在《岳阳楼记》里所描述的那样，"阴风怒号，浊浪排空"。往日里船来舟往喧嚣热闹的湖面空无一船。所有的船收到天气预报后，提前进港

洞庭湖汽渡船

避风去了。汽车渡船也已停航。我们车上的人见这情况全蒙了，还没出城呢，就被当头一棒。我心中嘀咕，出门就遇顶头风，这一趟只怕不顺利。经与汽渡管理部门反复协调，等到在风略小一点后，我们冒险强渡洞庭湖，晚上赶到华容县城住了下来。

　　是夜，风未息，雨又起。隔着宾馆房间的玻璃窗，看那雨趁风势如倾如注，不由我想起那句"风声雨声读书声声声入耳"的名言。正好随身带有一本杂志，便翻开大声读起来，凑个三声齐全，期待明天有个好天气。

　　次日晨起，果然天遂人愿雨歇日出。吃完早餐即登车，我们继续向沙市进发。一路前行，车窗外大片田野在雨后清新的空气里泛起植物的清香，深吸一口心旷神怡，感觉五脏六腑似乎都舒展开来。有人轻声哼起了一首歌，很快就有人应和，可谓一路欢歌笑语。

当车行驶到鲇鱼须大堤上时，汽车像喝醉了酒一样扭起了秧歌。在堤上还没有开出百米远，汽车突然向左边一滑。车厢里爆出一片惊叫，我的心也一下子提到了嗓子眼，完了！幸亏老天保佑，车被堤边的一根电线杆子拦住了，才没有滑下堤去。大家下车一看，堤上路面泥泞，人都很难走，根本跑不了车。经商量，唐副市长决定返回岳阳，绕道武汉去沙市。

但是上堤容易下堤难。因上下堤的斜坡道底及堤脚一线有许多民房。如果下堤时刹不住车，转不过弯来就会冲进民房，车损房毁。两位司机都不敢开。幸好随车的人汽公司副经理是驾驶员出身，他艺高人胆大。先是叫人买来一些稻草铺在路面上，再将车徐徐往下开。车在民房前仅二三十厘米处刹住了，好在有惊无险，两台车都没有发生意外。

在华容县城吃了午饭后，继续返回岳阳。车到建新农场地段时再发险情，汽车毫无预兆地一个 90 度急转，车头卡在路旁树里，就好像牛脑壳要下沟喝水一样。如果没有路旁的树卡着，车就栽到路边沟里去了。后来联系了一台拖拉机，才将车拉回路面。经司机鼓捣一阵后，总算又能行驶了。最后再渡洞庭湖，回到岳阳市区。

第二天，人汽公司重新安排两辆刚保养出来的大客车，往武汉出发。为了赶路，车速非常快，至少八十码，几乎是见车就超，而在我们车后的车，不管是大车还是小车，都只能乖乖地跟在后面吃灰。当时还没有修建高速公路，紧赶慢赶，太阳落山了我们还没到武汉。

大概离武汉还有 30 公里的样子，司机突然说："我的车出了问题。"赶忙靠边停车。这时汽车的方向盘怎么也转不动了。回想真是心惊肉跳。高速行驶中方向盘突然失灵，会车时肯定避不开，撞上就会车毁人亡。如果遇到弯道，车子不能转弯，就会冲到路坎下，也会车损人伤。幸亏司机凭他丰富的经验及时发现问题，才未发生这样的险情。

北门汽渡码头

　　一台车动不了了，只好将这台车的人挤到另一台车上，继续向武汉市前进。留下坏了的车让司机自己去修理。

　　夜已深，进了武汉城里没有一家宾馆、旅店、招待所能一下住进几十人。只好一家一家地找，有一间房住一间房，有一张床睡一张床，子夜时分总算安顿下来。

　　武汉为九省通衢之地，辛亥革命首义就在武昌，当时是中南地区最繁华的都市，但我们没有一个人提出看看市容，逛逛商场。第二天早上起来就往沙市赶。

　　出城不远，来到一个叫十里铺的地方，遇到严重堵车。前后几百台车足足堵了两个小时才疏通。我们坏了的那台车，修好后及时赶来了，大家又重新分开坐。

　　当车过藕池镇，沙市城已经遥遥在望时，我们这台车突然冒出一股黑烟。

司机师傅停车检查了半天都找不到原因，只好又继续往前开。开了约半个小时，唐副市长对驾驶员说："师傅停一下吧，刚刚冒烟的原因没有找到，最好再检查检查！"

司机于是靠边停车下来检查，发现车子的左后轮跑出来了，轴上只剩几个丝，如果再跑几十米，轮胎就会飞出去，那汽车就成铁牛耕地了，好险啊！于是赶快叫另一台车到镇上请来修车师傅。我悬着的心也就放下。

原来唐副市长对汽车无缘无故冒烟一直心存疑虑。真是出门在外小心无大错。唐副市长一句话，避免了一次重大事故。

好在车修好后再没有出问题。我们顺利到达沙市，受到沙市有关领导和部门的热情接待。一连三天不仅住得好吃得好，还安排到处参观学习，介绍经验。不论是看到的还是听到的，都是实实在在的干货，对我们这些取经人来说获益匪浅。

《西游记》中唐僧西天取经，师徒四人数载经历了九九八十一难。我们40人在唐副市长的带领下到沙市取经，前后仅几天，却也经历了八九上十难。我这不是写小说，也不是编故事。这确实是我亲身经历。

一晃40多年过去了，唐副市长和当年取经的有些老领导都已作古，但他们那种为了城市发展百折不挠一往无前勇于探索虚心学习的精神，却铭刻在一座城市矗立的身影里，值得我们永远怀念。

喻润贤，1951 年生。高级工程师，全国注册造价师。

我家三代照相情

◎ 吴健体

我们吴家祖籍是湖北鄂州市（原鄂城县）葛店镇，祖父辈于民国十五年（1926）来到岳阳率先开设照相馆，到父辈及我们这一代人，吴氏家族三代共有近20人，在岳阳照相业创业和工作90余年，与之结下深厚情意。

第一代照相业开拓者

20世纪20年代，我的大爷爷吴新庭、二爷爷吴金元，从武汉照相名店"品方照相馆"学艺出师后，为了生计，一路颠沛，经咸宁、赤壁辗转到岳阳。两位爷爷分别在紧临天下名楼岳阳楼的北边和南边，开设天然照相馆与金元照相馆。"金元"就是按二爷爷的名字取的。

两家照相馆均置业两层房屋，一楼房子作生活住房，二楼为特制玻璃照相房。玻璃照相房是一面砖墙，三面玻璃窗户，屋顶为玻璃瓦透明构造。那个时代没有电灯，借助自然日光，作为照相的感光源。夏天太阳强烈时，屋顶还装有一块大白布，当作挡太阳的顶帘。背景墙图画及木马、高背椅、盆花等道具也是自行设计的，这也是当年自然光照相"玻璃照场"。

照相馆底层朝岳阳楼方向开了一扇门，可带顾客径直到岳阳楼公园给顾客照外景，也就是行业所说的"外照"。那时照相馆主要是人物照，生意对象也大多是达官贵人。岳阳城区人口不多，流动人口少，两家照相馆凭借照片神奇艺术魔力，依托岳阳古楼名胜及浩瀚洞庭湖特有的景色背景，举步维艰维系着小本经营。1938年岳阳沦陷，两位爷爷的照相馆关门逃难。1945年日军投降，"天然""金元"重新开业。

作者（左）与年近九旬的岳阳照相馆老技师吴景云、张崇美（作者姑妈、姑父）

1948年时任国民政府国防部部长白崇禧等一干军政要员，途经岳阳时，提出到岳阳楼前照张合影。当时我大爷吴新庭支开三脚架，摆弄照相机，看着全副武装的军人，紧张慌乱中将6寸胶片暗盒当成8寸暗盒使用。照片洗出后，发现底片小了，合影中两边站的人物有的未照进去，吓得大爷全家差点跑人。幸亏主要人物在照片中，勤务兵匆匆拿着照片走了，幸免了一场灾祸。

1949年7月岳阳迎来解放。1956年岳阳工商业实行"公私合营"。我大爷吴新庭、二爷吴金元饱尝旧社会动荡与苦难，体会到解放后社会安宁，经营稳定，积极主动将原"天然""金元"照相馆资产均折算200元钱作为股金入股，两店面改名为岳阳楼照相馆第一、第二门市部。这即是旭日照相馆及岳阳摄影公司前身。之后照相业划归岳阳县（市）饮食服务公司管理，先后隶属服务局、商业局。两位大爷非常开明，并没有拿股份，而是要求当新时代的照相师，传承照相技艺。

第二代照相业发展者

两位爷爷经营的"天然"与"金元"照相馆，店员主要采取"以师带徒"方式，大部分是从鄂州吴氏家族亲友中招来的，先后有吴继昌、吴风吟（我父亲）、万齐心、胡兵武、曹文云、张崇美、吴景云、严望开等人，学徒一般三年出师。

这些员工之后成为岳阳国有照相业的主力军，也成为吴氏家族岳阳照相业第二代传承人。

大伯吴继昌，1945年从湖北老家到"天然"学艺，尤以修底（照片的底片）见长。行话言："三分照、七分修（修底）。"老式修底讲究精工细作。那时候没有电脑、手机，照片由底片冲洗显示，底片就是相片的基础。一些有瑕疵的底片，往往全凭一双巧手，用铅笔、毛笔、修复刀，勾勒出完整的轮廓。大伯几十年如一日，往往一修就是一整天，从而练就一手修底绝活。如果顾客照相时眼睛眨了，他就在底片上修复好，免得顾客重新去照。他女儿吴岳群、孙女吴平也相继在国营"旭日""影真"照相馆工作至退休。

表叔万齐心在原"天然"学艺，公私合营后，担任经理。

表叔严望开，1952年从老家来到"金元"跟随二爷学艺。一级修相师，德技双馨，岳阳摄影公司首任书记兼经理。担任基层负责人坚持一线工作不脱产，同样给自己定目标任务。他白天开会处理公务，晚上加班加点完成定额，从不多拿报酬，老一辈照相人这种工匠精神是值得后人传承的精神财富。

照相作为一门技术活、经验活，拍照讲究用光和角度，冲洗须经重重复杂工序。入行照相技术工种需要三年学徒期。照相业的摄影师、暗室师、整修师

（修版）、着色（彩色）师等技术含量高的工作，之后还需持有相关技术职称，因此，照相业在商业系统属于特种行业。

父亲吴凤吟，16岁跟大爷在"天然"学艺至1995年退休，一直在岳阳照相业。他给人的印象是单瘦精致，开朗乐观，总能给顾客带来轻松快乐，抓拍顾客幸福笑容瞬间。20世纪60—80年代，父亲担任旭日照相馆主摄影师，橱窗样片及深受顾客喜爱的"多头照""剧照""套影照"等艺术照大多由父亲拍摄。

记得上代代红小学四年级时，父亲给我班同学赵丽与岳贤照的两张艺术像均摆放在南正街旭日照相馆橱窗内：一个像样板戏《智取威虎山》中的"小常宝"；一个像电影《闪闪的红星》中的"潘东子"。很多同学特地到旭日橱窗前观看，都说是"金童玉女"，成为几十年后同学聚会时津津乐道的一段佳话。

小时候我最喜欢看父亲照相。父亲熟练地摆弄着大木制照相机，一块大黑布盖着头挡光线，只听见暗盒弄得"哗啦哗啦"响，镜头里看到的是顾客的倒影。然后，父亲伸出头来表情很丰富，左手拿着摇铃示意，右手捏着气囊，口里喊着"看这里，笑……"灯光一闪，"咔嚓"一声，相照好啦！

80年代，岳阳国营照相馆拓展网点，先后开设"巴陵桥头""容华""天然""楼外楼"等分店。先期筹备、电路安装都是父亲一手操办，为企业节省了不少开支。1987年摄影公司拓展市场，在南正街开办照相器材文体商场，父亲筹备开业并担任首任经理，当年营业收入达10多万元，为岳阳传统照相业另辟经营模式渠道。

父亲去世后没有给子女们留下多少财物，仅有两台照相机和一直舍不得丢弃的自制简易印像盒。

第三代照相业继承人

我哥哥吴健康他们算是吴家在岳阳照相业的第三代继承人。他当知青下放

1988年，作者在武汉进修时留影

天井山林场五年，后回城从事锅炉工几年，30多岁才调入刚恢复老字号的天然照相馆。之后到"旭日""影真"照相馆从事摄影师工作。他凭着曾在艰苦环境下磨炼的意志，秉承长辈们精益求精的匠心品格，奋发进取，刻苦钻研专业知识。

20世纪80年代，健康哥来到武汉品方照相馆进修婚纱艺术照技术，"品方"也是我爷爷辈60年前学艺的老照相馆，这也成就了祖孙照相业的一段情缘。

随着数码摄像技术的快速发展，摄影行业的门槛不断降低，便利的小型数码照相馆出现在街头巷尾，尤其是手机照相功能普及，让传统的国营照相馆在激烈的市场竞争中逐渐边缘化。

我们一家三代照相人见证了岳阳照相业的前世今生，见证了岳阳城市蓬勃发展。我们曾用手中的相机，定格了城市变迁的一个个瞬间和时代人物，为城市文化传承、历史考证留下了一个个弥足珍贵的宝贵镜头，为市民朋友留下了丰富多彩、生动活泼的"满月照""结婚照""全家福"等许多珍贵的记忆。

吴健体，1962年生。国家一级烹饪师。

我曾是乡村放映员

◎ 李　澎

百家饭好吃，口留余香；百家饭虽然好吃，也有硌牙的时候。

那是 1973 年 12 月的一天，长到 19 岁没看过几场电影的我，竟然在成百上千人的注视和簇拥下，开始了平生独立操作的第一场电影放映。这是我在湘阴电影放映培训班学习归来的首秀。

场地宽大，银幕架在康王桥旁一块拔掉了棉梗的空地里。按教程栽杆、拉幕、测步、架机、调试。用担惊受怕、如鹿在胸不足以形容那场处女秀的心情。五年的放映生涯，就这样在人声鼎沸，汗水湿透衣衫的夜晚开始了。

我们感慨岁月如歌，但人生歌哭参半，只有那过程不可磨灭地留在记忆里。江南农村对手艺人的表述有"吃百家饭"一说。如木匠、瓦匠、篾匠、弹匠、漆匠，还有游医行商、劁猪阉鸡，甚至连与农民紧密相连的各级公干，都归称为吃百家饭的人。他们长年走村串巷，直面千家万户。因此，吃百家饭，成了成熟、世故、身份、智慧乃至阅历的比较中性或正面的形象。我是乡村放映员，自然也算个吃百家饭的人。

我懵懂的青春，就这样初始于乡村放映员。如果要问：有快乐吗？我告诉你，快乐连连。

放映途中，星空如洗月如钩，机器争气未抛锚，惬意之情丝丝蔓蔓而至；

电影解说到位，没语塞，未偏题，老少爷们中意，甜蜜的感觉悄悄滋生；人们赞我换片快，音响悦耳，画面清晰，成就之快慰噌噌暴涨。

在没有电视的时代，电影为封闭的山村打开了一扇窗。他们豁然看到，外面的世界很精彩，不仅有广袤的平原，还有无边的大海。思想可以和阿姆斯特朗一起登上月球，贫穷的人们知道通过双手能改变命运。

那时每个放映队只有一台机器。一盘胶片放完后便停机开灯，观众等待换片后继续开机观看。所以，频繁地停机换片，就直接考验观众的耐心和放映员的技巧了。

我常常陶醉于自己的一双快手。换片时我无须开灯，黑暗中眨眼便可完成，分心的观众甚至感觉不到已换片。而整个换片过程颇为繁杂，单就挂片时需要用手工调整一个缓冲弯就很难把握。弯大了声音滞后，画面中人物挥手前进了，声音却还是按兵不动；弯小了声音超前，画面中人物按兵不动，声音却在挥手前进了。凭手感体味，功到自然成，如此成就感使然，能不快乐吗？

行业里要求放映员"一专多能"。表演幻灯节目是特定的时代要求，映前必须结合时政和农时，利用绘画的手法自制灯片，用幻灯机投放在银幕上。再使出吹拉弹唱和快板等小技，一场完整的放映才算开始。那时农民文化程度普遍不高，普通话欠普及，因此，要求在放映故事片时，用方言作画外音在扬声器里随片解说，语言力求优雅契合。往往话到动情处，必引来哄堂的笑声，或人们频频地拭泪。如此淋漓尽致地发挥，不知生出几多小资情调，既娱人也娱己，能不快乐吗？

无论中外影片，为了艺术效果，从剧本到成品必精雕细琢。放映员须细细品味其内涵，在反复咀嚼中感受内容中的快意、亢奋、忧愁乃至痛苦，实现情感的酝酿和传递。经年累月，于词汇贯通、经典积累、文笔手法和个人修养不无裨益。如此美妙之境遇，能不快乐吗？

远去的年代，农村电影稀罕，送到家门口的电影更稀罕。乡亲们的热乎劲，

当时的放映现场

比之对待吃百家饭的传统艺匠有过之无不及。当工作顺心顺手时，不免生出满满的浪漫情怀。

在那春暖花开时节，我们挑着放映机游走于青山绿水与滚滚稻浪之间，透明的绿色洗心濯目，蚂蚱不时从脚下窜起，逗人情性。暮归的老牛后面跟着荷锄在肩，裤腿卷得高高的汉子。他们或敞胸露背，或布褂飘飘，甩着鞭梢子，满心期待地酝酿着夜间地坪里的电影大餐。

字幕上跳出"剧终"，喧嚣声便渐渐被迟升的月华淹没。如遇夜宵，必是一大碗盖着荷包蛋的热汤面。打着饱嗝，躺在农家那浆洗得硬邦邦被子的六弯床上。隔壁传来大娘纺车的吱呀吱呀声，如同天籁，信天游一般，催人眠，入梦甜，良宵一刻值千金。

长着红扑扑脸蛋的小孩儿，蹦跳着，童顽无羁。一声稚嫩的童音清亮悦耳："叔伢，姥爷喊你呷（吃）早饭啦"，你恍惚觉得"竹林七贤"就在酒桌边等你，人未至，心先醉。能将电影放好，用这吃百家饭的手艺，使古老贫穷的乡村生活有了活力，感觉梦想变成了现实，自然快乐。

送电影下乡

如果你要问：有烦恼吗？我说，烦恼多多。

有时候，人们往往只看到洁白的天鹅引颈高歌于水面，却不知藏在水下的，是那不停地扑腾着的双脚。现在的电影放映已步入数字时代，无论是小制作还是惊世大片，都可存放在 U 盘里，小巧精致，携带方便。而机械和胶片放映时，放映机、发电机、幻灯机、唱片机，加上拷贝满满两担有余。如此货郎担一般地负重前行，无异于尽情地挥洒着青春与汗水。

五谷养人，病痛难免，且人机一般。放映途中，如遇机器抛锚，观众等待现场修复，但有时修复未果，只能在扬声器里表示遗憾，扫兴、歉疚；露天放映最怕遇雨，一场大雨，观众如赶鸭，我如落汤鸡，尴尬、无奈；胶片因某种原因不停地上下抖动称为"跳片"，大老爷们就要骂人了。个别嫉妒百家饭好吃的小兄弟们，也开始冷不丁扔泥巴坨了，担心人机中招，无奈、心疼。

1975 年腊月的一个风雪天，我们搭乘公社唯一的那台手扶拖拉机，去新开大山里慰问开钒矿的施工队。凌晨回来时，我们护着机器挤在敞篷车斗里。冒着雨夹雪，打着电筒为拖拉机手照明，在仅仅一车宽的机耕路上突突地前行。心里闪过丝丝恐惧，如遇崖边或水边该多危险呀。当晚刚放过的纪录片《生活万岁》里有一句台词："活着真好，可以体验苦，然后特别甜，有爱和被爱的滋味，死了就什么都没有了。"正想着，车翻了。

那时没电话，受伤后我们互相搀扶着寻找旷野里的人家借宿。多年后，每遇多萤的夏夜，或冬天炉火半温的黄昏，一定会想起那次的大难不死。

洞庭湖东南边的一条大堤，挽出了一个如今富饶的中洲大垸。1975年修堤时，我们送电影慰问。举全县之力的大工程，几万人集中在数公里长的大堤两侧，挑土的担子牵线如蚁。站在高处看那场面，再忧郁的人，也按捺不住心头的激动。而我，心里除了激动还有擂鼓似的压力，默念着放映中可千万别有任何闪失啊。

那晚月隐风高，观众云集，风吹银幕如鼓。我思忖，人们背井离乡，来到这荒凉的湖坪，没什么文娱生活，看电影也就图个热闹和释放，情感很容易被激发与宣泄。

怕什么来什么，中途扩音器连续烧保险，最后干脆罢工成无声电影了。场面上代之的是喊叫声、口哨声。我知道，如不尽快修复，会出大事，甚至机毁踩踏也未可知。在微弱的灯光下，我操作万用电表和烙铁紧张地查找抢修。此时，冥冥中那翻车的"后福"显现了，半个多小时查出了短路的晶体管，修复了还音系统。风止月暝，我开足音量加映，再加映，以平复观众心情，平安地度过了那一晚。

50年是一部书，一部页码相同记叙各异的沉甸甸的书。人生栈道上，我是赶路人，在饱尝了百家饭的酸甜苦辣后，1978年底，被知青的招工大潮卷到了继续着快乐与烦恼的另一条车道上。时乖运蹇，日转星移，似乎还未尽兴拥抱晨曦的阳光雨露，就已经手握黄昏剑，夕照桃花渡了。

别了，那游历于乡村原野，当年放电影、吃百家饭的青葱岁月。

李澎，20世纪50年代生。退休前在岳阳县委、县政府工作。

五塘坡逸事

◎ 方海清

　　五塘坡在岳阳县新墙镇，距荣家湾至张谷英 12 公里处往南约 1 公里。因附近有大大小小五口水塘分布在坡地上，当地人习惯称此地为五塘坡。

　　五塘坡以前是原三合公社茶场，1968 年三合公社和新华公社合并为新墙公社，三合茶场也就改为新墙公社红旗农场，并将新墙水库划归农场管辖。

　　1968 年 11 月 5 日，我们 13 个岳阳一中、二中和其他学校的中学生被上山下乡浪潮一股脑儿打到了这里，开始了在五塘坡战天斗地接受贫下中农再教育的日子。

　　第一批到五塘坡的知青有：

　　岳阳一中的杨平方、郑降霄、刘华、周庆献、方海清、曹东。

　　岳阳二中的梅燕燕、李大芳、周庆琼，吴忠强，以及其他中学的刘璞、刘清海、许定球。

　　第二天，汉爹、凤爹等农民就把我们带到了距离五塘坡三四公里远的百亩寺塘收割晚稻。好家伙，第一次看到这一望无边的稻田，看到那挂满沉甸甸谷粒的稻穗，心里有说不出的兴奋，憋着劲要为农业大丰收贡献力量。怀揣着满满的豪情壮志，我们扑进滚滚稻浪中，挥舞镰刀"唰唰唰"一阵猛割，可才割一会儿就腰酸背痛手发麻，一抬头满脸的汗珠子"啪嗒啪嗒"往下掉。看着望

不到尽头的稻田，心
想，这得要多久才能
收割完啊。

汉爹和凤爹不停
地挨个教我们如何握
住稻把，如何操镰，
除了慢动作示范，还
手把手地指导。我们
从割禾，理禾把，踩
打谷机，扮禾一点一
点学起，慢慢地掌握

作者（后排左一）和知青们在一起

了诀窍，也像模像样的像个干农活的样子。汉爹和凤爹笑眯眯地夸奖我们，"读
了书的伢崽灵泛，一告（教）就会"。近一个月的劳作，我们在汉爹、凤爹的带
领下，收获了近百亩晚谷。从田里到晒谷坪，每个环节都认认真真，不丢不落，
颗粒归仓。

这期间，几乎每个人的手，都被禾镰不同程度割伤过，有的甚至被割伤了
小腿。那时不像现在有创可贴，割伤了就是用破布条一缠，又继续劳作。

第一次在农村，以农民的身份收割自己农场的晚稻，我们这些刚刚从城里
来的中学生感觉很新鲜、很兴奋、很有成就感，真的感觉到"广阔天地大有作
为"。按现在的话就是辛苦并快乐着。这时候，我们享受着收获的喜悦，都没有
去细想以后农村生活的艰辛，日复一日望不到头的日子怎么度过。

收割晚稻期间，也发生了一些有趣且惊心动魄的故事。

那时，我们借宿在原三合公社的两层办公小院子里。公社干部和职工都搬
到新墙上班去了，办公小院里就我们十几个知青和两个带着我们干活的农民。
年轻人感觉一切都很新鲜，中午、晚上收工后喜欢到处转悠，这里看看，那里

瞄瞄，期盼着有意外出现。有天中午，我和曹东在二楼杂物房发现一个大袋子，打开一看有几本中外小说和一些杂物，估计是公社干部们不要遗弃在这里的。翻寻了一会儿，各人顺手拿了两本书下楼。其他人一看我们找到了书，也赶快上楼到处翻了起来，最后只有刘华找到两本。记得我找到的两本书，一本是《钢铁是怎样炼成的》，一本是《牛虻》。后来，这两书陪伴着我招工到了汨纺。

有一次，农场放了我们一天假休息。这天，我和曹东，还有刘清海商量一起再去三合公社小院子里转转，看有没有我们在五塘坡用得上的生活必需品。3个人下午3点多到了小院子里就四处寻找，只找到几件勉强可用的锅碗瓢盆。正准备走时，发现楼下第一间房好像是个电话机房，东西已经基本搬空。曹东从二楼跳下去到了机房看了看，没有用得上的东西。

突然，我看到一个我们不认识的年轻人进了大门，用警惕的目光看着我们。不好！我压低声音喊曹东快出来。已经来不及了，年轻人打开门，发现有人影一晃出了房门，马上就追了出来并大喊抓强盗。吓得我们仨扔下东西拼命跑，一边跑一边互相提醒快点跑，要是被抓住就完了。只见，我们在前面跑，那年轻人在后面也是亡命地追。

我们慌不择路一口气在田埂上打起飞脚，从联合大队跑到高桥大队，又从高桥大队跑到金桥大队，估计弯弯绕绕跑了十几里路那人还在后面追，半点也不放松，看来他是不放我们的搞数，不抓住我们不罢休。直到我们跑到杨林公社，实在跑不动了。一商量索性不跑了，大不了抓起来挨批斗、坐牢，总比跑死在这里好。结果，停下来回头一看，哈哈，我们把他甩掉了，我们胜利了。

我们不敢走老路回去，怕他在半路埋伏。从杨林，到十步，走双港，我们逢山过山，逢水过水，跌跌撞撞到夜里9点多钟，三个人两手空空，气喘吁吁，饥肠辘辘，狼狈不堪回到五塘坡的宿舍，跟谁也不敢提起这件事。若干年以后我认识了那个在我们后面穷追不舍的年轻人胡清明。因为都热爱摄影，我们成了好朋友。这件事也成了我们经常谈起的笑料。

秋收过去后，农场相对进入了一个休整期。这时候，又有一批知青从岳阳、北京、长沙分别来到了农场。他们是：岳阳县城各中学的周芳、郑鸽子、潘四芝、万建国、周红、周艾英、周爱莲、马岳云、张丽梅、彭玉环、戴乐其、曾德辉，长沙的袁大志、毛强保、周啸夫、陈明和北京的过百玲。

1968 年底和 1969 年一二月是十几年来岳阳最冷的一个冬天。雪，铺天盖地地下；风，夹着雪花肆无忌惮地刮。屋檐下挂满了一排排小胳膊粗细的冰挂，五塘坡的山山岭

1969 年 1 月回城照

岭一片白，有的地方积雪没过了膝盖，几口水塘也都结了一层厚厚的冰。天气冷无农活可干，我们就窝在四处漏风的房间里。有的偎在被窝里或看书或闲聊。爱动的几个在屋里跳脚取暖。

一天早上，副场长王汉荣和养鱼技师夏爹把我们喊到陶（堂）屋里说，现在天寒地冻，种鱼塘水面已经封冻，20 多条种鱼在水下缺氧可能会窒息而死。为了这些种鱼的安全，为了明年孵化更多的鱼苗，需要下水破冰挽救种鱼的生命。

得知这一情况，我们所有的男知青都纷纷报名请战。王副场长在男知青中挑选出袁大志、曹东、郑降霄、吴忠强还有我，让我们先做好准备。这时，夏爹拿出一瓶自酿的谷酒，叫我们每人喝上几大口驱寒壮胆。牛高马大的袁大志，把衣服一脱，穿着一条短裤第一个破冰下水，看到他无所畏惧的样子，我们也立刻下到水里。

妈呀，水可真凉，一接触到水面，双手双脚立刻像无数根钢针刺骨。人，不由自主地发抖，一个个冻得嘴唇乌青，牙齿抖得咯咯地响。夏爹提醒我们互相拍拍前胸后背，千万不要停顿，赶快破冰。于是，几个勇士在封冻的水塘里

一顿猛捶,"噼里啪啦"把水面封冻的冰打碎,又在冰水里走了几个来回,让岑寂的水活动起来。夏爹看了看满塘的冰碴,连忙大喊可以了,可以了,大家赶快上岸!

在水里忙活时不觉冷,上得岸来,被北风一吹觉得更冷。顾不得男女有别,我们在没下水的知青帮助下哆哆嗦嗦地穿好衣服,迎着凛冽的寒风和鹅毛大雪走回住地,那段不远的路,我觉得是跟着红军在爬雪山过草地。那一刻,谁都没有说话,只瞪着眼互相看着,机械地迈着脚步。

可能吴忠强下水前一口酒喝猛了,回到住地就醉得一塌糊涂。大家赶快把他抬到床上,盖上几床被子还是不见好转。夏爹见状,十分冷静,马上安排人摘来几根桑树枝叶插到他的口里,他突然一口吐出早上吃的汤汤水水,渐渐沉沉地睡着了。

第一个下水的袁大志是长沙下放知青,他的爷爷人称袁大胡子,是毛主席在湖南一师的语文老师。袁大志身材高大威猛,出工舍得下力气,重活累活都走在最前面。可惜回城后在家里一个小小的失足,竟头部受伤而亡。他也是农场知青中第一个永远离开我们的人,真是生命无常啊。

五塘坡的春天来了。梨花开了,微风拂来,花枝随风而动,远远望去,那一株株梨树,像是从地下冒出来的一股股喷泉。而雪白的梨花,就像是源源不断的浪花,在阳光的映照下,在春风的吹拂下,跳跃着、舞动着,洁白如雪,银光闪闪。

随着春天的到来,农场的各项农活也开始紧张有序地繁忙起来。

百亩寺塘的春耕插秧任务繁重,由公社从各个大队抽调40多个地富反坏"四类分子"来帮我们抄田(犁田)、抢插。第一次看到这么多"坏人",知青们警惕性很高,紧盯着怕他们搞破坏,还怕他们腐蚀拉拢我们。开始几天,都远远地注视着提防着。过了两天,发现这些人抄田、插秧个个厉害,是各项农活的行家里手,而且干活又扎实又细致。便慢慢地放松警惕,甚至向他们讨教如何抄田、耙田、插秧。从那时起，看着这些"四类分子"不觉恐惧，反而有了一种亲切感，感觉他们和其他贫下中农出身的社员没有什么区别，也就是一群老实巴交，会干农活，卖力干农活的农民。

春耕插秧结束后，五塘坡的旱地生产也全面展开了。30多亩坡地准备种花生，20多亩地安排种西瓜，水库大堤堤坝种黄花。

我们在城里吃过炒货店喷喷香的花生，第一次自己种花生很稀奇，刚开始剥种花生壳时，一边剥，一边尝，一上午花生米没有剥出多少，花生种倒被我们吃掉不少。见此情况，会计王恒山拿来一瓶煤油，二话不说，慢慢地洒到花生上。一边洒一边说："看你们还偷吃不！"大家面面相觑做个鬼脸，不敢偷吃了。可是，还是有胆大的忍不住偷偷地吃几颗拌着煤油的花生米。

一个名叫戴乐其的伙计，估计偷吃了不少，收工后，肚子里翻江倒海全吐出来了，晚饭也没有吃。我们一直笑他这是偷鸡不成蚀把米。估计他也肠子肚子都悔青了。同时我也晓得了，种花生用煤油或柴油按比例拌种，能防止地下害虫和鸟兽损害种子，提高出苗率。可见，王会计在花生种上洒煤油，并不是单纯地怕我们偷吃。

又到了一年最辛苦的双抢季节，我们知青全部转战到百亩寺塘抢早插晚。有一天下午我们正在插秧，突然狂风大作，黑压压的乌云笼罩着大地，大雨随后倾盆而下，好像天被戳了一个大窟窿，接着电闪雷鸣，我们一下子全都成了落汤鸡，身上已经没有一寸干纱，有两个人还被一声炸雷吓得跪在水田里。住的地方离这里三四里，跑是跑不回去了，只能硬挺着在水田里任由狂风暴雨肆虐。

好在时间不长暴雨就过去了。曹东说附近的联合大队有他最要好的同学叫彭志刚，我们去他家把衣服烤干，喝杯热茶再回去。大家互相搀扶着来到彭志刚家，彭志刚高兴地接待了我们，在陶屋里烧起大火让我们烤干衣服，又烧了两大壶开水驱寒防止感冒，我们换好衣服，擦干头发，回到住地就倒在课桌上休息，有的女知青偷偷地哭了。我想，这个时候我们的父母看到他们儿女的样子不知心里是何种感受。

五塘坡旱地作物这年长势喜人，天气炎热，日照时间较长，西瓜马上就可以采摘了。一天晚上，郑降霄、刘清海、吴忠强、许定球和另外两个女知青商量等夜深人静去坡地尝尝西瓜。半夜，刘清海、吴忠强从水库上山，郑降霄、许定球和两个女知青从五塘坡宿舍出发。摸到西瓜地，刘清海率先摘下一个西瓜，用拳头砸开，用手刳了一大块西瓜放到嘴里说：好甜啊！

突然一个声音传来：好甜啊！他们直起身子一看，不好，值守西瓜的农民来了，刘清海、吴忠强撒腿就往水库山下跑，许定球抱起西瓜也作死地跑，黑灯瞎火掉进了粪池里，爬起来七转八转回到了宿舍，那个和人一起掉进粪池的西瓜最后还是被许定球抱回来了。

还有一天下午，我们五六个人被安排除草挖地，准备栽种秋季作物。这时有人说，好久没有吃肉了，真想到新墙街下下馆子过把瘾。好啊，大家都齐声赞同，可现在是劳动时间，怎么去新墙街上呢，请假是不会同意的。这时我笑着说，有个办法，我来装突然中暑，需要立刻送公社卫生院，你们就抬着我去。大家一听，都说：行，但是你一定要装得像。我说，好，你们好好配合就是。

我往地上一蹲说，不好，头昏眼花肚子疼。曹东马上朝坡下喊：方海清晕倒了，快送医院。周仇生场长赶过来一看说，快把他扶到下面去休息。郑降霄对周场长说，他这么厉害只怕要送医院去，我一听也哼哼唧唧喊不行了，不行了。周场长一看马上就安排郑降霄、曹东、刘华、梅燕燕四个人送我去卫生院。

周场长把家里的竹床拿来翻了个边，铺上草席和棉被。几个人把我抬上竹床，在头上盖了一顶草帽遮太阳。周场长又从会计炎爹那里拿了20块钱。在炎爹疑惑的眼神中，四个人抬着我往卫生院跑。

从五塘坡到新墙卫生院要走差不多六七里沙石公路，走走停停到了新墙水库下面的公路旁，郑降霄对周场长说，场长，你回去吧，场里还有好多事等着你，我们负责把他送到卫生院，请你放心，请炎爹他们放心。周场长把20块钱

作者（后排左二）和知青们回到曾经下放的五塘坡

交到梅燕燕手里，又对我说了一些安慰的话才回去。等到已经看不到周场长的人影子了，我一骨碌从竹床上爬了起来。

我们把竹床寄放到三中门口的一中同学何林华家，然后优哉优哉在新墙街上逛了起来。新墙镇是当时乡下第一大镇，也是除了岳阳城关以外唯一通电的集镇，街上餐馆、小商店、刻字修钟表、邮局、供销社等一应俱全。

我们在饭店坐下来，点了红烧肉、回锅肉、辣椒炒肉、煎鸡蛋几个大菜，外加花生米、凉拌黄瓜，吃了个满嘴流油，餐后一结账，总共9块钱，剩下的11块钱就当是医药费了。

回想起来，这一幕幕过去了的人和事，曾经在青春的岁月中烙下深深的印记，既遥远又切近，仿佛就在昨天。

方海清，1950年生。岳阳市工业和信息化局退休干部。

百香园戏校往事

◎ 王双潮

在我的记忆里，说起过去看戏，一般在茶巷子的巴陵剧院看巴陵戏，也叫去大戏院看大戏；在先锋路的百香园看花鼓戏；在梅溪桥的群乐剧院看外地剧团到岳阳来演的京剧、越剧、评剧、黄梅戏，甚至连绍兴小百花剧团的"孙悟空"都来这个剧院演出过。

"文化大革命"开始后，这些剧院都被关闭了。到了20世纪70年代初，巴陵戏剧团才恢复，其他剧院也随后才陆续被启用。"百香园"就是为了培养巴陵戏小演员而作为戏校启用的。

1971年，县宣传部门在全县各中小学学生中招录了30名有文艺特长的中小学生来到百香园，作为"文化大革命"后第一届巴陵戏小演员进行培养。也就是巴陵戏"文化大革命"后期的首届科班艺校——"百香园艺术培训班"。

为了保证这批学员能够打牢扎实的艺术功底，领导特选派梨园世家出身的优秀青年演员朱显栋老师作为他们的基本功主教练。还特地从教育系统选调来班主任陈琼玖、文化老师钟忠。其他表演艺术老师则由团里的李筱凤、丁艳龙、李玉仙、涂文斌、喻应湘等老师分别担任。而朱显栋则是这三年中一直陪伴着这些孩子们生活、学习、练功、成长的老师和家长。

朱显栋，湖南汨罗人，1947年出生于岳阳，是巴陵戏剧名老艺人朱岳福老

1971届小演员班全体师生合影

先生的儿子。自小受巴陵戏剧艺术的熏陶，再加上父亲的亲自传教引导，使其从小就喜欢上了戏剧表演艺术，13岁那年，他考入了湘潭专区戏校巴陵戏科学习，毕业后来团工作。

登上舞台后，朱显栋很受师傅们的青睐，并被周扬声老师收为门徒。由于他那副特有的娃娃脸和扎实的艺术功底，经常在舞台上塑造年轻俊美的男性青年形象，很受女观众喜爱。特别是他的身段以及他所练就翻筋斗的空中姿态，可以说把巴陵戏舞台的武打艺术，推向了一个新的高度。他所扮演的《八一枪声》的警卫员、《沙家浜》中的沙四龙，传统古装戏中的陆文龙等等，至今仍留在岳阳老观众的记忆中。

在百香园带学生的那段日子里，朱显栋不仅每晚需要参加剧团演出，白天

小演员六朵姊妹花

还要坚持完成教学任务。他对学生既像严父又如慈母。上基本功训练课时，他手中的教鞭让学生们感觉到了他的威严。压腿时谁压得不到位、下腰时谁敢偷懒、拿顶时间不够你就下来、踢腿的数量不达标，都会被他的教鞭及时提醒。而谁身体不好，或者生病感冒了，他又会像慈母一样给你开小灶，煮鸡汤、下面条，努力让学生的身体早日康复，把巴陵戏的基本功练好。下课了，玩耍时他更会像小哥哥一样，带着学生嬉戏逗闹，玩累了躺在台毯上傻笑。

一分耕耘，一分收获。这些孩子们长大了，都纷纷登上了巴陵戏剧舞台，成了巴陵戏的亟须人才。如李岳峰因饰演薛丁山、杨宗保而挑起了剧团小生的大梁；武小生彭贡军，小翻随意从上场门翻到下场门，不论是演拦马，还是给穆桂英当马童，筋斗的冲劲、身段的流畅都不负老师期望，特别是他还创造了"出场变一字落地"的绝技，无人匹敌；丑行胡学军，一直在团工作直至退休，塑造了多种正反不同的喜剧人物形象。更有专攻靠把、老生的刘燕辉，如今六十几了，还担当北武当九宫纯阳门第十九代传承人。旦角行更是人才辈出，

部分男女小演员合影

有《大破天门阵》中穆桂英的扮演者陈湘华，《状元媒》中公主扮演者朱郁仁，《樊梨花》中樊梨花的扮演者司马红，以及她女扮男装饰演的《杨门女将》中的杨文广，都给巴陵戏剧舞台增添了青春活力。由这批学生中的王岳跃、舒欣、方岳川、梁玲演出的《小社员》参加1974年省现代戏会演获演出奖，王岳跃、舒欣获演员奖。

2021年12月25日，相隔当年进入戏校学习已有50个年头了。朱显栋老师也于2016年因病逝世。在回首当年青葱岁月的同时也是纪念恩师的追思会上，朱显栋先生带出来的这30多个学生，从各个不同的地方赶来岳阳。他们当中，有来自深圳的刘燕辉，来自上海的丁红萍，来自北京的陈岳建，来自衡阳的张顶旭……就连远在澳大利亚的朱郁仁也进行了视频连线。大家相聚在一起，共同回忆过去的峥嵘岁月，感恩引领自己走上巴陵戏舞台的恩师朱显栋先生。

王双潮，1956年生。曾在市巴陵戏剧团工作，后调入央企工作至退休。

巴陵戏国家级"非遗"传承人何其坚

◎ 李望生

国家级非物质文化遗产传承人何其坚，他的父亲就是唱巴陵戏的。"唱得不好，但人精明，算盘可以顶在头上打。"何其坚这样介绍说。从小耳濡目染老一辈传统艺人的唱念做打，为他后来的舞台艺术成就打下了良好的基础。

在何其坚的家乡平江长寿街，有一座"戏王坟"，埋的就是何家的一位祖先。何其坚刚出生，算命先生送八字，给他批了个"假状元"。何为"假状元"？"就是唱戏的。"何其坚似乎对这个"假状元"的判词很有兴趣。

何其坚早年丧母，8 岁随父进城读书。从小何其坚似乎对当真状元不太感兴趣，他感兴趣的是当个"假状元"。有故事说他 6 岁那年就创造了独自跑 30 里路去看戏的纪录。随父进城后，他经常躲在案板下偷看父辈们排戏，这种偷看是要时间的，课自然上不成。

无奈之下，本不想让他学戏的父亲，只好把 9 岁的何其坚送到了巴陵戏名角冯仙岩门下学唱文武小生。冯先生当然是一眼就看中了这个"假状元"，只是冯先生想着的怕是要培养出一名真状元，于是，又把何其坚引荐到了巴陵戏第十代传人周扬声的门下参师学演靠把。

"两个师傅都肯教戏，要求严，扎功底一点都不含糊。"何其坚一直记得师傅们的教诲："学戏就是要不怕吃苦，不吃苦，出不了头。会演戏的吃戏饭，不

何其坚在传统巴陵戏《拦江》中饰赵云剧照

会演戏的吃气饭。"何其坚命中带戏，自然不怕吃苦，自然只会吃戏饭。16岁，在《昭君出塞》中饰演马童，让他获得了湘潭地区（当时岳阳属湘潭地区）首届优秀青年演员奖。他说："我那时一次最多能连翻28个小翻！"

"要当好一名演员，不仅要功夫扎实，还要博采众长，为我所用。"何其坚小时候就跑过不少地方，跑那些地方干什么？演戏，看戏，学戏。何其坚还被调到地区京剧团唱了六年京剧，不耻下问和博采众长，再加上扎实的童子功，终于把何其坚打造成了一个文武不挡，生旦净末丑全能演的全才。

"要当好一名演员，还要多演，不要怕吃苦，我那时，一天演两场，演《胡马啸》，一连两个小时不下场。"据说曾任文化部副部长的陈昌本看了《胡马啸》后说，这样的本子要少写，除了何其坚，写了也没有人能演。

何其坚当了六年巴陵戏剧团团长。"当时我真没想要去竞聘这个团长，我真的只想当一个好演员，但剧团的几个老演员推着我去搞。"何其坚后来说。

当时文化体制改革，剧团都被推向市场。许多地方一些剧团被解散了，演员有的改行，有的下海，有的走上了街头，有的甚至去唱夜歌了，那情形确实让人见了心疼。在巴陵戏剧团同样举步维艰的情况下，1989 年，何其坚被聘为剧团团长。

何其坚介绍说："我一上任，就坚定信念，那就是要保住这个团，保住这个剧种。而要做到这些，就得广开门路，广揽人才，我甚至把花鼓剧团的好演员都吸引进了我们团，在坚持演好巴陵戏的前提下，走平民路线，演花鼓戏。一时，还真是艺术、经济双丰收。"

1992 年，参加文化部艺术局在福建泉州举办"天下第一团"优秀剧目展演，虽然省里只给了 8 万元钱，何其坚和团友们就咬咬牙自筹资金参加。一出《胡马啸》，获 11 项大奖，何其坚个人也获优秀表演奖，巴陵戏名声大振。1994 年，参加省里汇演，《弃花翎》获优秀新剧目奖。1996 年，《弃花翎》参加全国"文华杯"角逐，获"文华杯新剧目奖"，并由中央电视台拍成电视片播放。巴陵戏剧团和团长何其坚被湖南省文化厅授予"好剧团""好团长"荣誉称号。

2006 年，巴陵戏被国务院公布为第一批国家级非物质文化遗产代表性项目。2012 年，何其坚被确定为国家级非物质文化遗产代表性传承人，并荣获第一届岳阳市文学艺术终身成就奖。

李望生，1955 年生。曾在民盟岳阳市委机关工作。

父亲的诗教

◎ 曾克慧

在我童年的印象里，父亲很温和，文质彬彬，从不高声说话，对待我们三兄妹，没有严厉，没有训斥，只有讲不完的故事。我们是听着父亲的故事长大的。

父亲经常边讲故事边要我们猜谜语，有的谜语就是一首古诗。这些谜语故事，蕴含着深刻的人生哲理。

一首"千锤万凿出深山，烈火焚烧若等闲。粉身碎骨浑不怕，要留清白在人间"，要我们猜描写的是什么。等到谜语猜出来，诗也搞懂了，词也记住了。父亲用明代诗人于谦的《石灰吟》这首诗教导我们，遇事要勇敢面对，不惧艰险，不怕困难，自清自洁。

父亲一生坎坷，历经磨难，但他始终是面带笑容回家，我们感受到的是他的温蔼敦厚，内峻外和，坚贞坚韧。

有天吃晚饭，妈妈端了一盘葱烧豆腐上桌，父亲便念念有词："种豆南山下，霜风老荚鲜。磨砻流玉乳，蒸煮出清泉。"父亲要我们先猜谜语再吃饭，望着刚上桌的菜，我们马上猜出是豆腐。这是元代女诗人郑允端的《豆腐》诗，父亲接着背完："色比土酥净，香逾石髓坚。味之有余美，五食勿与传。"在这种别开生面的诗教中，一家人其乐融融。

与父亲的合影（最后面是作者）

柔软嫩白豆腐，是十分普通的家常菜肴，素有食中好人缘之称。它随和容忍，好与其他食材搭配，随荤则荤，随素则素，组成新的菜肴。豆腐也能自立门户，本家烹制，味鲜独特。借助豆腐诗，父亲正是教育我们，与人要和善、包容、低调、自立。父亲一辈子都是为人善良，待人谦和，彬彬有礼，朴实厚道。

又有一次父亲下班回家，读了一首"珠响铿锵账目清，收支两笔切合龙。依稀淡墨谁之过，为有营权一指功"的诗。这回我猜了好久也没猜出来。

后来他买来一把小算盘，教我玩游戏似的拨弄算盘珠子，从一加到三十六时，算盘上显示六六六。他又按一二三四五六七八九顺序摆上第一盘，见几加几，反复加三个来回，第三盘时算盘上顺序完全调换，成了九八七六五四三二一。在父亲拨弄算盘珠子时，我已猜出上面那首诗的谜底了。

父亲说，这是宋末元初刘因的《算盘》诗。算盘是我们祖先创造发明的一种简便的计算工具，差不多与中国古代"四大发明"可以相提并论。

此后我也算有了一点珠算功底。20世纪70年代，我参加工作后，用得得心应手。

"七子之家隔两行，十全归一道沧桑。五湖四海盘中算，三教九流珠上忙。"父亲吟着诗，谜语来了，这首古诗刚好与他的工作对应上，也是一首算盘诗。

父亲曾在港口调运商务科、沿湖线办公室（沿湖线：洞庭湖边港口与铁路贯通运输线）工作。那时，觉得父亲很忙，好像从没看他休息过星期天，一清早就去了办公室。他总是对我说："笨鸟先飞，一天之计在于晨。"

他和同事们的办公室里，每张办公桌人手一把算盘，人人拨珠自如，珠音清脆，个个是顶尖珠算高手，忙碌的办公室就是一个计算中心。随着这"大珠小珠落玉盘"的欢跳声，港口的起坡上船（起坡：船上的货物运上岸，上船：岸上的货物装上船），入港离线（线：沿湖铁路线），卸车装箱，进库出仓，重吊轻拖，堆方码圆（货物的面积、体积、容积），车皮的承载吨位，驳船的配载水位，一目了然。各部门互通联络，协作配合，环环相扣。

父亲的谜语故事，让我搞清楚港口调运是怎么回事："进港出港算盘响，各珠各子各担当。水路旱路盘中算，运来运去珠上忙。"真是小算盘演绎着大乾坤！

"乘风破浪水上走，江河湖海任遨游。载人运货容量大，走遍南北各码头。"这首是父亲自编的诗，谜底是船。

有一年，洞庭湖来了一艘特大货船（"人民九号"），父亲告诉我，大货轮载重量有 4000 吨，这原本是解放战争退役下来的登陆艇，这次进入湖南省内河，是平时罕见的大货轮。因船太大，这艘装满各种货物的大货轮，无法停靠码头，只能停在湖中心，再用本港的驳船，一船一船运到码头。转运那段时间，沿湖线一片繁忙，各码头通宵达旦，车水马龙，川流不息。

半个世纪已飞逝过去，曾经的岳阳港码头已成现在的遗址公园。如今是计算机网络时代，算盘已休息了。在现代化的湖南城陵矶新港区，水上运输有了更广阔的舞台。伴随一条条新航线破浪而出，昼夜穿梭不停的船队，不仅驶出洞庭，驶出长江，而且驶向深蓝。

曾克慧，女，1954 年生。岳阳广电退休职工。

桃爹是个有故事的人

◎ 沈保玲

父亲从广州军区转业到岳阳后，因工作需要搬过多次家，其中在东茅岭住过 10 年。

那时我还很小，只记得家附近有一个粮店、一个煤店、一个肉食水产公司，门前还有一口水塘。一到夏天，哥哥就在水里钻上钻下，不时捞一个大蚌壳或一条小鱼出来。后来，不记得什么时候，那块水塘被填成了平地。

我家在日杂公司，离得胜大队不远，生产队员们来往经过我家门口时，或者在水塘边洗鞋子洗农具时，经常会跟坐在门口的父亲闲聊几句，而母亲则一天到晚忙个不停，很少有空跟人聊天。

母亲极忙，要带四个孩子，要上班，要收拾家务，她还喜欢绣花。她最大的爱好便是打扮我们三姐妹。她买来白棉布，染成五颜六色，精心搭配，给我们做各种式样的带花边的衣服和裙子，还每天换着在我们头上戴各色绸布花朵。周围有很多孩子，但所有人都能一眼分辨出我们。用他们的话，就是几个公主站在一群叫花子中间。

生产队的人来来往往，慢慢地，我们就跟一个被喊作桃爹的人熟悉了。

那时的眼光中，60 多岁的桃爹是个很老很老的老爷爷，个子高高的，听说他不是本地人，年轻时长得健壮英俊，是个手艺不错的裁缝，有个很漂亮的老婆，给他留下 6 个儿女后死了。此后桃爹没再做裁缝，也没再娶，只在家种菜，辛苦地将儿女们拉扯大，而且极为溺爱。

认识桃爹时，他的儿女们都已是成年人，也不太管他。有邻居在背后说他活该，"娇子不孝"。他在家里种菜，自己吃，

东茅岭旧貌

也卖出去一些。他常常给我们家送菜，我们都很感谢他。父母让我们喊他做爷爷，他每次都大声答应着，笑眯眯地。

桃爹来我家很勤，每次总要带些小菜或者野菜，偶尔还提一些猪肉或者河边捡的死鱼。每当这时，我们几兄妹就欢呼雀跃地围着他，他也露出特别满足而骄傲的样子，然后更加勤奋地睁大眼睛在河边逡巡。

桃爹有文化，爱看些历史小说，特别喜欢看才子佳人的故事。我家有不少古代小说和图书，桃爹每次来都要看上个把小时，戴着老花眼镜，对着亮光，念念有词，然后就跟我们说话，絮絮叨叨的。他的眼神很温和，说话也慢条斯理，他似乎对我们三姐妹格外喜欢。父亲有次对母亲说，桃爹的风度，真不像个农民。现在想起，他像个文艺青年。

日子一年年过去，哥哥姐姐们长大了，能做事了，我家境况比以前大有改善。周围环境也发生着变化，不记得什么时候，粮店没有了，煤店也没有了，路也比以前好走了。桃爹更老了，仍然经常送菜来。父母多次劝他不要再送东西，但他简直是手上没提东西就不进我家的门。

一次桃爹送来一篮苋菜，因我们才吃了两餐，不想再吃，他一走，母亲就

送给楼上的邻居。谁知一转身，桃爹又回来了，原来他的眼镜没拿，他顿了顿，没吭声走了。

从此后，桃爹不再送菜给我们，有时候提些刚上市的新鲜蔬果，或者他儿子偶尔给他送的一些肉食来。有一天，父亲一个多年不见的老战友来了，家里盛情款待，请桃爹来一起吃饭。熟知父亲情况的老战友听我们叫桃爹"爷爷"，便问母亲："这是你父亲？"母亲没吭声，桃爹看母亲尴尬的样子，忙说："熟人而已，熟人而已。"吃饭时，桃爹情绪不太好，只喝了一小杯酒就走了。

桃爹后来就很少来我家，基本都是我们去邀请才来。他仍然爱看故事书，却不太唠叨了，因为我们都不耐烦听他颠来倒去的几句闲话，说着我们早就熟悉的历史传说或者才子佳人故事。于是他看完书就呆坐。有时微笑地看着我们，有时眼睛直直地看着窗外。

桃爹越来越老了，背也驼了，眼睛也没有那么亮了，但他依然很温和，每天种着菜。

不久，我们搬离了东茅岭，离桃爹远了，不方便也没时间经常去找他，他也只应邀来坐过两次。我们住过的东茅岭的房子被拆掉，原址上矗起了九龙商厦。过去熟悉的单位也都已搬迁。几年过去，我们与桃爹渐渐少了联系。

一次吃饭时，聊到桃爹，父母要我去看看他的近况。第二天，我带了点鱼肉水果去桃爹家，他门上一把锁，等了半天不见人。生产队已经大变样，很多地方已经拆迁，很多大楼正在兴建。桃爹的邻居说他出门散步去了。桃爹依旧住着以前的土屋，房子后面是一片菜地，菜地后面是无垠的天空，一片灿烂红云。

桃爹的邻居们说，他的儿女都发了大财，成了拆迁的暴发户，也很少管他，他一个人种着点菜，基本是自己养活自己。

又等一会儿，仍然不见桃爹回来，我便沿着来时的路往回寻。这条马路与我们住在这里的时候早已不能同日而语，又宽阔又平整，旁边几个大商厦，热闹而繁华。在十字路口，忽然见到一个熟悉的身影蹒跚而行，仔细看着，果然是桃爹。多日不见，他更老更瘦了，背也更驼了，却依然很高大。我忙上前喊了一声爷爷，他认出我来，眼睛一瞬间发亮，极为高兴，抓着我的手不放，眼眶都湿了。我心中难过，陪他回家，帮他做了一餐饭，陪他喝了一杯酒。桃爹似乎醉了，脸色红红的，又开始唠叨起来，讲着杨家将、关羽、程咬金，不知怎的就讲到了他的老婆，居然哭出声来，老泪纵横。他说着老婆的美丽，说着老婆的贤惠，不比图画书上那些小姐们差。说着当年的富家小姐是如何义无反顾地跟着他受苦。自己无以为报，知道她最爱美丽，最爱漂亮衣裳，于是学会做裁缝，尽最大所能地为她多做些漂亮衣裳。没想到，已经生了五个孩子的她，居然还会在生第六个孩子时难产而死。从此，他再也不想为任何人做衣裳。他说当年周围孩子基本都是衣衫不整脏兮兮的，唯有我们三姐妹，是那么漂亮，打扮得像个富家小姐，让他格外感到亲切，想要亲近。

回家后，我将桃爹的话说给父母听，他们都非常惊讶，唏嘘不已。

过了几天，父母约齐我们三姐妹后，带着礼品，一起去看望桃爹，桃爹那天喝了不少酒，咧着嘴，又哭又笑地，极为兴奋，一反过去温文尔雅的形象。

过了两个月，我又陪着母亲专程去看桃爹，却不见了那间简陋的小土屋，几个工人正在地上划线，连着后面一大片已经光秃的菜地。说是要建楼房，一问才知道这里已经拆迁，桃爹的几个儿子做主签了协议。桃爹，他已经去世一个多月了。

伫立良久，我和母亲缓缓转身回家，搬离这里多年，一路都是陌生的面孔，人们行色匆匆，处处高楼林立，一切都不是原来的样子了。

沈保玲，女，20世纪60年代生。岳阳市第一职业中专教师。岳阳市诗词协会、辞赋学会副会长。

还记得刊授大学吗

◎ 刘发祥

岳阳与刊大

1981 年初,《山西青年》杂志率先在全国创办刊授大学。招生消息一经传出,立即在各地引起强烈反响,3 个多月就有 50 多万人报名,最多的一天杂志社收到 320 多封电报、16000 多封报名信函。当年底统计湖南省有 28432 人,岳阳市内 3628 人报名,全国总计 510124 人。

当年 6 月,在竹荫街市交通局设立岳阳报名窗口,该局团委书记柳元成负责,第一天就有 318 人报名。刊大岳阳辅导站在市政府的关怀下,1984 年 7 月 8 日在市政府礼堂正式成立,由刘发祥任站长,王绪德、刘祖保、余修万、孟大鸣、杨斌、胡湘平任副站长,分别在城陵矶、洞氮、七里山、东茅岭、南正街、四化建、五里牌、临湘成立了辅导站,编写辅导资料,创办了创作园地《湖光文学报》,并利用节假日请师范老师上课辅导。辅导站采用自筹资金、自负盈亏的办法办学,还集资在巴陵大桥下自费建了两个门面筹集办学经费。两年内辅导站免费授课达 80 多场,听课者 6200 多人次。

临湘刊大学员自发组成一个文学团体"野花",由 50 多个自学者组成,毕金林担纲主持,这些人经常在一起讨论学习、交流习作。"野花"创办第一年就取得可喜成绩,有 9 人发表了作品,诗歌《摄在中国农村的风景线上》在 1984

年 11 月 15 日《人民日报》上发表，毕金林先后在报刊电台发表、播放文章 50 多篇。在《工人日报》举行的读书知识竞赛活动中，"野花"文学社获得全县最好成绩。

这些基础并不太好，起点并不太高的刊大学员，仅仅用了三年多时间，取得了相当可观的成绩。据报道，刊大一次

刊大湖南代表在晚会上合唱《浏阳河》

摸底考试，参加考试的刊大学员中，及格率为 88%，平均分数为 71.2 分，有 25.2% 同学考分在 80 分以上。

随着时代的发展，60% 的同学参加自学考试或函授学习都拿到了文凭。我 1973 年高中毕业分配到城陵矶码头工作，吃尽苦头，始终觉得读书太少，边工作边学习，这也促使我牵头组建了岳阳刊大辅导站。参加省自学考试，考汉语言文学专业，由于时间紧复习少、底子差，报考三门只有一门及了格。后来参加湖南省政法学院自考，才拿到大专毕业证书，终于圆了我的大学梦。

湖光文学社诞生后，她试图用小草那种顽强不息的精神，在文学的百花园里拱破一块板结的土壤，展现出她那柔软而有千斤之力的身躯。不是吗？当年年纪都不算大，但可称为老作者的孟大鸣、欧益善、何雄鹰、胡锡军等，几年寒窗，硬是在市作协占了一个名额。后任《洞庭之声》报总编辑的孟大鸣，1984 年，他的中篇小说《水波》在《湖南文学》上刊登，这成为改变他命运的重要契机。还有刘祖保、余修万等，在文学的百花园耕作，年年都有收获。令人可喜的是有冯萍、肖娟、彭阳彤等一大批新人，他们的作品不论思想上，还是结构上，都有各自的特色，透出蓬勃向上的朝气。

见到王光美

全国自学青年第一个金秋盛会——首届刊授大学自学成才促进会于1982年10月19日至25日在山西太原召开。

来自全国28个省、市、自治区的近500名学员和辅导老师代表，带着全国51万自学青年的心愿，聚会在金秋晋阳。大家一见如故，促膝交谈，推心置腹，共同学习，相互勉励。我们湖南9名代表更是顾不得掸去两肩风尘，便兴致勃勃地赋诗作文，抒情言志。

25日下午4时，是代表们盼望已久的时刻。从车内下来一位神采奕奕上了年纪的女性。她面带笑容，穿着蓝色的衣服，步履稳健，向围绕着欢迎她的人群招手致意。她就是原国家主席刘少奇的遗孀王光美同志。

王光美同志刚进会场大门，场内就响起一阵雷鸣般的掌声。当听到山西省委书记杨宗说"请全国政协委员王光美同志给我们讲话"，场内又一次爆发出热烈的掌声。

王光美同志说："我先声明一点，我这次来是向大家学习的，百闻不如一见，一看到你们，我的心情非常激动，我们大家一定要为四化而努力学习。""从你们身上看到了力量……我31岁的儿子拿出了300元钱，代表我们全家送给大家。"最后她说："祝同志们身体好，学习好，坚持下去。"她那不过10分钟的讲话，给我们每个代表留下了深刻印象。

下午4时45分，王光美同志在迎泽宾馆会见了我省9名代表，她拿着我省代表名单一一叫名握手。跟我握手时亲切地问道："刘发祥同学，你是湖南哪里代表？"我说："我是岳阳市的代表。"她又问："岳阳自学青年有多少？"我说："有3000多人。""你们岳阳很大吧，人也多，要认真抓好组织学习啊。"她说完要我们大家坐下，并鼓励我们说："我们要把学习、工作和党的事业联系起来，振作精神，坚持自学，持之以恒，献身四化。在党的领导下，把我们国家建设得更加繁荣富强。"最后援引了许多典故、格言，讲到了高尔基、鲁迅等文豪的成才之路，还和我们一起合了影。她侃侃而谈，像慈祥的母亲般谆谆教诲我们，她深邃的思想、丰富的知识、生动的语言，使我们更加崇敬这位革命前辈。

作者在刊大岳阳辅导站成立会上讲话

采访名人

希望像茫茫夜海中熠熠闪光的航标灯，给人指明方向，增加信心，加足力量。

在自学成才促进会上，我和学员代表《希望》杂志社编辑曾维虎、广西玉林广播站记者瞿伟特意就"自学成才"的共同问题，走访了三位全国政协委员，分别是：著名作家、人民出版社社长严文井，中国科学院文学研究所研究员、著名学者唐弢和著名艺术家、相声大师侯宝林。

采访中严文井先生说，自学需要的是一种浸透在每一个自学者心中的求学精神，它帮助我们改造自己，自我完善，如果每个人都能这么做，必然会脱掉那顶长期戴在我们头上的落后帽子，振兴中华。严老还笑着说，我今年68岁了，我是乐观的，我曾四次落榜反成才，今天能看到大家有这种求学精神我非常高兴。我们每个人都可以大胆迈步、迅速前进了。求学就是对真理的追求，对文学艺术、对科学的追求，而这种追求精神就是所有中国有志之士在走向21世纪的时代精神，有了这种精神，世界上谁也阻挡不住我们。

唐弢先生根据自己的经历告诉我们，30年代读书会非常盛行。就是一般工人职员，自己组织起来。我就组织了一个读书会，我们人少，就七八个人，因为没钱，买不起书，每人每月拿出二毛钱来，二毛钱一个人，凑合起来也一块多钱，那么每月我们就可以买一本书，买了书就轮流阅读。我看完了你看，你看完了他看，轮流看，看完以后，再组织讨论。这是一个方法，还有一个方法就是买到书以后，一个人读大家听，听完以后，再组织讨论，当年就是采取这么一个方式读了一些书。希望青年们立志自学成才。除了文化水平以外，提高青年一代思想水平、道德水平，为改变社会风气在精神上做些工作。

侯宝林先生也说，自学是青年成才的一条很好的途径。"文化大革命"十年，把我们国家闹穷了。我们不能一下子再建多少所大学，所以大学录取率只是百分之四或者还少一点。也就是说一百个人来考，只能录取4个人。现在很多年轻人哪，是非常可爱的，为了考大学，为了把过去失去的念书机会再补回来，千方百计地找教材、找导师，每天读书，没日没夜。有时候家里因人多，带着一包干粮，找个偏僻的树林，连个板凳也没有，垫一张破纸就坐在那里读书。这些人怎么办？所以，自学成才值得提倡、值得鼓励。

如今时过境迁，但回首当年，那是多么沸腾的自学热潮呵！当时我们是从什么地方得知有个"刊大"的？是广播、是报纸、是电视，还是朋友、亲戚、战友、爱人之口？……我们像赶乘最后一班车一样，急切地投书、寄信、报名；又像盼望等待很久的喜讯一样盼望着录取通知、教材、杂志、辅导材料。

刊授大学，一所没有围墙的大学。它吸引了无数个自学者同时走进这个世上最大的"校门"。一大批年龄参差不齐的莘莘学子，追赶时间，拼命学习，得到提高，终于为社会所承认，大都成了国家的栋梁之材。

刘发祥，1957年生。中粮港口库退休干部。

80 年代，我和一位陌生人说话

◎ 张泽洪

20 世纪 80 年代是一个解放思想、拨乱反正的年代，是一个理想迸发、激情燃烧的年代。那时人们刚从"文化大革命"十年浩劫中觉醒过来，挣脱桎梏，憧憬未来，犹如朱自清先生《春》的诗篇：盼望着，盼望着，东风来了，春天的脚步近了。

那时的年轻人多在努力学习，新华书店买新书都会排长队，国家已恢复高考，社会生活得到改善，青年们看到了希望。

当年我 30 多岁，也算是年轻人，我所在的车间 60 多人，光自费订阅的《机械工人》杂志就 20 多本，可见当时青年工人的学习热情和钻研技术的积极性。

其实以前我只对自然科学知识有兴趣，受全社会学习热情的影响，渐渐也开始对文学感兴趣了。当时刘心武、韩少功、史铁生、张抗抗、王安忆、路遥等青年作家的作品，我是每文必读；文学刊物《收获》《十月》《当代》《小说月报》《中篇小说选刊》《译林》等，我也是每期必读。

每逢周日，我都习惯坐在厂传达室阅读报刊。因为传达室后有一值班室，周日邮局送来的报刊是不下发的，报刊都集中放在这里，我可以趁机把那天的报刊浏览一遍。

一天我在《羊城晚报》上读到记者的一篇报道，说的是黑龙江省牡丹江市

作者年轻时在岳阳楼照

的一位青年杨守谦，三年前他还只16岁，就计划骑单车周游全国，现已骑行三年了。记者记录了这位奇人历经十几个省的经历，介绍他现已到广州，还登了一张照片。照片中杨守谦留着半尺长黑胡子，记者问他为什么留大胡子？杨守谦讲他下一步计划是去湖北神农架探险，留胡子就是为和野人打成一片，加入野人一伙，研究野人。在那会儿，什么怪人怪想法都会有。

从此，"16岁""单车走全国""黑胡子""野人"，这些关键词与人和事我都留下深刻印象。

有一天下午刚上班，我见到一个青年推部单车正在厂门口观望，这人个子不高，留着半尺长的黑胡子。我走过去问他："你是杨守谦吗？"他大吃一惊，问我怎么认识他？我讲："在《羊城晚报》上见过你的照片，还知道你会去神农架找野人，我对野人、对旅行也很感兴趣。"

那天我陪杨守谦参观了我们工厂，所到车间，工友们见我领一大胡子怪异青年参观，都很惊奇，停下手中工作端详他。我陪着杨守谦走，也想起了"狐假虎威"的寓言故事。我们谈起旅游的事很是投机，我想他这"骑单车走天下"一定缺钱，就拿些钱和粮票送给他，他坚决不要。他讲他到每一个城市，都去找当地团委，团委都会帮助他，并不愁住宿和吃饭。那天分手时，杨守谦留下他在市政府招待所的房间号，要我晚上去找他。

晚上我约了好朋友姚鉴丞去了招待所。姚鉴丞是岳阳机床厂的青工，厂团委委员，共青团活动积极分子，对新思想、新事物和旅游也很感兴趣，我们三个人会有共同的话题。

到了招待所，杨守谦正在房间里等着我们。房间里放着一辆载重单车，地上放了各种卵石，大的有几斤重。杨守谦讲刚从张家界过来，卵石是从张家界大山里捡来做纪念的，到神农架后还可以和野人兑果子吃。这人很有些理想主义色彩，对大自然好奇心强。他骑单车已走过全国十几个省，还多次遇险。有次碰到坏人抢了他的钱和单车，奇怪的是当那人知道他是要骑车走遍全国，不但归还了钱和单车，还要送钱给他做路费。他收回了单车，但讲不能收强盗的钱。哪知那坏人听了要打他，并强迫他收下了钱。

杨守谦讲湖南是他的福地，到长沙就是团省委接待的。长沙人真好客，湘女又多情，他还在长沙找了个女朋友，是省委党校的老师。

他还把游历各地时一些名人的留言签名给我看，其中有丁玲、陈明等著名作家签名。

我问他走遍全国后干什么，他口气很大，说要找个合适的大学做教授。

那晚共青团岳阳地委书记徐宪平也来了，杨守谦是他团地委的客人。

虽然闲聊者分别为普通工人、个人旅行者、团地委领导，人的身份不同，但都是年轻人，在那改革开放初期就有共同话题。

那晚四人交流很开心，一直聊到深夜才分手。我对团地委书记徐宪平印象极好，他知识面广，记忆力强，对国际国内形势都有清醒的认识，对改革开放新事物也充满期望。因为是共青团干部，更有青年干部的朝气，言谈举止体现出他是个热爱学习、热情待人的青年团干。他还谈起当时北京和长沙青年人的一些思想和情绪，眼光独特，观念新潮。用一句俗话讲，他是一个很有前途的干部，将来当个部长、省长都是可能的。

多年后我调回长沙锦纶厂工作。1993年的一天，我去办公楼拿报纸，正好碰到徐宪平来我们厂视察，当时他已是湖南省常务副省长了。我们的厂长和市委市政府一大群官员簇拥着他从办公楼走出来，我贸然喊了一声："徐副省长。"他很快地冲出人群，与我握手，还问我："怎么到这里来了？"我讲："我调到这个厂了。"他问我具体干什么工作？我回答已不上班，下海了。那次与徐宪平偶然相遇，距上次岳阳招待所交谈已过去10多年，真不相信他还记得那次的彻夜长谈。这时有个秘书模样的人冲过人群，也双手紧握着我的手，但我并不认识这位热情的干部。

我为写这段文字，上百度搜寻"杨守谦"查不到我要的结果，搜寻"杨守谦教授"也查不到什么。当年风行一时的小青年没成名，也没成教授，而是消失在茫茫人海中。

但20世纪80年代真是一个人们所说的黄金时代，那时青年人有理想、有情怀、爱学习，那时16岁的年轻人就敢单车行走全国，几个完全陌生的青年人偶尔相聚也可相谈甚欢。

张泽洪，1949年生。原为国企职工，企业改制后再创业，从事机械电子产品研发和生产。

大厂"四夫子"

◎ 万辉华

一

我在 20 世纪 80 年代从事文学写作的时候，遇上了几位老师，如岳阳造纸厂电大的邹昆山老师，反右前的武大学生，平反后，创作如"井喷"，在刊物上发表许多小说。还有，《洞氮工人报》龚学仁先生，我们习惯喊他学哥，他是工人作家中一颗明星。

我在《岳纸报》当副刊编辑的日子里，曾与邹先生老相见，我的一些文章送他看，他有时也点评一些，我按他的意见修改，再投报纸杂志。

不知是何时，我通过《岳纸报》的两位兄长加领导鲁长华、查建中认识了《岳化报》的副刊编辑周迅先生。他比我大几岁，正是风华正茂的时光，遇上了一个杂文繁荣的时代，隔三岔五就在全国各地的报刊上发表杂文。而我供职的宣传部，订了 30 多种报纸，我把周迅的文章随便收集一下，每周都有几份。

后来，也许经查建中兄的牵线，我们去《岳化报》拜访，终于见到了周迅先生，一个白面书生，文文静静，多么斯文呀。

吃过午饭，我们去他家参观书房，呀，真是顶天立地的书架。我家也有一屋的书，比起周迅老兄，这是小巫见大巫。周迅有时以迅哥的笔名发表杂文，因其文字有鲁迅风，我们就戏称他为迅夫子，他也回敬我为万夫子。

孟大鸣（前排左三）、周迅（前排右二）、蒋正亚（前排右四）合影

在以后的日子里，我与迅夫子不多见，但是总难忘。他赠过一些书给我，有他的杂文集、随笔集，还有刘再复先生的散文集。

他到市文联做了几年主席，我为了订阅报纸找过他几回，他每次都答应。后来，我不好意思老去麻烦他，因为市文联是一个清水衙门，如果老要他帮我订阅报纸，虽说也不要多少钱，仍要给他添麻烦呢！

后来，听说迅夫子辞职云游四方。从此几年都是不知道他的信息，他的儒雅是我永远学不会的。

二

我与孟大鸣先生相识于20世纪80年代，大约是1986年春天。我们随市县区宣传部的新闻专干，到长沙参加全省新闻专干培训班，孟兄是洞氮宣传部的新闻干事，我则是岳阳造纸厂的新闻干事，住在省人大的招待所三四天，还聆听了时任省委书记毛致用的讲话。

后来，我们《岳纸报》编辑也到《洞氮工人报》拜访学习过，与老孟一同座谈、吃饭。

大约是 90 年代吧，老孟在岳阳街上开了一个书店，我那时最喜欢逛书店。听说他的书大多是从长沙定王台那儿批发过来的，不知买过他店里的什么书了。我向他借过一册《卡夫卡短篇小说集》，直到前几年才还给他。他自己一惊，说不记得了。

曾经一段时间，《洞氮工人报》《岳化工人报》合并了，新办了一张《巴陵石化报》，这样，周迅、孟大鸣、蒋正亚兄会合了，我特地去他们所在的办公室，市南湖广场西侧巴陵公司家属区拜访，这三位夫子一起办报纸，真是强手联合。那天，好像只见到了迅夫子，孟夫子、蒋夫子没有在办公室，比较遗憾。

孟夫子，一手写新闻，一手搞文学创作，写小说、散文，他在《湖南文学》发表过几篇短篇小说，应该说在工厂作者中是有影响的作家了。

再后来，市作协换届，我与孟夫子作为理事，一年或几年开一回理事会，我们在这 20 多年里，也就时常在会上遇到。

2008 年，孟大鸣先生担任《洞庭之声》总编辑，成了我的领导，我改称他为孟总。有机会常与他在一起商讨业务工作，闲时，也一同与一些文友吃饭聊文学。

这时，他的散文集《盘点四十年》出版，我又一次系统地阅读了老孟的散文作品，并为他的中篇小说《我们的故事》写过一篇书评，刊发在《岳阳晚报》副刊上。

如今，孟夫子退休了，有时在岳阳文友小聚时也能遇上他，喝酒时，他的眼睛很厉害，酒杯都要斟成一个样，如果他的杯子多了一点，他定要分均匀，这一点不能含糊的。

蒋正亚（后排左六）、万辉华（后排右二）、孟大鸣（后排右三）合影

三

蒋夫子，正亚兄，有时候，也称他为亚夫子，那是在陈亚先老师不在场时，因为陈老师"亚夫子"的名头更早更响。这样我还是更习惯称蒋夫子。

记得 1992 年秋天，省文联组织一次赴湘西采风活动，从怀化出发，到了凤凰古城，凤凰县委县政府领导招待作家们，有 100 多人，在里面设了一桌雅座，省文联领导，还有巴陵石化副老总张长宇先生，正亚兄以张总的秘书身份，进入了雅座，他一口菜都没吃，代张总受了 10 杯敬酒，又代张总回敬对方 10 杯，才出品的湘泉酒，绝对不是假酒，蒋夫子当时没有醉，但是下了酒桌被人搀扶进宾馆，大醉了。好在当时有一个学医的文学女青年帮忙，方让他呕吐一番，死里逃生。

当时，周迅兄与他同住一间宿舍，他主动为蒋夫子洗衣服，还有人主动为他背包。蒋夫子善饮的名气就从此传开了。

蒋夫子生活中受过很多苦，但他还算乐观，这里那里开讲。近几年，我与蒋夫子经常在文友聚会的场所见面，如果有饭局，我俩老坐在一起，他三两酒，我则减半，偶尔（一年一至两次）与蒋夫子打扑克——扒戈，他的牌技不见长进，老做"书记"。因此，我现在也不打牌了，不好老让他把酒钱与稿费都输掉。

四

本人万夫子，这个名字是周迅老哥迅夫子所赐。2014年我注册微信时，老同学欧阳问我，用什么昵称？我不假思索地说，用万夫子吧，他说，很好。

我微信用了这个万夫子，似乎让自己变得更加夫子气十足，天天手不释卷，有时"好为人师"，惹得他人不开心。要信"风水"的话，还是这个微信名字害我。不会赚钱，老被文字囚着，外面的世界很精彩，我却画地为牢，自己把自己缚住了。

万辉华，20世纪60年代生。《岳阳晚报》副总编辑。岳阳市评论家协会副主席。

乡里婆婆逛九州

◎ 张燕春

1991 年 8 月 22 日，九州大厦隆重开业。

九州大厦的豪迈登场，震动了岳阳城里的每一根神经。

当年，九州大厦跟郑州亚细亚商场联营，引进他们的经营模式，营业面积大，商品齐全，布局新颖，员工服装统一。最重要的是培训了一批礼仪小姐，升旗，站店。

九州大厦的升旗仪式，成了岳阳街上一景。每天早上 8 点，九州大厦门前早已围满了看热闹的市民。在鼓乐声中，一队服装整齐的礼仪小姐，款款走来，列队，走步，奏乐，升旗，整个过程，庄重而亮丽。那阵势、那派头，简直就是天安门广场升旗仪式的复制和粘贴。

当时，我家住在九州大厦对面的桥东新村。九州大厦的热闹，吸引着我的老妈，她几乎每天都要到九州大厦，看一看，逛一逛。她很少看升旗仪式，人太多，挤不进去，她的兴趣点在九州大厦里面的电梯上。那可是咱岳阳城里的第一个梯式电梯，也是老妈平生第一次不用挪步就能上楼的电梯，新鲜，好玩。

这么热闹的场景，这么高级的电梯，这么大的商场，这么多的商品，老妈很想与人分享。这不，老妈特意跑到乡下，盛情地请来了几位邻居老姐妹，要带她们看九州大厦的新鲜。老姐妹们被老妈炫耀得云里雾里，真不敢相信还有

开业之初的九州大厦

不动脚就能上楼的楼梯，还有比供销社还大的铺子，几位乡里婆婆立马跟着老妈进了城。

第二天，老妈很威武地带着她的老姐妹们逛九州了。她们来到九州大厦地坪时，升旗仪式刚结束，只好随着人群进入店里。一进大门，几位娭毑就被两边站着的礼仪小姐迷住了，围着礼仪小姐议论开了："牙吧！这个塑料银（人）做得真像，跟真银（人）一模一样！""是的啊，跟真银（人）一样高，蛮索丽（漂亮）的哩。"说着说着，戴娭毑就去摸礼仪小姐的手，小姐忍不住动了一下，吓得几位娭毑后退几步。"天哪，是真的哩，姑娘禾里站着不动啰，蛮累的哩。"戴娭毑惊魂不定地说。"当然是真银（人）撒，她们站在这里是帮店里看门的，怕人家偷东西哩。"老妈用岳阳普通话很内行地纠正道。那神态、那派头，把她的老姐妹们唬得直点头。

九州大厦的礼仪模特

"走！走！走！我们坐电梯克（去）！"老妈催着道。

一楼是副食部、化妆品部、金银首饰部、家电部。娭毑们无心看这些，跟着老妈直奔电梯口。看着缓缓上升的电梯，几位乡里婆婆把脚伸出去几次都不敢踏上去，堵得后面的人大喊：快点！快点！老妈连忙教她们，如何抓住扶手，如何把脚踏在电梯上不要挪步。几位娭毑小心翼翼踏上电梯，站稳后才定下心来看周围张灯结彩的大厅。站在上行的电梯上，廖娭姆高兴地对老妈说："好有味哟，坐电梯好稳当的，一点也不闷车。"

二楼是鞋帽部、文体部。那宽敞的营业大厅，丰富的商品，让她们的眼睛忙不过来，嘴里直"啧！啧！啧！""崽吔！禾里有这么大的商店，这么多的东西卖，光卖鞋子的地方，就比我们供销社大好多好多。"几位娭毑像刘姥姥进了大观园，这里摸摸，那里看看，脑壳都要转晕。

在三楼，那时髦的服装，精致的床上用品，看得娭毑们赞不绝口。模具上的内衣内裤，羞得娭毑们捂着眼睛走开了。

在洗手间，老妈打开水龙头洗手，廖娭毑担心地问老妈："这么高的房子，抽水机把水禾里（怎么）抽上来的？"老妈有点不高兴了："你禾里（怎么）这么蠢啰，你以为是我们乡里压井水的机子呀，这是城里，肯定是用大抽水机撒。"廖娭毑连忙点头："哦，晓得了，晓得了。"

逛了一上午，电梯上上下下也坐过了瘾，几个乡里婆婆，看花了眼，逛累了。老妈说："我们回家搞饭去，明天早上带你们来看升旗，都要早点起来啊，升旗仪式几好看的，好热闹的。还有地下一层冇克看，那里有家具和玩具卖，你们可以买点玩具送给孙伢崽……"

九州大厦的气派，使得岳阳城里有了大城市的味道，也刷新了老妈她们这些乡里婆婆的理念。之前的代销点，商店，商场，渐行渐远了。

九州大厦的崛起，开启了岳阳商业的新模式。紧跟着，心连心、步步高、百盛、武商、友阿集团相继闪亮登场，一个比一个高大上。

我在想，如果老妈还在世的话，她一定会邀请她的老姐妹们，去乘坐那些商城里的直升电梯、玻璃观景电梯。这些新鲜，这些热闹，会让她们眼花缭乱，看不够，品不够。

张燕春，女，1962年生。曾在岳州饭店工作。爱好文学和摄影。

秋，承载我生命的缺失

◎ 潘云冰

一到秋天，我就想起老周对我说的话。

老周多次对我说："岳阳的秋天最好过。"是呀，秋日的风光，天净如洗，洞庭湖，南湖，千亩湖，碧波万顷，好一个"秋水共长天一色"。清风徐来，拂去夏天的燥热，也给伴侣们送来缕缕情思，秋色秋风秋雨，醉了你我。

良辰美景，人生几何？子在川上曰："逝者如斯夫！"逝者随着东流之水，一去无踪。我的愁思亦如流水缠绵悠长。

我的丈夫周平阶平凡而伟大。

在二中教数学，当教研组长，是其本行。可他又当过体育教研组长，看似外行却内行。他是当年湖南师范学院排球校代表队的二传手，主力队员；他是篮球前锋，单手跳起扣篮，十拿九稳，曾代表岳阳市对外比赛。他的球衣为"11 号"，以至多少年后，我们经过梅溪桥，一位老头跑出来高喊："你是当年的11 号吗？"罗小羽说，他是周老师的跟屁虫，球打到哪里他跟到哪里。老周调到体育教研组、体育组便顺理成章了。后又把他调去当农场场长。当农场场长时，晚饭后点着灯笼，栽了 1500 株辣椒秧的事传为佳话。

不染凡尘心如水，胸怀坦荡尽华章。当时学生既要学工又要学农，他带领学生到岳阳化工厂学习，制作硫酸的机器戛然而止不动了，老周去启动，哪知机器突然滑动，将他打翻在硫酸缸里，硫酸缸两米多高，幸好缸底只余少量硫酸，老周双手撑底倒立于缸中。回家后，两手伤痕累累，他却安之若素，淡淡地说，摔了一跤，好久以后，我才知道这件事。要不是缸里的硫酸所剩无几，这次老周就因公殉职了。一想到此，真的害怕得后背嗖嗖发凉。

作者与先生周平阶在北京留影

修南津港立丰碑。修南津港大堤是岳阳的一项大工程，各单位都有任务。老周带领二中学生正干得热火朝天，突然乌云密布，电闪雷鸣，狂风大作，暴雨倾盆，水突涨，堤将崩，大的学生迅速往安全地带奔跑，小的学生连站也站不稳，顷刻有卷入洪水的危险。千钧一发之际，老周不顾自身安危，将一个个学生背至安全区，挽救了七八条生命，自己气喘吁吁，满身泥浆满身水。由于他舍己救人，学校给他记特等功，并记入档案。

1983 年，岳阳市教育局为了实现领导班子知识化，提拔老周为教育科科长。到任他就在岳阳市三中组织一堂音乐公开课，主讲为王毅老师。当时要把风琴搬至公开课堂，老周初来乍到，找不到人，便亲自去背，正值炎热天气，又未吃早饭，风琴背到教室后，大汗淋漓，脸色惨白，中暑了，恰好碰上了老同事黄敏轩和周湘林老师，他们把老周送医院，抢救直到深夜 3 点。舍生忘死为工作，就是他的血液，就是他的心跳，就是他的本色。

茅草堆里建岳大，他呕心沥血，18 个日日夜夜吃宿在工地，以至我住院无人送饭，虽有怨气，但见他满身疲惫，他的歉意让我心痛落泪。1985年下学期，边建校边开学，教学和管理人员紧缺，老周便事无巨细，不分分内分外，一头扎下去，不分白天黑夜，除管理教学外，连学生晨练也去喊操。他每周坚持听10节课外，还兼任一个班的数学课，经常备课至深夜。年终发表检查教学质量时，该班全部学生给老周的课画上"优"符号。老周在岳大当领导的15年，是大公无私，历尽艰辛拼命干，春华秋实明心志的15年。

老周是我幸福之所在，生活之依。1978年、1979年两年，我由于教高三太累了，彻夜不眠40多天，卧床不起，脉搏跳160多次。老周白天工作繁忙，又要兼顾两个孩子，家里校内的重担，加上焦虑，满头蓬松漂亮的黑发，脱落得稀疏可见。平日里每次外出回家，推开门就高呼："老潘！老潘！"直到我回应他。我外出，千叮咛，万嘱咐"注意安全，小心过马路"。我洗澡他便在外徘徊，点点滴滴如清露，透着他对我的深情。我们一起打门球，一起下深圳，上北京，游台湾，回乡下……谈天论地，心心相印，幸福缠绵。我对他的敬慕，我对他的爱，我对他的眷恋，融化在我的血液中，融化在我的每个细胞里。

2014年10月1日9时许，老周刚进校门，喊了几声，"不要拆标语，它代表西院同志们的心声"，然后就突发心梗倒在我怀里。现场围了一堆人，都是生疏的面孔，见不到亲人，救护车错绕到对面的市委院子，因此耽误了最佳抢救时间。我眼睁睁看着他，却束手无策，其惨状无可描述。我的丈夫周平阶怀着一个"公"字骤然离世，天崩地裂不足以形容我无法忍受的程度，我心在撕裂，在滴血。

开追悼会，易院长致悼词，当念到舍生抢救学生的时候，空气凝滞，只有啜泣声。这场追悼会是超常的，7位校领导站前排低头默哀，省教委领导陈白玉送来了花圈，市委宣传部部长徐新启亲自参加追悼会，吊唁人群络绎不绝，西院几个老人拎着拐杖颤巍巍地来送行，市门球好友闻讯赶来了，这是在送别一位平民英雄啊！这时的我哭无泪，语无声，没有了人生。

作者丈夫周平阶（左）陪同时任岳阳市委常委、宣传部部长孙南生（中），市教育局局长陈白玉（右）视察岳阳大学

回到家，见不到他的身影，听不到他的呼唤，见到的尽是他生命的痕迹，唯一的念头，就是"妇随夫去"。小女说："要是真能见到爸爸，我们支持你走"。我四代单传，本家已无人相视；女儿天南地北，真叫举目无亲。我食不甘味，夜不成眠，体重由118斤瘦到102斤，朋友同事都说我过不了年关。我像掉进枯井，孤独，凄凉，无奈，没有光明。

日子总得翻篇，友谊和爱抚平了我的心，诗书画点燃了生命的火花，我涅槃重生，我在情绪的反复无常中颠簸前行。

晚上做了一个噩梦，一个人从窗户跳进来，我吓得翻身坐起，大声呼喊："老周！老周！"只听得窗外呼呼作响的风声，可怕的寂寞，让我瞬间清醒，啊，他走了！我泪如雨下，此时，我真想跳进洞庭湖，用无尽的湖水，洗去我无尽的悲伤。我弯腰拾鞋，刹那间想起了我的女儿，她们已失去父亲，难道还让她们失去母亲吗？

此刻，杨绛先生的话突然在我耳边响起："世界是属于自己的，与他人无关。"是的，阴阳两隔，我的眼泪、我的心语都变成了空气。可人是头脑复杂的动物，明知现实的残酷，却愿忍受残酷的折磨。我折腾到天发白，相思不自抑，唯有独倚窗栏，推窗望着那晓星残月，白居易《长恨歌》的诗句浮上我的心头："在天愿作比翼鸟，在地愿为连理枝。天长地久有时尽，此恨绵绵无绝期。"

"恨"的古意是遗憾。苏轼词云："不应有恨，何事长向别时圆？人有悲欢离合，月有阴晴圆缺，此事古难全……"我们不要徒增遗憾。遗憾是无尽的，但我一定将其沉于心底，我要用最后的岁月编织成最美的诗章。然后随着灿烂的夕阳西沉到彼岸，携手我的他，游于仙台之上，俯瞰神州大地：蓝天白云、青山绿水、琼楼玉宇、欢歌笑语、繁荣昌盛，人们砥砺前行，去创造属于自己的瑰丽岁月，去圆自己期盼的梦。

生命的世界多美好！

愿生命永恒！

秋天，蜀锦般绚烂的秋天，很美，但我缺失了不可或缺的人。

潘云冰，女，1937 年生。湖南理工学院退休教师，副教授。湖南省美协会员。

后　记

　　为切实发挥政协文史资料"存史、资政、团结、育人"的作用，有效发掘、传承和利用历史文化资源，扩大岳阳历史文化名城的知名度和影响力，我们秉持"老岳阳人写老岳阳城，老岳阳人写老岳阳人"的理念，在面向社会征集的稿件中遴选了84篇文章辑成此书。所收文稿均为纪实性作品，既有以第一人称记述的，也有当事人口述、他人记录整理的。所述物事既有巴陵老街的全国重点文物保护单位，也有城市肌体小街小巷的来历；所叙人物既有德高望重的老领导，也有烽火岁月中的革命前贤，还有教师、工人、村民、消防战士、巴陵戏艺术家等社会各行各业的群像。巴陵古城的景、物、人三者相融，既有对老街古宅的珍爱、尊崇之心，又饱含血肉丰满的市井烟火气，展现出一部真实生动的城市变迁史，政协文史资料亲历、亲见、亲闻的"三亲"特色明显。

　　《巴陵老街故事》一书的出版，得到岳阳市历史文化名城保护委员会的大力支持，得到"巴陵老街"微信群老街坊们的配合，得到岳阳日报社和"巴陵老街故事""巴陵老街"公众号的帮助，杨一九、邓建龙、刘清海、周玲等人提供了部分照片，特别是中国文史出版社第一编辑室主任王文运先生给予了精心指导。在此，谨表示诚挚的感谢！

　　由于时间仓促，错漏之处，敬请各方人士谅解。

《巴陵老街故事》编委会

2022 年 11 月

图书在版编目（ＣＩＰ）数据

巴陵老街故事/政协岳阳市委员会编 . -- 北京：
中国文史出版社，2022.12
ISBN 978-7-5205-3919-7

Ⅰ.①巴… Ⅱ.①政… Ⅲ.①城市道路－史料－岳阳
Ⅳ.① K926.43

中国版本图书馆 CIP 数据核字（2022）第 208885 号

责任编辑：王文运　　　　　　　装帧设计：杨飞羊

出版发行：中国文史出版社
社　　址：北京市海淀区西八里庄路 69 号　邮编：100142
电　　话：010-81136606 81136602 81136603（发行部）
传　　真：010-81136655
印　　装：廊坊市海涛印刷有限公司
经　　销：全国新华书店
开　　本：787mm×1092mm　1/16
印　　张：28.25
字　　数：288 千字
版　　次：2023 年 3 月北京第 1 版
印　　次：2023 年 3 月第 1 次印刷
定　　价：86.00 元